ZELFPORTRET

ZELFPORTRET

PERSOONLIJKE VRAGEN
aan negentig Bekende Nederlanders

Samengesteld door
Felix Huygen en Nick Muller

UITGEVERIJ BALANS

Omslag Mijke Wondergem
Omslagbeeld *La reproduction interdite* van René Magritte,
via Pictoright/Museum Boijmans Van Beuningen
Boekverzorging Studio Cursief, Irma Hornman
Druk Wilco

ISBN 978 94 638 2203 9
NUR 740

www.uitgeverijbalans.nl
facebook.com/uitgeverijbalans
twitter.com/balansboeken
instagram.com/uitgeverijbalans
uitgeverijbalans.nl/nieuwsbrief

Inhoud

Plattegronden van de geest

Een kwarteeuw geleden, in 1997, bedachten Bert Bukman en Henk Steenhuis een nieuwe rubriek voor HP/*De Tijd*: 'Zelfportret'. Iedere week zouden ze een andere Bekende Nederlander interviewen aan de hand van de beroemde questionnaire die de Franse schrijver Marcel Proust (1871-1922) invulde. Gedurende drie uur onderwierpen ze hem of haar dan aan een wisselende selectie uit deze vragen ('Wie zijn uw helden? Wat is uw huidige gemoedstoestand? Welke eigenschappen waardeert u in een man/vrouw?'), aangevuld met een aantal zelfbedachte vragen ('Wanneer heeft u voor het laatst gehuild?'). Bij elkaar zo'n vijfentwintig. Soortgelijke rubrieken bestonden al in *Vanity Fair*, de *Frankfurter Allgemeine Zeitung*, *Le Figaro* en *The Guardian*, maar in de Nederlandse pers bestond het fenomeen nog niet.

De vragen uit de questionnaire zijn overigens niet door Proust zelf bedacht, zoals velen denken. Toen hij vijftien was, vulde hij op verzoek van leeftijdgenoot Antoinette Faure, dochter van de latere president Félix Faure, een voorgedrukte vragenlijst in uit haar bekentenissenalbum, een soort vriendenboekje. Op de vraag 'Wat is uw favoriete deugd?' antwoordde hij: 'Alle deugden die niet voorbehouden zijn aan een bepaalde groep; de universele deugden.' Het liefst zou hij willen wonen in 'het land van het ideaal, of veeleer van mijn ideaal', en zijn idee van ongeluk is 'gescheiden zijn van *maman*'.

Dit boekje werd in 1924, twee jaar na de dood van Proust, gevonden door Faures zoon, de psychoanalyticus André Berge. Hij publiceerde de pagina van Proust in het literaire tijdschrift *Les*

Cahiers du Mois en voorzag diens antwoorden van psychoanalytische duiding. Hij wees op de diepgang en literaire kwaliteit van Prousts antwoorden, maar deed de vragen af als 'stompzinnig'.

Toch ging de questionnaire vanaf toen een eigen leven leiden; in de daaropvolgende decennia legde een toenemend aantal Franse tijdschriften de lijst voor aan bekende schrijvers en intellectuelen, gevolgd door tijdschriften, kranten en tv-programma's in de rest van Europa en in de Verenigde Staten. Misschien lag de aantrekkelijkheid van deze vragen juist in de quasialledaagsheid ervan: het bedenken van onderscheidende en spitsvondige antwoorden op bekende vragen was een goede manier om je literaire en intellectuele talenten tentoon te spreiden en je te onderscheiden van de andere illustere geportretteerden. De nadrukkelijk persoonlijke aard van de vragen beantwoordde ook aan de toenemende behoefte van het publiek om meer te weten te komen over 'de mens achter' de schrijver, denker of kunstenaar.

Met een voorgedrukte serie vragen ben je snel klaar, zal de lezer misschien denken. Maar de ervaring leerde dat je als interviewer al snel een uur of drie bezig was met doorvragen en porren om het slachtoffer van die week tot een interessante uitspraak te verleiden, om tot een écht en liefst niet te diplomatiek antwoord op de vraag te komen. Vervolgens werden de plusminus vijftienduizend woorden die tijdens zo'n sessie waren uitgesproken gereduceerd tot ongeveer achthonderd woorden.

Als de geportretteerden zich openstelden – en dat was verrassend vaak het geval – bleek het een beproefde methode om tot een kernachtige 'plattegrond van de geest' te komen, zoals Steenhuis en Bukman het later formuleerden.

Lezers kwamen zo tot heel andere inzichten over bijvoorbeeld Harry Mulisch of Ayaan Hirsi Ali dan na het zoveelste vraaggesprek over hun laatste boek. Zo bleek de eerstgenoemde het niet zo te hebben op de romantische liefde: 'Dat eindeloze gezeur: hou je van me? Dat is iets voor kinderen.' De atheïst Hirsi Ali (wier moeder haar toebeet: 'Hoe kan ik leven met de kennis dat mijn dochter eeuwig zal branden in de hel?') bleek een mystieke band te hebben met een kind dat ze als vluchteling van de hongerdood gered had.

Waarom deze bundel? Al snel na het ontstaan werd 'Zelfportret' de best gelezen rubriek van *HP/De Tijd*. Veel lezers lieten weten dat ze deze pagina's altijd als eerste opensloegen. Sommige redacteuren zagen tot hun chagrijn zelfs mensen in de boekwinkel *HP/De Tijd* oppakken, 'Zelfportret' lezen en vervolgens terug in het schap leggen. Zo werd het de langstlopende rubriek in de geschiedenis van *HP/De Tijd*, nu vijfentwintig jaar aan één stuk, een goede aanleiding voor een bloemlezing.

Voor deze bundel moesten we een keuze maken uit de bijna 850 mensen die sinds het ontstaan van de rubriek hebben deelgenomen. We hebben hierbij de nadruk gelegd op opvallende persoonlijkheden, op namen die nu nog steeds in zwang zijn, op mensen die verrassende en goed geformuleerde antwoorden gaven en op mensen wier antwoorden door wat er daarna gebeurde een extra lading kregen. Denk bijvoorbeeld aan Pim Fortuyn, die twee jaar voor zijn dood zei: 'Ik dacht altijd dat ik tijd genoeg had, maar dat denk ik niet meer. Ik dacht dat ik de regie van mijn leven in eigen handen had, dat denk ik ook niet meer. (...) Ik wil nog één keer vlammen.'

Een voorbeeld van iemand met opzienbarende antwoorden is Rudy Kousbroek. Die mocht al niet ontbreken, omdat hij tot zijn dood in 2010 een van 's lands veelzijdigste publieke intellectuelen was en eigenlijk niet is opgevolgd. Hij verzette zich vanaf het begin tegen de vragen, wat het gesprek van een aangename spanning en oprechtheid voorzag. Daardoor werd het een van de meest geslaagde zelfportretten. Op de vaste eerste vraag, 'Wat is uw huidige gemoedstoestand?', antwoordde Kousbroek: 'Gêne, veroorzaakt door sommige van deze vragen; en door het ontbreken van andere, die wel voorkomen in de oorspronkelijke Proust-questionnaire.' Op de vraag of hij aantrekkelijk was, antwoordde hij: 'Helaas. (Wat een vraag!)' Hij kon zich niet beperken tot het gevraagde ene devies, dus noemde hij er elf, waaronder ‘Uitgeknipt is half gelezen’, en: ‘Run it up a flagpole and see who salutes it’. Zijn definitie van geluk: ‘Nooit iets kwijt zijn; foutloos piano kunnen spelen.’

Ook interessant zijn de mensen die ten tijde van het gesprek minder bekend waren dan tegenwoordig. Hun antwoorden zijn daardoor van een onbevangenheid die in latere vraaggesprekken ontbreekt, wanneer hun succes een zekere gereserveerdheid en voorzichtigheid heeft afgedwongen. Denk bijvoorbeeld aan Carice van Houten als 25-jarige (‘Taxichauffeurs hebben het IQ van een plant’), aan Jan Siebelink voordat hij *Knielen op een bed violen* schreef (‘Op school is regelmatig een meisje verliefd op me’) en aan Sylvana Simons voordat ze de politiek in ging (‘Ik houd het meest van mezelf’).

Deze bloemlezing is verder zowel een reis door een tijd als een momentopname, die iets zegt over de tijd waarin de geportretteerde toen leefde. (‘Bent u aantrekkelijk?’ Rita Verdonk: ‘Dat moet u aan mijn 620.555 voorkeurstemmers vragen.’) Zo valt het op dat de antwoorden met de jaren allengs braver en politiek correcter worden. Zou Harry Mulisch nu nog ongestraft ‘Veel vrouwen zaniken zo’ kunnen zeggen, zoals hij deed in 2002? Maar vooral laat het boek zien hoe mensen eeuwig met dezelfde kwesties blijven worstelen: liefde, vriendschappen, ziekte, de zin van het leven, de dood.

Een andere manier om deze bundel te lezen is per vraag, vergelijkenderwijs: hoe verschillen de antwoorden op: ‘Waar schaamt u zich voor?’ of: ‘Wanneer heeft u voor het laatst gehuild?’ Zijn er patronen in te ontwaren? Opvallend is bijvoorbeeld het grote aandeel dat openlijk te kennen geeft er geen monogame levensstijl op na te houden, al kan dat natuurlijk ook liggen aan de literair-kunstzinnige kringen waarin veel van deze mensen verkeren.

Een ander terugkerend thema is de ouder-kindverhouding. Bij een vraag als ‘Welk leed heeft u anderen berokkend?’ komt vaak spijt op dit vlak opborrelen: zo bertreurt Geert Wilders het dat hij zijn moeder als tiener pijn gedaan heeft, en vinden uiteenlopende publieke figuren als Dries van Agt, Paul Verhoeven en Willibrord Frequin allemaal dat ze door drukte te weinig aandacht aan hun kinderen hebben besteed. Veel geportretteerden herkennen zichzelf in hun vader of moeder, en vaak in allebei. Op de vraag of ze op haar vader lijkt, antwoordt Sylvia Witteman: 'Tot mijn spijt wel, want hij is een egocentrische oude zuiplap die aan zijn derde huwelijk bezig is.'

Een grote meerderheid van de geportretteerden antwoordt, anders dan je zou verwachten, ontkennend op de vraag: 'Lijkt u op uw vrienden?' Misschien beschouwen veel van deze beroemde en geroemde Nederlanders zichzelf als zo uniek en bijzonder, dat vrienden daar nooit op zouden kunnen lijken. Het mooiste antwoord op deze vraag gaf Mensje van Keulen: 'Ja, ik lijk op mijn vrienden, want die zijn zeer verschillend.'

Lees dit boek, en leer de mens kennen.

Albert Heijn

'Natuurlijk heb ik kruideniers brodeloos gemaakt door een supermarkt naast hun winkel neer te zetten'

28 maart 1997

Wat is uw huidige gemoedstoestand? Goed. Ik ben alleen gauw moe, doordat ik voortdurend met krukken moet lopen, gevolg van een kinderverlamming van lang geleden.

Waar bent u het liefst mee bezig? Ik ben het liefst bezig, met wat dan ook.

Wie zijn uw helden? Old Shatterhand vroeger. En ik heb lange tijd een Amerikaans dubbeltje bij me gedragen met een afbeelding van Franklin Roosevelt. Een man die polio had en toch president werd.

Wat is uw grootste angst? Pijn, aftakeling. Mijn vorige vrouw en mijn moeder zijn beiden aan kanker overleden – een mensonterend ziekbed.

Bidt u weleens? Niet in de gangbare betekenis. Ik ben niet kerkelijk opgevoed.

Heeft u ooit een mystieke ervaring gehad? Toen mijn vader mij wekte op de ochtend van de 10de mei 1940, wist ik dat het oorlog was. Ik had die nacht gedroomd dat Duitse soldaten het station van Zaandam uit kwamen.

Leeft u in welstand? Zal ik daar maar met 'ja' op antwoorden?

Wat is uw definitie van geluk? In de omstandigheid verkeren dat je nog plezier hebt in het leven.

Bent u bang voor de dood? Nee. Ik zou het wel graag even van tevoren willen weten, zodat ik er een borrel bij kan pakken.

Wanneer heeft u voor het laatst gehuild? Bij een uitvoering van *Miss Saigon* in Londen. Maar dat telt niet, hè? Toen bleek dat het goed zat tussen mijn vrouw en mij, heb ik voor de laatste keer echte tranen vergoten.

Lijkt u op uw vrienden? Nee. Dat is zo'n gevarieerd zooitje, daar kun je nooit op lijken.

Hoe moedig bent u? Weet ik niet. Moed betekent iets doen waarvoor je doodsbang bent. Ik heb nooit een brandend huis in hoeven rennen om iemand te redden.

Van wie heeft u het meest geleerd? Ik heb van veel mensen veel geleerd, maar van niemand 't meest.

Wanneer was u het gelukkigst? Ik was gelukkig toen ik na een lange ziekte weer kon lopen, ik was gelukkig toen mijn zoon werd geboren, ik was gelukkig toen ik besefte dat ik geweldige ouders heb gehad. Ik ben vaak gelukkig geweest.

Welke eigenschap waardeert u in een man? Eerlijkheid.

Welke eigenschap waardeert u in een vrouw? Eerlijkheid.

Als u iets aan uzelf kon veranderen, wat zou dat dan zijn? Ik zou minder driftig willen zijn.

Wie is uw grootste liefde? Monique, mijn vrouw.

Wat beschouwt u als uw grootste mislukking? Mijn tweede huwelijk. Iemand maakte onze verhouding bekend en ik voelde me verplicht om haar ten huwelijk te vragen. Veel te snel.

Gelooft u in God? Ja. Toen ik als jongen van zeventien in het ziekenhuis lag, kreeg ik bezoek van een dominee die de verkeerde deur had genomen. Hij heeft me een zetje gegeven.

Welk leed heeft u anderen berokkend? Reken maar dat ik mijn eerste en tweede vrouw leed heb berokkend. En natuurlijk heb ik kruideniers brodeloos gemaakt door een supermarkt naast hun winkel neer te zetten.

Is uw leven de moeite waard? Ja. Toelichting overbodig.

Wie hoopt u nooit meer terug te zien? Niemand speciaal. Ferdi E. kan ik niet terugzien, want ik heb hem nooit ontmoet.

Hoe is ongeluk te vermijden? Toen mijn eerste huwelijk op de klippen liep, heb ik mij een tijdje teruggetrokken in een dorpje in Zwitserland. Te midden van die overweldigende bergen zie je je eigen kleinheid in. Zo kun je je uit je ongeluk praten. De zee heeft op mij hetzelfde effect.

Hoeveel macht heeft u? Vroeger kostte het niet zoveel moeite om de minister-president te pakken te krijgen. Nu is dat minder makkelijk, en dat is maar goed ook.

Wat is uw devies? *The best of times is now.*

Kristien Hemmerechts

'Als schrijver heb je amper macht, je bent juist zeer kwetsbaar'

4 april 1997

Wat is uw huidige gemoedstoestand? De batterijen zijn leeg, ik heb niet veel weerstand meer. Het is hoog tijd dat het zomer wordt.

Waar bent u het liefst mee bezig? Met schrijven, erg hè.

Wie zijn uw helden? Als ik George Orwell lees, denk ik: dat moet een fantastische man zijn geweest. Of Virginia Woolf, die is echt de top qua stijl. En Lady Diana. Wat zij heeft gedaan is heel dapper. Ze had zich ook kunnen schikken en wegkwijnen.

Wat zijn uw dagdromen? Die zijn vaak seksueel getint. Of anders ben ik een prinses die door zigeuners is ontvoerd. Of spreek ik grote menigten toe.

Wat is uw grootste angst? Ik ben bang dat ik door de mand val. Dan stel ik me voor dat mijn studenten allemaal opstaan en zeggen: 'We zitten hier nu al uren, maar u weet helemaal niets.'

Bidt u weleens? Nee. Vroeger wel, tot een jaar of 23, 24.

Leeft u in welstand? Ik denk het wel.

Wat is uw definitie van geluk? Er zijn alleen geluksmoménten: momenten dat je de hele wereld wilt omhelzen, je sterk voelt, veel energie hebt. Geluk is geen permanent gevoel. Net zomin als ongelukkig zijn trouwens.

Bent u bang voor de dood? Niet echt, maar ik weet niet wat ik zou zeggen als ik kanker had.

Wanneer heeft u voor het laatst gehuild? Gisteren, op een begrafenis. Bij zulke gelegenheden ben ik net een kraan.

Lijkt u op uw vrienden? Nee. Ik zoek het evenwicht dat ik zelf niet heb. Tegenwicht.

Hoe moedig bent u? Ik durf heel goed voor een afwijkende mening uit te komen. Ik zeg wat ik denk.

Van wie heeft u het meest geleerd? Van Marilyn French, Anja Meulenbelt, Germaine Greer. Niet alles verwachten van een man, of je moeder. Dat blijft toch een valkuil voor veel vrouwen.

Wanneer was u het gelukkigst? Na de geboorte van mijn zoontje, in 1983.

Welke eigenschap waardeert u in een man? Moed: morele, emotionele moed. Wel zijn mannen vaak erg laf op het emotionele vlak, ze rommelen er graag naast. Tot het problematisch wordt, dan rennen ze terug naar moeder de vrouw.

Welke eigenschap waardeert u in een vrouw? Hetzelfde als bij een man, maar ook gulheid. Gulle mensen zijn warme mensen, maar dat geldt ook voor mannen.

Als u iets aan uzelf kon veranderen, wat zou dat dan zijn? Ik zou graag gelijkmoediger zijn. Het zou makkelijker zijn als ik de dingen niet zo heftig aanvoelde.

Wie is uw grootste liefde? Mijn dochter.

Wat beschouwt u als uw grootste mislukking? Er zijn er zoveel! Ik denk mijn echtscheiding.

Gelooft u in God? Eigenlijk niet. Hoe langer ik leef, hoe minder ik geloof.

Welk leed heeft u andere mensen berokkend? Het zal wel op het gebied van de liefde zijn dat ik iemand heb gekwetst.

Is uw leven de moeite waard? Vroeger was mijn grote angst dat het leven saai zou zijn. Maar nu wordt mijn tijd in beslag genomen door zaken die ik belangrijk vind.

Waaraan bent u het meest gehecht? Aan mijn vulpen.

Wie hoopt u nooit meer terug te zien? De directeur van mijn vroegere school. Ik werk als een rode lap op een stier bij mannen met een minderwaardigheidscomplex. Ik ben iets scherper en cynischer dan veel vrouwen, en dat kunnen zulke mannen niet accepteren, ze voelen zich bedreigd. Die directeur zei altijd dat er niets van mij terecht zou komen.

Hoe is ongeluk te vermijden? Doorgaans ben ik voorzichtig, maar er gebeurt in het leven zoveel waar je geen enkele greep op hebt.

Hoeveel macht heeft u? In de pers misschien. Mijn stukken komen zonder moeite in de krant, ik ben niet mevrouw Anoniem. Maar als schrijver heb je amper macht, je bent juist zeer kwetsbaar.

Wat is uw devies? Steeds hogerop!

Willibrord Frequin

'God is geen goede kameraad'

25 april 1997

Wat is uw huidige gemoedstoestand? Het afgelopen jaar was het mooiste van mijn leven. Ik scoorde anderhalf miljoen mensen om halfelf 's avonds, en thuis is het ook geweldig en spannend.

Waar bent u het liefst mee bezig? Werken, werken, werken. En daarna naar mijn vrouw. Ik besteed pas sinds kort genoeg aandacht aan haar.

Wie zijn uw helden? De Moeder Teresa's van deze wereld. En de Lech Wałęsa's. Mensen die het durven opnemen tegen onrecht.

Wat zijn uw dagdromen? Dat ik geen schulden meer heb. Dat ik niet meer zo gespannen ben.

Wat is uw grootste angst? Een ongeluk van een van mijn kinderen.

Bidt u weleens? Nee, hoewel ik een gezellige roomse rakker ben.

Heeft u ooit een mystieke ervaring gehad? Dat kan ik me niet herinneren. Maar het zou goed zijn als ik een dag God was. Ik zou alle nitwitten, matennaaiers en mensen die anderen verdriet doen van de aardbol vagen, zodat er een lieve samenleving overbleef; één grote familie, één groot RTL.

Leeft u in welstand? Nee. Ik kom altijd geld tekort.

Wat is uw definitie van geluk? Tevreden zijn met je leven en tevreden zijn met jezelf. En een paar miljoen op de bank, als het kan.

Bent u bang voor de dood? Niet meer, sinds ik een reportage heb gemaakt over een crematorium. Ik interviewde de man die de kisten in de oven duwde, en die zei: 'Waar ben je nou bang voor? Je bent toch ook geboren?'

Wanneer heeft u voor het laatst gehuild? Toen ik slecht ben behandeld door ex-collega's. Daar heeft mijn hart vijf jaar over gehuild.

Lijkt u op uw vrienden? Ja. Allemaal kwajongens.

Hoe moedig bent u? Zeer. Ik ben een van de weinige Nederlandse journalisten die het systematisch, met gevaar voor eigen leven en langdurige gevangenisstraf, hebben opgenomen voor mensen die verhongerden en die werden vermoord en gemarteld onder politieke dictaturen.

Van wie heeft u het meest geleerd? Ethiek van Louis Frequin, mijn oude heer. En van Ad Langebent: feiten zijn feiten.

Welke eigenschap waardeert u in een man? Ik hou van kerels, van mannen die rechtdoorzee zijn en de leiding nemen. Niet van watjes.

Welke eigenschap waardeert u in een vrouw? Alles is mooi aan een vrouw.

Als u iets aan uzelf kon veranderen, wat zou dat dan zijn? Meer hersens, meer billijkheid, meer rust.

Wie is uw grootste liefde? Marianne, mijn vrouw. Zij heeft de mooiste rug, het mooiste gezicht, de mooiste billen, de mooiste geest. Ze is de mooiste moeder.

Wat beschouwt u als uw grootste mislukking? Toen ik in een bepaalde affaire voor iemand anders ben gaan staan. Hij had een fout gemaakt, maar ik kreeg de shit over me heen.

Gelooft u in God? God is geen goede kameraad.

Welk leed heeft u anderen berokkend? Ik heb door mijn werk mijn kinderen niet zien opgroeien.

Is uw leven de moeite waard? Als je je leven kunt indelen zoals jij dat wilt, dan is het hartstikke leuk. Ik heb nu totale vrijheid, en ik lach me suf.

Waaraan bent u het meest gehecht? Mijn Triumph Spitfire.

Wie hoopt u nooit meer terug te zien? Ik heb geen vijanden. Wel zullen er mensen zijn die mij een klootzak vinden.

Hoe is ongeluk te vermijden? Hard knokken en goed opletten.

Hoeveel macht heeft u? Als tv-maker heb je macht omdat je de mening van mensen kunt sturen. Ik voel mij niet verwant met de intellectuelen, ik voel me verwant met het gewone volk. Ik geef Jan-met-de-pet iets mee in mijn programma's.

Wat is uw devies? *Gaudium sit nobis semper.* Blijf optimist tot in de kist.

Rudy Kousbroek

'Varkens zijn mijn helden'

4 juli 1997

Wat is uw huidige gemoedstoestand? Gêne, veroorzaakt door sommige van deze vragen; en door het ontbreken van andere, die wel voorkomen in de oorspronkelijke Proust-questionnaire.

Waar bent u het liefst mee bezig? Afgezien van het voor de hand liggende antwoord: herinneren.

Wie zijn uw helden? Op 't ogenblik: varkens.

Aan wie ergert u zich? Aan schrijvers van de mystiek-realistische school en aan rap-singers.

Wat zijn uw dagdromen? De taal der dieren verstaan (en kunnen spreken). De *Privilèges* van Stendhal; en reizen in de tijd.

Wat is uw grootste angst? Geïnterneerd worden.

Bidt u weleens? Nooit.

Heeft u ooit een mystieke ervaring gehad? Meer dan eens, als kind.

Bent u aantrekkelijk? Helaas. (Wat een vraag!)

Leeft u in welstand? Betrekkelijk. Niet slecht, mijn beroep in aanmerking nemend, maar als ik mij vergelijk met school- en studiegenoten die arts of jurist zijn geworden of in het bedrijfsleven zijn gegaan is de disproportie eigenlijk onaanvaardbaar.

Wat is uw definitie van geluk? Nooit iets kwijt zijn; foutloos piano kunnen spelen.

Bent u bang voor de dood? Ja.

Wanneer heeft u voor het laatst gehuild? Op 10 oktober 1996. Bij de dood van onze kat Vincent.

Lijkt u op uw vrienden? Nee! Ja!

Hoe moedig bent u? Als er nu gewoon stond: 'Bent u moedig?' dan zou ik met ja of nee kunnen antwoorden, maar dat 'hoe' maakt het moeilijk. Laat ik het zo zeggen: ik hoop als het erop aan zou komen even moedig als Wei Jingsheng of Natan Sharansky te zijn.

Van wie heeft u het meest geleerd? Van mijn vader.

Wanneer was u het gelukkigst? In de zomer van 1972.

Welke eigenschap waardeert u in een man? Humor, inventiviteit, liefde voor de kunsten, intelligentie; en bovenal afwezigheid van gewichtigdoenerij.

Welke eigenschap waardeert u in een vrouw? Idem.

Als u iets aan uzelf kon veranderen, wat zoudt u dan wensen? Een ander hoofd.

Wie was uw grootste liefde? Ik vermoed mijn eerste grote liefde op de middelbare school. Maar ik weet 't niet zeker, misschien is het alleen maar dat 't de eerste keer was, misschien is het zelfbedrog.

Van wie houdt u het meest? Van mijn inner circle.

Wat beschouwt u als uw grootste mislukking? De relatie tot mijn moeder.

Gelooft u in God? Welnee.

Wat is de beste plek om te wonen? Nederlands-Indië.

Wie hoopt u nooit meer terug te zien? Niet meer van toepassing. Als kind had ik er wel een paar, maar die zijn gelukkig allemaal al lang geleden naar de eeuwige jachtvelden vertrokken.

Welk leed heeft u anderen berokkend? Door domheid, impulsiviteit en egoïsme, doch de meeste van deze is egoïsme. Het ergste is misschien wat ik niet weet.

Is uw leven de moeite waard? Ik denk het wel, maar er is niet veel keus.

Waaraan bent u het meest gehecht? Aan mijn *goeling* (een Indisch rolkussen – red.).

Hoe is ongeluk te vermijden? Hè? Door toverij.

Hoeveel macht heeft u? Macht, in de betekenis van mensen kunnen maken en breken: geen. Wel heb ik, om maar iets te noemen, ertoe kunnen bijdragen dat Karel van het Reve de P.C. Hooft-prijs heeft gekregen (ik zat in de jury), dat is toch nog iets. Maar zorgen dat Borges en Naipaul de Nobelprijs niet mislopen, daartoe ben ik helaas niet bij machte; en tot verhinderen dat bepaalde anderen hem wel krijgen helaas ook niet.

Wat is uw devies? *Pas si bête* (de lijfspreuk van een zekere familie). *Bien faire et laisser braire*. Uitgeknipt is half gelezen. Geef mij kuisheid, maar nu nog niet. *Il faut cultiver son jardin*. De mens lijdt vaak het meest door het lijden dat hij vreest. Wat gij niet wilt dat U geschiedt doet dat ook een ander niet. *Run it up a flagpole and see who salutes it.* Luiaards hebben altijd zin om iets te gaan doen. *Nov schmoz kappop? Qui que tu sois, voici ton maître* (i.e. Cupido). *Fay que vouldras.*

Andries Knevel

'Mijn grootste angst is dat mijn kinderen het geloof in God kwijtraken'

25 juli 1997

Wat is uw huidige gemoedstoestand? Soms gelukkig, vaker bedroefd. Dat krijg je als je 45 bent, dan sta je vaker stil bij de kortheid van het leven.

Waar bent u het liefst mee bezig? Een theologisch boek lezen met op de achtergrond de cantates van Bach. En een glas rode wijn onder handbereik, liefst Medoc.

Wie zijn uw helden? Maarten Luther. Hij vocht tegen het kerkelijke en politieke systeem van zijn tijd, zonder dat hij de uitkomst kende.

Aan wie ergert u zich? Ik heb mij ongelooflijk geërgerd aan Joop den Uyl. Maar met de jaren ben ik milder geworden.

Wat is uw grootste angst? Dat mijn kinderen het geloof in God kwijtraken. De verlokkingen zijn enorm in deze tijd.

Heeft u ooit een mystieke ervaring gehad? Regelmatig ervaar ik wat een Wonder het is dat de Zoon van God naar deze wereld is gekomen om te lijden en te sterven voor mijn zonden.

Bent u aantrekkelijk? Ik heb nog maar één huwelijksaanzoek van een kijker gehad. Vaker hoor ik: 'U ziet er niet uit als een EO-man.' Dat beschouw ik als een compliment.

Leeft u in welstand? Ik verdien meer dan ik opmaak en een deel van mijn inkomen geef ik aan goede doelen. Ik kan een behoorlijk bedrag van de belasting aftrekken.

Wat is uw definitie van geluk? Samen met mijn vrouw in kamer 113 van Hotel New York in Rotterdam over de Maas uitkijken.

Bent u bang voor de dood? Het geloof heeft een deel van de angst weggenomen.

Wanneer heeft u voor het laatst gehuild? Een jaar geleden, tijdens een interview met *Libelle*. Ik vertelde over de dood van mijn zusje, nu tweeënhalf jaar geleden.

Lijkt u op uw vrienden? Ik heb maar een enkele vriend en daar lijk ik niet op.

Hoe moedig bent u? Ik ben geen wegloper. Ik ben dwars tegen de stroom in gegaan toen de linkse ideeën het hardst klonken.

Van wie heeft u het meest geleerd? Van mijn ouders. Zij klagen nooit, terwijl mijn moeder al veertig jaar voor mijn zieke vader zorgt. Ze hebben hun dochter verloren, maar gaan positief en onbaatzuchtig door het leven.

Wanneer was u het gelukkigst? Toen ik mijn vrouw veroverde. Het kostte veel moeite haar van een ander af te troggelen. Toen de kogel door de kerk was ervoer ik dat als een groot geluk.

Welke eigenschap waardeert u in een man? Persoonlijkheid. Eerlijkheid. Kwetsbaarheid.

Welke eigenschap waardeert u in een vrouw? Vrouwen die vrouw zijn gebleven. Pumps alsjeblieft, en niet van die Pleegzuster Bloedwijn-schoenen.

Als u iets aan uzelf kon veranderen, wat zou dat dan zijn? Met mijn Chrysler rij ik te vaak 160 kilometer.

Wie is uw grootste liefde? In willekeurige volgorde: mijn vrouw, mijn moeder, mijn dochter van negen en mijn overleden zusje.

Wat beschouwt u als uw grootste mislukking? Dat ik geen aandelen-Baan heb gekocht toen ze op twintig gulden stonden. Nu zijn ze driehonderd gulden waard.

Gelooft u in God? Hartstochtelijk.

Welk leed heeft u anderen berokkend? Mijn tong is te scherp.

Waaraan bent u het meest gehecht? Eigenhandig heb ik in de Berlijnse Muur staan hakken. Dat stuk steen staat nu thuis en betekent veel voor me.

Wat is de beste plek om te wonen? De westzoom van de Veluwe. Daar heb je veel bloeiende christelijke gemeenten.

Hoeveel macht heeft u? Achter elkaar had ik Schmelzer, Biesheuvel en Hans Hillen in *Het Elfde Uur*, die daar het doodvonnis voor Heerma hebben getekend. Zo heb ik meegewerkt aan zijn val, vrees ik.

Wat is uw devies? 'Ons hart is onrustig, tot het rust vindt in U o Heer.' Augustinus.

Maarten 't Hart

'De kerels bij wie ik rijexamen heb gedaan hoef ik nooit meer terug te zien'

15 augustus 1997

Wat is uw huidige gemoedstoestand? Ik moet zeggen dat ik zeer tevreden ben. In Duitsland is *Das Wüten der ganzen Welt* een groot succes.

Waar bent u het liefst mee bezig? Spelen op een groot kerkorgel. Geweldig, wat een geluid je kunt produceren met één vinger. Dat geeft een enorm machtsgevoel.

Wie zijn uw helden? Alle grote componisten, behalve Gustav Mahler. Die man is mij te depressief. Hij maakt iets in mij wakker dat ik er het liefste onder houd.

Aan wie ergert u zich? De paus. De plaatsvervanger van God op aarde heeft zo weinig Godsvertrouwen dat hij in een kogelvrije pausmobiel rijdt.

Wat zijn uw dagdromen? Dat ik onzichtbaar ben, en allerlei vreselijke mensen uitschakel.

Bidt u weleens? Niet meer sinds 1964. Het was een enorme opluchting. Alsof je van een ernstige ziekte geneest.

Heeft u ooit een mystieke ervaring gehad? De eerste keer dat ik het Largo hoorde uit het dubbelconcert voor twee violen van Bach. Een gevoel van hogere openbaring, al weet ik niet precies van wat.

Bent u aantrekkelijk? Ik geloof niet dat ik veel sexappeal heb, maar dat vind ik wel rustig. Jonge meisjes, daar komt alleen maar narigheid van. Die verliefdheden van vroeger, die zijn voorbij.

Wat is uw definitie van geluk? Niet op reis hoeven. Geen etentjes. Geen feestjes. Geen crematies.

Bent u bang voor de dood? Ik denk niet dat er iemand is die niet bang is voor de dood. Het enige voordeel van dood zijn is dat je nooit meer op reis hoeft.

Wanneer heeft u voor het laatst gehuild? Bij de dood van mijn vorige hondje, in 1993. Dat deed ongelofelijk veel pijn. Ongelofelijk.

Lijkt u op uw vrienden? Ik kan slecht tegen mensen die op mij lijken. Ik ben onrustig en nerveus, dus ik zoek langzame en rustige mensen. Ik heb trouwens weinig vrienden, vooral vriendinnen.

Hoe moedig bent u? Ik ben erg onbesuisd. Ik heb mensen aangevallen die leeuwen zijn: Rudy Kousbroek, Hugo Brandt Corstius.

Wanneer was u het gelukkigst? Op de middelbare school. De spannendste tijd van mijn leven. Leuke meisjes en je leerde elke dag iets nieuws.

Welke eigenschap waardeert u in een man? Gevoel voor humor.

Welke eigenschap waardeert u in een vrouw? Gevoel voor humor.

Als u iets aan uzelf kon veranderen, wat zou dat dan zijn? Ik heb last van hartritmestoornissen, en kan dus weinig spanning aan.

Mijn hart voelt soms als een schip dat aan de haven ligt en zich voortdurend van de trossen wil losrukken.

Wie is uw grootste liefde? Bach, daar is geen twijfel over mogelijk. Bach is mijn grootste en oudste liefde.

Wat beschouwt u als uw grootste mislukking? Een paar jaar geleden kwam hier een man van de bank, om te praten over beleggen. Hij adviseerde mij obligaties, geen aandelen, want dat was veiliger. lk heb zijn advies opgevolgd.

Welk leed heeft u anderen berokkend? Ik heb veel lelijke recensies geschreven. Vooral over Anton Koolhaas. Elke keer kreeg ik weer een boek van Koolhaas van de NRC, en elke keer vond ik het weer niks. Daar heb ik nu spijt van.

Waaraan bent u het meest gehecht? Mijn platenverzameling. Geen cd's, langspeelplaten. De cd is een grote stap terug in geluidskwaliteit. Wat een kilte!

Wat is de beste plek om te wonen? De Teylingerhof in Warmond. Als student huurde ik er kamers, en later heb ik het kunnen kopen. Ex-bewoners komen vaak terug, vooral als het slecht met ze gaat. Dan zwerven ze 's avonds door de tuin.

Wie hoopt u nooit meer terug te zien? De kerels bij wie ik rijexamen heb gedaan, en die me voor een onbenulligheid lieten zakken. Meneer Heeneman en meneer Douw. Wat een randdebielen.

Hoe is ongeluk te vermijden? Door niet op reis te gaan, niet te roken en weinig vlees te eten.

Wat is uw devies? Jesaja 32:4. 'En de tong van de stamelende zal vaardig zijn om bescheidenlijk te spreken.' Omdat ik zelf soms onbescheiden ben.

Norbert Schmelzer

'Ik heb jarenlang aan jiujitsu en judo gedaan'

16 september 1997

Wat is uw huidige gemoedstoestand? Ik ben dankbaar voor wat ik heb: vrouw, kinderen, kleinkinderen en goede vrienden. En ik ben nieuwsgierig naar wat ik nog niet weet: inzicht in de loop van de geschiedenis, de geheimen van het componeren en de oorsprong van de schepping.

Waar bent u het liefst mee bezig? Luisteren naar muziek van de grootmeesters. Bach, de superieure bemiddelaar tussen aarde en hemel, en Olivier Messiaen.

Wie zijn uw helden? Adenauer, Schuman en Monnet, de architecten van het verenigd Europa. En Churchill die de moeite nam om tijdig *Mein Kampf* te lezen.

Wat zijn uw dagdromen? Dagdromen is mijn aard niet.

Wat is uw grootste angst? Dat ik mijn omgeving tot last word door fysieke of geestelijke gebreken.

Bidt u weleens? Dagelijks. Ik voel een verbinding met het onzichtbare, het ontastbare en het eeuwige. Ik heb ook de overtuiging dat je voor anderen en voor jezelf langs die weg iets kunt bereiken: het afroepen van genade van de Schepper.

Heeft u ooit een mystieke ervaring gehad? Mijn vrouw zag ooit een witte straal licht in haar kamer, met daarin een non die zachtheid uitstraalde. Ikzelf heb dat soort ervaringen nog nooit gehad.

Leeft u in welstand? We hebben een prettige woning, een redelijk inkomen, een automobiel en we gaan af en toe op reis.

Wat is uw definitie van geluk? Het geven en ontvangen van liefde en vriendschap.

Bent u bang voor de dood? Nee. Seattle, een indianenopperhoofd, zei ooit: 'There is no death, there is only a change of worlds.'

Wanneer heeft u voor het laatst gehuild? In 1955, toen mijn driejarige dochtertje stierf. Met Caramieke had ik een bijzondere band; tijdens haar ziekte was ik een van de weinigen die haar rustig konden krijgen.

Lijkt u op uw vrienden? Ik heb geen vrienden die leuk leven zonder iets voor de samenleving te doen. Op de een of andere manier zijn we allemaal geëngageerd.

Hoe moedig bent u? Voor mijn overtuigingen wil ik vechten, ongeacht de weerstand die ik op die manier oproep. Verder heb ik jarenlang aan jiujitsu en judo gedaan.

Van wie heeft u het meest geleerd? Van Romme, die me het politieke handwerk heeft bijgebracht. En van mijn goede vader, die ooit een keer zei toen een vriendin het had uitgemaakt: 'Dat verbaast me niks, jij kletst te veel en je zoent te weinig.'

Wanneer was u het gelukkigst? Twee van mijn kinderen zijn overleden en een zoon werd geestelijk gehandicapt. Vervolgens is mijn eerste huwelijk gestrand. Toen kwam een moment dat de grote liefde volkomen onverwacht is ontbrand. En dat vuur is nooit meer gedoofd.

Welke eigenschap waardeert u in een man? Betrouwbaarheid en trouw.

Welke eigenschap waardeert u in een vrouw? Poëzie en gratie.

Als u iets aan uzelf kon veranderen, wat zou dat dan zijn? Ik wil te veel aanpakken, maar ik moet mezelf beperken. Na een hartoperatie heeft mijn vrouw me verboden nog langer driemaal daags te vergaderen.

Wat beschouwt u als uw grootste mislukking? Als voorzitter van de KVP-fractie van 1963 tot 1971 zette ik mij in voor de eenheid. Maar ik heb niet kunnen voorkomen dat een viertal Kamerleden zich in 1968 afsplitste: het begin van de PPR.

Gelooft u in God? Ik geloof in God als de mystieke drie-eenheid van Vader, Zoon en Heilige Geest die het volmaakte, het algoede en het eeuwige belichaamt. Vader, Zoon en Heilige Geest graag met hoofdletters.

Welk leed heeft u anderen berokkend? Ik ben weleens aardig geweest voor sommige meisjes: een keertje uitgaan, wat zeilen, en dan hoorde ik later dat ze verliefd waren. Kennelijk dachten ze dat we ons gingen verloven.

Is uw leven de moeite waard? Alleen de Grote Baas kan dat beoordelen.

Hoe is ongeluk te vermijden? Je kunt het risico verkleinen door zo veel mogelijk vast te houden aan je dieper liggende overtuigingen.

Hoeveel macht heeft u? Ik word nog weleens geraadpleegd, in het CDA en ook daarbuiten.

Wat is uw devies? Vechten en verzoenen.

Midas Dekkers

'Ik heb een huis, twee boten, vier poezen en op dit moment wel duizend vlooien'

28 oktober 1997

Wat is uw huidige gemoedstoestand? Tussen hoop en vrees. Mijn nieuwe boek is dikker dan mensen van me gewend zijn. Of het zal nu blijken dat ik een briljant cultuurhistoricus ben, óf ik val lelijk door de mand.

Waar bent u het liefst mee bezig? Ik ben jaloers op de neger die onder een palmboom zit te niksen, want dat kan ik niet. Na twee seconden zou ik willen weten wat voor palmboom het is.

Wie zijn uw helden? Mensen die in helden geloven, willen stiekem zelf een held worden. Nou goed, Charles Darwin dan.

Aan wie ergert u zich? Aan mensen die lachen terwijl er niks te lachen valt. Eigenlijk erger ik me aan van alles en meestal is dit het patroon: hoe groter de ergernis, hoe kleiner de aanleiding.

Wat zijn uw dagdromen? Wat u dagdromen noemt, noem ik werk. Ik zit vaak te suffen en dan is er een moment dat ik me ineens afvraag: 'Waarom...' Zo kom ik aan mijn columns.

Wat is uw grootste angst? Pijn, en daar is pijn ook voor. Als pijn niet je grootste angst is, heb je evolutionair gezien geen been om op te staan. Ons leven is gebaseerd op angsten.

Bidt u weleens? Waar ziet u mij voor aan?

Heeft u ooit een mystieke ervaring gehad? Wij biologen noemen dat 'zinsbegoocheling'. Een jaar geleden strandde ik in de woestijn in Namibië. In de pikdonkere nacht moest ik te voet op zoek naar benzine, acht uur lang, maar de stem Gods heb ik niet gehoord.

Bent u aantrekkelijk? Vrouwen wenden zich niet verschrikt af als ze me zien. Helaas komen ze ook niet met busladingen op me af.

Leeft u in welstand? Ik heb een huis, twee boten, vier poezen en op dit moment wel duizend vlooien.

Wat is uw definitie van geluk? Iemand die denkt gelukkig te zijn, is niet goed bij zijn hoofd. Toch ben ik van tijd tot tijd gelukkig.

Wanneer heeft u voor het laatst gehuild? Niet huilen, niet boeren en geen winden laten vind ik een kwestie van beschaving.

Lijkt u op uw vrienden? Mijn vrienden lijken meer op me dan mijn vijanden.

Hoe moedig bent u? Ik ben een lafaard in het diepst van mijn wezen en daar ben ik trots op. Moed beschouw ik als een uiterste vorm van domheid. Moed is tegen je angsten ingaan, maar angst is de beste raadgever.

Van wie heeft u het meest geleerd? Aan de Universiteit van Amsterdam had ik een geweldige leermeester, professor dr. E.J. Slijper. Voor mijn eerste schrijfsels heb ik schaamteloos uit zijn collegedictaten lopen jatten.

Welke eigenschap waardeert u in een man? *Wiedergutmachung*, na ruzie komt verzoening. Vrouwen zijn veel wrokkiger.

Welke eigenschap waardeert u in een vrouw? Ik hou van jongensachtige oudere dames en van vrouwen die zich niet verven.

Als u iets aan uzelf kon veranderen, wat zou dat dan zijn? Ik zou wat aardiger willen wezen. Als ik niet oppas, wordt het een heel rustige begrafenis.

Wie is uw grootste liefde? Mijn lievelingspoes Arie heeft alles in zich om te worden aanbeden.

Wat beschouwt u als uw grootste mislukking? Alles wat ik tegen beter weten in heb nagestreefd: musicus en tekenaar worden.

Is uw leven de moeite waard? Ik ben overtuigd van de biologische levensdrift, groot genoeg om tot je laatste snik te willen leven.

Waaraan bent u het meest gehecht? Aan mijn sleepboot.

Wat is de beste plek om te wonen? Thuis. Elk dier heeft een territorium. Hoe dichter het bij het centrum van dat territorium zit, hoe beter het zich voelt.

Wie hoopt u nooit meer terug te zien? Ik denk aan twee mensen, maar misschien zie ik ze ooit nog terug dus ik noem ze niet.

Hoe is ongeluk te vermijden? Door goed op te letten. In de natuur geldt het recht van de sterkste. Een muis die niet oplet, wordt niet oud.

Hoeveel macht heeft u? Ik heb eens zitten signeren en wel duizend kinderen vroegen mijn handtekening. Toen ik buiten kwam, lagen al die papieren op straat.

Wat is uw devies? Gehoord vanaf de kansel in Kampen: 'De Heer die geeft het. Wie het vangt, die heeft het.'

Jenny Arean

'Geluk is een uitvergroot gevoel van bewustzijn'

5 december 1997

Wat is uw huidige gemoedstoestand? Redelijk tevreden. Het ei is met goed resultaat gelegd, ik werk met leuke mensen. Maak er maar tevreden van.

Waar bent u het liefst mee bezig? Ik ben gek op tuinieren, mijn stadstuintje is als mijn kind. Maar er zijn zoveel dingen die ik graag doe. Ik lees graag, eet graag, drink graag.

Wie zijn uw helden? Nelson Mandela. En Václav Havel, ik vond het geweldig toen hij president werd. Uit het vak Yves Montand en Simone Signoret. Die kon zo genadeloos uitzakken terwijl haar talent zich tegelijkertijd verdiepte. Zo moet het.

Wat zijn uw dagdromen? Daar ben ik veel te nuchter voor. Ik denk er hoogstens weleens aan wat ik zou doen als ik heel rijk was, dan zou ik een halfjaar werken, een halfjaar reizen en een auto met chauffeur nemen.

Wat is uw grootste angst? Als je een kind hebt, ligt daar je grootste angst.

Bidt u weleens? Ja hoor! Bidden is tegen jezelf praten. Het is een soort bezweringsformule.

Heeft u ooit een mystieke ervaring gehad? We hebben weleens met een heel stel de tafel laten dansen in een hotel in Eindhoven. Dat was een enorme tafel, we zaten er met z'n tienen aan en er lag zo'n vreselijke nep-pers op. Die tafel schoof zelfs uit elkaar, dat was geweldig.

Leeft u in welstand? Nee, absoluut niet.

Wat is uw definitie van geluk? Geluk is een staat waarin je heel kort verkeert. Het overvalt je, het is een uitvergroot gevoel van bewustzijn.

Bent u bang voor de dood? Nee.

Wanneer heeft u voor het laatst gehuild? Ik mag regelmatig volschieten, de laatste keer was een paar dagen geleden en ik weet niet eens meer waarom. Maar dat gaat niet over groot verdriet, dat is gelukkig al lang geleden.

Lijkt u op uw vrienden? Ik heb een vriendin van wie iedereen zegt dat we net zussen zijn. Maar ik vind helemaal niet dat ze op me lijkt, al voel ik meer voor haar dan voor andere vrouwen. De rest van mijn vrienden is heel anders dan ik, al zijn er wel overeenkomsten. Over de essentialia van het leven moet je het wel eens zijn, al moet je ook mooi ruzie kunnen maken.

Van wie heeft u het meest geleerd? Ik zou niet één naam kunnen noemen. Wat je meemaakt, wie je tegenkomt bepalen wat je daarvan meeneemt. Je leert gewoon.

Wanneer was u het gelukkigst? Toen ik zo rond mijn negentiende mijn eigen leven ging leiden. Niet dat ik daarna nooit meer gelukkig ben geweest, maar dan is het leven nog zo jong en zo heftig dat je er handenwrijvend van tevredenheid middenin staat.

Welke eigenschap waardeert u in een man? Gulheid.

Welke eigenschap waardeert u in een vrouw? Dezelfde.

Als u iets aan uzelf kon veranderen. Wat zou dat dan zijn? Veel! Behalve mijn tanden en mijn benen. Ik zou wel wat minder willen twijfelen.

Wie is uw grootste liefde? Mijn kind.

Wat beschouwt u als uw grootste mislukking? Mijn scheiding van Huib Rooymans.

Gelooft u in God? Ik heb wel wat met God, met dat waar ik niet bij kan. Misschien is God wel je tweede ik.

Waar bent u het meest aan gehecht? Aan Amsterdam.

Wie hoopt u nooit meer terug te zien? De wereld barst natuurlijk van de naarlingen, maar zulke mensen heb ik snel door, dan moet je wegwezen. Ik ben niet echt rancuneus, het zijn ook niet de mooiste gevoelens. Daar ontleen je geen vreugde aan.

Hoeveel macht heeft u? Geen; alleen over mezelf.

Hoe is ongeluk te vermijden? Niet. Als je leeft, zit daar ongeluk aan vast.

Wat is uw devies? Je moet goed uitselecteren met wie je je wilt omgeven.

Jan Siebelink

'Vrouwen hebben een zwak voor mij'

11 februari 1998

Wat is uw huidige gemoedstoestand? Onrustig. Vroeger dacht ik: ik heb nog zeeën van tijd. En nu ben ik op weg naar het einde.

Wie zijn uw helden? De helden van mijn jeugd zijn de mannenbroeders van de AR (de Antirevolutionairen): Zijlstra, Boersma en Aantjes. Die hebben de waarheid in pacht, dacht ik vroeger.

Aan wie ergert u zich? Aan zo'n Moszkowicz die met Bouterse staat te dansen. Dat is onbeschaafd en ongepast.

Lijkt u op uw moeder? Ik heb het vitale van mijn moeder. Op de een of andere manier red ik me altijd.

Wat zijn uw dagdromen? Ik wou dat mijn ouders nog leefden en konden zien wat er van hun kleinkinderen is geworden. Ze zijn beiden van 1906, biologisch had dat net gekund.

Wat is uw grootste angst? Dat ik op een ochtend opsta en dat er een knobbeltje op mijn borst zit en dat de dokter zegt dat ik nog maar drie maanden te leven heb.

Welke eigenschap waardeert u in een man? Ik moet tegen een man kunnen opzien.

Bidt u weleens? Als kind was ik een nerveuze bidder. Nu bid ik niet vaak meer maar wel vouw ik mijn handen als we met de hele familie aan tafel gaan, een oude gewoonte.

Heeft u ooit een mystieke ervaring gehad? Op de dijk hier in de buurt voel ik soms een blik in mijn rug. Alsof dadelijk de hemel opengaat en God zich aan mij zal doen kennen.

Bent u aantrekkelijk? Vrouwen hebben een zwak voor mij. Altijd als ik voorlees, zit het zaaltje vol vrouwen. Ze schuiven de stoelen steeds dichterbij, ze smachten gewoon naar me.

Wat is uw definitie van geluk? Als mijn hazewindhond van veertien jaar nog eens heel hard rent. Dan is het bijna een vliegende hond.

Bent u monogaam? Op school is regelmatig een meisje verliefd op me. Daar kan ik zo mee naar het kaartenkamertje gaan, maar dat doe ik niet. Als ik weet dat zo'n kind 's nachts om mij woelt, vind ik het al heel bevredigend.

Wanneer heeft u voor het laatst gehuild? Toen ik bij tante Bertha op bezoek was in het verpleegtehuis in Dieren. Die dacht dat ik haar man was. Ze heeft een prachtig leven gehad en nu is alles uit haar hoofd verdwenen. Wat een aftakeling.

Lijkt u op uw vrienden? Mijn vrienden vullen aan wat ik niet heb.

Hoe moedig bent u? Nu nog maak ik in het zwembad een dubbele salto achterover van de hoge plank.

Welke eigenschap waardeert u in een vrouw? Ik wil een vrouw die sensueel is en schijnbaar ongenaakbaar.

Als u iets aan uzelf kon veranderen, wat zou dat dan zijn? Ik zou onthechter willen zijn.

Van wie heeft u het meest geleerd? Van Laurens van Krevelen, mijn eerste uitgever. Die leerde me minder aan mezelf te twijfelen.

Wat is uw grootste ondeugd? Ik ben heel ongeduldig en dan krijg je vaak het lid op de neus.

Wanneer was u het gelukkigst? In 1974 toen Janneke, ons derde kind, werd geboren. Ik had net een tekst ingeleverd van wat mijn eerste roman moest worden. Ik voelde me vol.

Hoe ontspant u zich? Door hard te lopen. Tien kilometer in het weekend, vijf kilometer door de week.

Wat beschouwt u als uw grootste mislukking? Dat ik niet ben gepromoveerd op *À rebours* van J.-K. Huysmans.

Gelooft u in God? Soms denk ik dat God mij wel in de gaten heeft.

Welk leed heeft u anderen berokkend? In *De herfst zal schitterend zijn* heb ik een vrouw opgevoerd die heel verliefd op me was, ze zat in het bestuur van de school. Toen het boek uitkwam, moest ze naar de psychiater.

Waaraan bent u het meest gehecht? Aan deze schrijftafel. Dit is het hoekje waar mij niets kan gebeuren.

Wat is de beste plek om te wonen? Velp. Daar gaat het ene landschap over in het andere. Van de hoge stuwwal via het plateau naar de rivieren.

Hoe is ongeluk te vermijden? Door dag en nacht te werken.

Wat is uw devies? *Tu n'es pas le bonheur. Tu es cela qui est à la place du bonheur.* (Paul Claudel)

Maarten van Rossem

'Ik huil aan de lopende band'

18 februari 1998

Wat is uw huidige gemoedstoestand? Ik ben hier vanochtend niet juichend binnengekomen, maar ik denk ook niet: was ik maar met de VUT.

Wie zijn uw helden? Ten eerste Rosa Parks, die zwarte vrouw die in de jaren vijftig in Alabama bleef zitten in de bus en niet voor een blanke opstond. Dat was de start van de strijd tegen de segregatie in het Zuiden. En Hannah Arendt die de moed had haar mening te geven wanneer die afwijkend was.

Aan wie ergert u zich? Ik erger me aan veel, maar niet erg diepgaand. Ik lig er niet van wakker. Al dat geschetter van Paars, bijvoorbeeld, dat ze het zo goed doen. Maar de straat vegen, ho maar. Het is hier nog viezer dan in Calcutta.

Lijkt u op uw moeder? Uiterlijk niet, dat zou ook heel vervelend zijn voor mijn moeder. Ik lijk ook niet op mijn vader, die knap en rijzig was. Ik ben een echte mengvorm.

Wat zijn uw dagdromen? Dat ik al die karweitjes waar je altijd te laat mee bent op tijd in orde heb. Het is altijd paniekvoetbal. Ik denk ook weleens: woonde ik maar op een eiland voor de kust van Noorwegen zonder met iemand iets te maken te hebben.

Wat is uw grootste angst? Dat ik mijn kinderen verlies. Dat lijkt me iets waar je niet serieus overheen kunt komen.

Bidt u weleens? Nooit.

Heeft u ooit een mystieke ervaring gehad? Ik zou niet weten hoe dat gaat.

Bent u aantrekkelijk? Nou, ik vind zelf van niet. In de meest kwetsbare leeftijd, tussen 15 en 25, was ik het niet, en daar heb ik het maar bij gehouden.

Wat is uw definitie van geluk? Het geluid van spelende kinderen op een zonnige ochtend. De eerste merel in het voorjaar. Met de kinderen badmintonnen op straat.

Waar schaamt u zich voor? Soms denk ik: wat zit ik weer kordaat te kwekken. Vooral in het begin, als je net op tv komt. Dan schrik je ook zo van je eigen stem, die in je hoofd zo prettig en vertrouwenwekkend klonk.

Bent u monogaam? Ja.

Wanneer heeft u voor het laatst gehuild? Ik huil aan de lopende band. Je kunt me de lulligste film laten zien over een hondje dat van de verdrinkingsdood wordt gered, en ik begin. Sommige muziek moet ik ook eenzaam tot mij nemen, anders wordt het pijnlijk.

Lijkt u op uw vrienden? Ik hoop het niet voor hen.

Bent u moedig? Ik ben nooit in een situatie geweest waarin grote moed nodig was.

Van wie heeft u het meest geleerd? Je leert vooral van lezen.

Wat is uw grootste ondeugd? Luiheid, algehele sloddervossigheid, roken, overmatig drankgebruik, te veel kranten lezen en nieuws kijken en tussendoor ook nog naar Teletekst.

Wanneer was u het gelukkigst? Toen ik mijn eindexamen had gehaald, kantje boord, heb ik die bul zo neergezet dat ik hem 's ochtends bij het wakker worden meteen zou zien. En toen dat gebeurde wist ik dat dat nooit meer zou hoeven, en dat was zo'n bevrijdende gedachte.

Welke eigenschap waardeert u in een man? Voor sommige mensen, man of vrouw, voel je een onmiddellijke sympathie of antipathie. Dit is nonverbaal, uiterlijk, motoriek, hoe ze naar de wereld kijken. Het is onbekend met wie je een synergetisch proces kunt aangaan.

Als u iets aan uzelf kon veranderen, wat zou dat dan zijn? Ik zou een enorm ordelijk systematisch persoon willen zijn met een uitklapbare agenda, niet rokend en niet drinkend, en alles op tijd. Die zich verjaardagen herinnert en een bloemetje meeneemt. Ik ben erg egocentrisch.

Hoe ontspant u zich? Ik ontspan me voortdurend, door de krant te lezen of naar CNN te kijken. Ik wandel elke dag een uur. Ik ben niet zo stressy.

Van wie houdt u het meest? Van mijn familie.

Wat beschouwt u als uw grootste mislukking? Het hele leven is één grote mislukking, omdat het zo beroerd eindigt.

Waar bent u het meest aan gehecht? Op mijn bureau staat een Franse Dinky Toy uit 1956, een DS 19 met witte bandjes.

Wat is de beste plek om te wonen? Frans Halsstraat 12, waar ik vanuit mijn werkkamer op de iepen kijk. En anders Texel.

Hoe is ongeluk te vermijden? Niet.

Wat is uw devies? Ik heb geen devies.

Ivo van Hove

'Je moet aanvaarden dat je altijd relatief ongelukkig bent'

26 juni 1998

Wat is uw huidige gemoedstoestand? Prettige opwinding.

Wie zijn uw helden? Eerst Tarzan, daarna David Bowie en later regisseur Patrice Chéreau. Maar wanneer je bij het volwassen worden meer eigen identiteit krijgt, verdwijnt de behoefte aan helden.

Aan wie ergert u zich? Joop Braakhekke. Hij presenteert eten op zo'n onappetijtelijke manier.

Lijkt u op uw moeder? Ik lijk op mijn beide ouders, en daar heb ik me lang tegen verzet. Je wilt tenslotte graag uniek zijn. Ik ben enerzijds heel sociaal, dat heb ik van mijn vader die als apotheker in een klein dorp een notabele was en op zondag graag naar het café ging. Niet voor de drank, voor het sociale. Mijn moeder heeft meer de behoefte om de gordijnen dicht te trekken. Ik heb die twee uitersten in mij.

Wat zijn uw dagdromen? Daar heb ik overdag niet veel tijd voor. Ik droom liever 's nachts.

Wat is uw grootste angst? Ik heb hoogtevrees. En ik wil ook niet doodgaan, ik hoop dat ze daar iets op gevonden hebben als het mijn tijd is.

Bidt u weleens? Nee, als kind heb ik al mijn zonden weggebeden.

Heeft u ooit een mystieke ervaring gehad? Toen ik eens alleen thuis was, zag ik het licht onder de wc-deur aangaan en hoorde de wc doortrekken.

Bent u aantrekkelijk? Ik doe me zo aantrekkelijk mogelijk voor.

Wat is uw definitie van geluk? Je moet aanvaarden dat je altijd relatief ongelukkig bent.

Bent u monogaam? Ja, maar niet altijd in gedachten.

Waar schaamt u zich voor? Ik schaam me om dat te zeggen.

Wanneer heeft u voor het laatst gehuild? Ik ben niet zo'n wener. Wel in het theater, maar niet in het dagelijks leven.

Hoe moedig bent u? In concrete omstandigheden ben ik zo laf als de lafste haas. Ik ren hard weg, voor een hond steek ik over. Daarom houd ik van toneel, daar kun je doen alsof je dapper bent.

Van wie heeft u het meest geleerd? Van Dora van der Groen. Zij heeft mij geleerd niet vooringenomen naar theater te kijken. Ze is heel eerlijk, ik weet van tevoren nooit of ze een voorstelling van mij mooi zal vinden.

Wat is uw grootste ondeugd? In de auto wens ik geen kritiek. Ik vind mijn rijstijl perfect.

Wanneer was u het gelukkigst? Tijdens mijn internaatstijd, van mijn elfde tot mijn achttiende. De eerste drie maanden heb ik alleen maar geweend. Het was heel besloten, een wereld binnen de wereld. We mochten in het weekend naar huis en op woensdagmiddag naar dansles met de meisjes van het meisjesinternaat. Er was saamhorigheid en vertrouwen, je leerde er omgaan met slagen, met tegenslagen, het grote verlangen. Ik ging er rijp en rijk vandaan.

Welke eigenschap waardeert u in een man? Ontspannenheid en lamlendigheid. Niets hoeven.

Welke eigenschap waardeert u in een vrouw? Ik hou van vrouwen die normaal tegen me doen, die bereikbaar zijn.

Als u iets aan uzelf kon veranderen, wat zou dat dan zijn? Ik zou door iedereen geliefd willen worden, een zachte tedere inborst hebben, maar toch met autoriteit. Helaas doe ik daar niets aan in het dagelijks leven.

Hoe ontspant u zich? Ik ga graag lekker eten.

Van wie houdt u het meest? De mensen die dat moeten weten, weten het, en de anderen hoeven het niet te weten.

Wat beschouwt u als uw grootste mislukking? Sommige dingen lijken op het moment zelf catastrofes, maar blijken dat later niet te zijn.

Wat is de beste plek om te wonen? Antwerpen. Het is er niet heel spannend, het is geen grote hoofdstad, maar alles wat ik wil, kan ik er doen.

Hoe is ongeluk te vermijden? Door niet te veel verwachtingen en ambities te hebben.

Wat is uw devies? Laten we maar aardig zijn voor elkaar.

Henk Westbroek

'Als jongen kon ik nooit een vriendinnetje krijgen, en nu heb ik een vadsig lichaam'

24 juli 1998

Wat is uw huidige gemoedstoestand? Er worden zoveel verschillende dingen van mij gevraagd dat ik in een toestand van intense verwarring verkeer.

Wie zijn uw helden? Ik heb een immense bewondering voor W.F. Hermans. Geestig, een heldere redeneertrant, een somber wereldbeeld – dat spreekt mij aan.

Aan wie ergert u zich? Aan mensen die het feit dat ze geen mening hebben, verbergen achter politiek correct gedrag. Ed van Thijn, bijvoorbeeld. En vrijwel alle vertegenwoordigers van GroenLinks in Utrecht.

Wat zijn uw dagdromen? Ik zou weleens de rol van lustmoordenaar willen spelen in een soap.

Wat is uw grootste angst? De dood. Het lijkt mij bijzonder onaangenaam om dood te zijn. Niet dat het leven nou zo aangenaam is, maar toch.

Bidt u weleens? Heb ik nog nooit gedaan, en zal ik nooit doen ook.

Heeft u ooit een mystieke ervaring gehad? Alleen onder invloed.

Bent u aantrekkelijk? Totaal niet. Als jongen kon ik nooit een vriendinnetje krijgen, en nu heb ik een vadsig lichaam.

Wat is uw definitie van geluk? Dat je bij de groenteboer kunt kopen waar je trek in hebt, en niet hoeft te kopen wat in de aanbieding is.

Waar schaamt u zich voor? Als jongen van zestien was ik in de ban van Bram en Freek. Hun invalidengrappen waren voor mij het einde. Ik belandde eens bij een familie waar ik die meende te moeten vertellen, en omdat niemand lachte heb ik ze nog maar eens herhaald. Toen de zoon binnenkwam in een rolstoel begreep ik het.

Bent u monogaam? Er is heus weleens iets gebeurd in de dertig jaar dat ik bij Julia ben, maar toch ook weer niet zo heel veel.

Wanneer heeft u voor het laatst gehuild? Een jaar of vier geleden, toen ik *E.T.* eindelijk zag.

Hoe moedig bent u? Ik ben een aartslafaard. Ik heb een afkeer van lijfelijk geweld, waarschijnlijk omdat ik niet sterk ben. Ik deins niet terug voor controversiële standpunten, en dat wordt weleens verward met moed, maar in werkelijheid is dat toch meer een kwestie van vrede hebben met jezelf.

Van wie heeft u het meest geleerd? Van mijn vijanden.

Wat is uw grootste ondeugd? Te veel eten en drinken.

Wanneer was u het gelukkigst? Toen mijn dochter werd geboren. Niet de geboorte zelf, dat is een verschrikking, een aanslag op het lichaam en de geest, maar de tijd erna.

Als u iets aan uzelf kon veranderen, wat zou dat dan zijn? Een kilootje of tien eraf, een sportievere inslag, en iets minder vertrouwen in de mensheid.

Hoe ontspant u zich? Door het lezen van thrillers. Ik lijd aan structurele slapeloosheid, dus ik lees veel.

Wie is uw grootste liefde? Julia.

Van wie houdt u het meest? Mijn dochter Chris. Als ik met het pistool op de borst zou moeten kiezen voor haar leven of dat van alle anderen, dan zou ik voor haar kiezen.

Wat beschouwt u als uw grootste mislukking? Mijn leven, eigenlijk. Ik heb zoveel niet gedaan wat ik wel had willen doen...

Gelooft u in God? Nee. Als er een God bestaat, dan hadden mijn vader en moeder wel een beter leven gehad.

Welk leed heeft u anderen berokkend? Al die werkloze kleuterleiders van D66 en GroenLinks die voor zichzelf een politieke carrière hadden bedacht, maar die niet werden gekozen door ons toedoen. (In 1998 behaalde Westbroek met Leefbaar Utrecht vanuit het niets negen zetels in de gemeenteraad – red.)

Waaraan bent u het meest gehecht? Mijn pakjes sigaretten. Drie per dag.

Wat is de beste plek om te wonen? Mijn eigen buurt, de Wilhelminaparkbuurt in Utrecht. Er is geen wijk die beter wordt schoongehouden, die meer groen heeft en meer politieagenten, en bovendien is het de wijk met de minste hondenpoep. Ook wonen er vele wethouders, ministers en staatssecretarissen. Toeval of niet?

Hoe is ongeluk te vermijden? Is dat een serieuze vraag?

Wat is uw devies? Drink het glas tot de bodem leeg, want het leven is geen repetitie.

Bart de Graaff

'De eerste keer dat ik kon plassen was ik het gelukkigst'

21 augustus 1998

Wat is uw huidige gemoedstoestand? Lichtelijk gespannen. De programma's die we nu maken, moeten meteen goed zijn.

Wie zijn uw helden? Rutger Hauer. Ik heb hem eenmaal ontmoet; ik was sprakeloos.

Aan wie ergert u zich? Aan Viola Holt. Wie niet?

Lijkt u op uw moeder? Ja. Ze is net zo eigenwijs en koppig als ik. En ze heeft iets afstandelijks; net zoals ik ook liever niet heb dat mensen me aanraken.

Wat zijn uw dagdromen? Dat ik op een vroege ochtend op de golfbaan ben, met dauw op het gras, en mijn beste rondje ooit maak.

Wat is uw grootste angst? Alleen te zijn. Als kind heb ik veel in het ziekenhuis gelegen, in een geïsoleerde kamer, soms twaalf maanden lang. Alleen mijn moeder mocht erbij. Eten werd via een klep naar binnen geschoven. Vandaar dat ik nu graag in gezelschap ben, en bang ben dat weer kwijt te raken.

Bidt u weleens? Ja, in het ziekenhuis, de avond voor een operatie.

Heeft u ooit een mystieke ervaring gehad? Nee, maar mijn beste vriend wel. Hij leed aan kanker en raakte klinisch dood op de operatietafel. Ze konden hem reanimeren, maar toen hij wakker werd zei hij: 'Ik heb de andere kant gezien, ik wil weer terug.' Binnen een paar dagen was hij dood.

Bent u aantrekkelijk? Nee.

Wat is uw definitie van geluk? Ik ben oneindig veel gelukkiger sinds ik een nieuwe nier heb. 's Avonds leg ik mijn hand erop, en dan denk ik: toe, nog een jaar.

Waar schaamt u zich voor? Pas heb ik de auto van mijn dromen gekocht, een Porsche, maar als ik voor het stoplicht sta te wachten kijk ik strak voor me uit. Bang dat de mensen denken dat ik wil dat ze mij zien.

Bent u monogaam? Ik begrijp niet dat mensen niet monogaam zijn. Je krijgt er alleen maar gelazer van.

Lijkt u op uw vrienden? Absoluut niet. Mijn vrienden roken, drinken, zakken de hele nacht door en houden er meerdere vriendinnen op na.

Hoe moedig bent u? Ik ben ooit in het water gesprongen om een eend te redden, die met zijn poot ergens in verstrikt was geraakt. Dus voor een mens zou ik het zeker doen.

Van wie heeft u het meest geleerd? Van mijn moeder heb ik geleerd om door te zetten. Als ik me ziek voelde, stuurde zij me toch naar school.

Wat is uw grootste ondeugd? Hard rijden. Laatst reed ik 265. Eventjes maar, hoor.

Wanneer was u het gelukkigst? De eerste keer dat ik kon plassen. Ik woonde al vijf jaar in mijn huis, maar ik had nog nooit het toilet gebruikt.

Welke eigenschap waardeert u in een man? Dat hij me aan het lachen kan maken.

Welke eigenschap waardeert u in een vrouw? Dat je niet telepathisch begaafd moet zijn om te begrijpen wat ze bedoelt, maar dat ze het gewoon zegt.

Hoe ontspant u zich? Door te golfen. Op de golfbaan vergeet ik mijn werk, het ziekenhuis, alles.

Wie is uw grootste liefde? Ik heb sinds twee jaar een lieve vriendin. Op elk potje past een deksel.

Van wie houdt u het meest? Van mijn moeder en mijn zus.

Wat beschouwt u als uw grootste mislukking? Het presenteren van radioprogramma's.

Gelooft u in God? Ja. Ik ben wel ziek, maar ik heb toch ook heel veel waar ik zeer dankbaar voor ben.

Welk leed heeft u anderen berokkend? Jaren geleden besloot ik dat ik het wilde gaan maken. Ik heb toen een tijdlang iedereen in mijn omgeving verwaarloosd; niet laten weten waar ik was en wat ik deed. Het interesseerde me niet wat anderen dachten en voelden.

Waaraan bent u het meest gehecht? Aan een 25 jaar oude lap. Die heb ik altijd bij me, overal. Hij is nog nooit gewassen. Als ik rust zoek, pak ik die lap beet.

Wie hoopt u nooit meer terug te zien? Een ex-vriend van mijn moeder. Die heeft haar veel verdriet gedaan en mij het leven zuur gemaakt.

Hoe is ongeluk te vermijden? Niet.

Wat is uw devies? Als je volhoudt, komt het uiteindelijk best wel goed.

Rob de Nijs

'Monogaam zijn ligt niet in mijn aard'

2 oktober 1998

Wat is uw huidige gemoedstoestand? Heel goed. Het concertseizoen is weer begonnen, en dan maak ik me altijd zorgen of mijn stem de vakantie heeft doorstaan. Ja dus.

Wie zijn uw helden? Christus, al van jongs af aan. Christus durfde op te staan tegen gevestigde machten; hij was ascetisch, rechtvaardig, niet hypocriet, wars van opportunisme. Ik heb niet de illusie dat ik daar ook maar bij in de buurt kan komen, maar daarom is hij juist een held.

Aan wie ergert u zich? Aan mensen die alles beter weten.

Lijkt u op uw moeder? Te veel. Als we elkaar vijf minuten zien, zijn we aan het kibbelen.

Wat zijn uw dagdromen? Door Amerika toeren op mijn Harley. Vrijheid. Niets moeten.

Wat is uw grootste angst? Mijn stem kwijtraken. Daar ben ik niet alleen afhankelijk van, maar mijn gezin ook.

Bidt u weleens? Ja. Sommigen zouden het 'mediteren' noemen, ik noem het liever 'bidden'. Bij het bidden spreek je een krachtbron in jezelf aan, dezelfde krachtbron waarmee ik bij concerten contact maak met het publiek. Het is een kwestie van jaren voordat je die kracht beheerst, maar ik weet nu hoe het moet.

Heeft u ooit een mystieke ervaring gehad? Altijd als ik het podium opga. Dan bid ik: 'Help me, in m'n eentje kan ik 't niet', en dan krijg ik als antwoord: 'Don't be afraid.'

Bent u aantrekkelijk? Ik blijf aantrekkelijk door wat ik doe. Daarbij heb je als man het voordeel dat je langer aantrekkelijk blijft voor de andere sekse. Belinda klaagt er wel over, maar het is niet anders.

Wat is uw definitie van geluk? Het moment nadat ik mijn laatste nummer heb gezongen. Als de zaal 'bis' roept, en ik denk: verdomme, 't is weer gelukt.

Waar schaamt u zich voor? Nergens voor.

Bent u monogaam? Dat ligt niet in mijn aard, hoewel ik de laatste zeven jaar zuiver fysiek gesproken niet ben vreemdgegaan. Soms is het genoeg te weten dat je zou kunnen als je zou willen.

Wanneer heeft u voor het laatst gehuild? Vorig seizoen, toen ik door een griep mijn stem kwijt was.

Lijkt u op uw vrienden? Ik heb twee boezemvrienden, die allebei zijn overleden. Sindsdien heb ik geen boezemvrienden meer.

Hoe moedig bent u? Voor mijn kinderen zou ik vechten met een kracht die ik misschien niet in mezelf vermoed.

Van wie heeft u het meest geleerd? Van mensen die me genaaid hebben. Je leert het meest van vallen en opstaan.

Wat is uw grootste ondeugd? Mijn mateloosheid. Eten, drinken, praten... alles.

Wanneer was u het gelukkigst? Mijn eerste jaren met Belinda, waarin ik het gevoel had dat mijn leven gered was. Ik had meerdere malen per dag het idee in de hemel te zijn beland.

Welke eigenschap waardeert u in een man? Dat ze een open boek zijn.

Welke eigenschap waardeert u in een vrouw? Precies het tegenovergestelde. Ik houd van vrouwen die mystiek zijn, *hard to get.*

Wie is uw grootste liefde? Mijn kinderen. Onvoorwaardelijk.

Wat beschouwt u als uw grootste mislukking? Mijn eerste huwelijk. Een diepe put, waarin ik dertien jaar heb gezeten. Ik had niet de moed om er een streep onder te zetten, ook al omdat ze ziek was. Ik dacht: dit duurt de rest van mijn leven, totdat ik Belinda tegenkwam.

Gelooft u in God? Ja. God is in Nederland trouwens redelijk onbespreekbaar. God is misschien een te heftige emotie voor Nederlanders.

Welk leed heeft u anderen berokkend? Door weg te gaan uit relaties.

Waaraan bent u het meest gehecht? Aan mijn vrijheid. Daarom heb ik het zo prettig in mijn eigen huis; ik kan thuiskomen wanneer ik wil, doen wat ik wil.

Wat is de beste plek om te wonen? Ons huis in Mojacar, Andalusië. Een zeer spirituele plek. Er zijn mensen die zeggen dat daar een gat in de kosmos zit.

Wie hoopt u nooit meer terug te zien? Degenen die me belazerd hebben.

Hoe is ongeluk te vermijden? Ongeluk is niet te vermijden. Je hebt wel mensen die het ongeluk aantrekken; hoe dat komt weet ik niet. Misschien hebben ze geen beschermengel.

Wat is uw devies? Geloof in de toekomst.

André Hazes

'Ik schaam me dat ik af en toe te veel drink'

30 oktober 1998

Wat is uw huidige gemoedstoestand? Ik zit net bij te komen van twee waanzinnige concerten.

Wie zijn uw helden? Dean Martin en Jack Nicholson. En van Charles Bronson kunnen ze me 35.000 films geven. Zo'n echte vent, met van die groeven in zijn gezicht.

Aan wie ergert u zich? Ik ben gek op Amerika. Maar ik heb nog nooit zulke hypocriete mensen gezien als daar. Op sommige stranden mogen vrouwen niet topless, en als je dan ziet wat daar in bars gebeurt.

Lijkt u op uw moeder? Ja, qua gevoelens, en ook qua beeld. Mijn moeder was op haar manier een goedzak. En dat ben ik ook.

Wat zijn uw dagdromen? Ik ben niet zo'n dromer.

Wat is uw grootste angst? Dat je ruzie hebt en dood neervalt en niet meer kunt zeggen wat je had willen zeggen. Sjef van Oekel heeft ooit een lied gezongen, dat heet: 'Ga nooit weg zonder te groeten'. En dat doe ik ook.

Bent u aantrekkelijk? Ik heb toch aardig wat mooie vrouwen gehad. Maar het interesseert me niet, ik ben helemaal niet ijdel. Normaal loop ik gewoon in een trainingsbroek.

Wat is uw definitie van geluk? Mijn dochtertje van vijf had een tijdje geleden aanvallen, het leek op een soort epilepsie. Vreselijk, ik zou alles hebben weggegeven voor haar. We hebben wel dertig onderzoeken laten doen en ten slotte zei professor Voûte van het AMC dat ze gewoon te hard groeide. Ze was te gezond. Toen ik dat hoorde, was ik heel gelukkig.

Bent u monogaam? Bij deze vrouw wel, ik heb er geen zin meer in. Zij geeft zoveel liefde, dat liegen wil ik niet meer.

Waar schaamt u zich voor? Dat ik af en toe misschien te veel drink. Maar ik word nooit lastig, alleen maar gezellig.

Wanneer heeft u voor het laatst gehuild? Een paar dagen geleden, bij een film over een vrouw die er ten onrechte van beschuldigd was dat ze haar kind had vermoord. Omdat ze zwanger was van een tweede, met dezelfde symptomen, bleek dat het om een ziekte ging. Als ze nou niet zwanger was geweest, waren ze daar nooit achter gekomen! Ja, toen moest ik wel even de andere kant op kijken.

Lijkt u op uw vrienden? Mijn vrienden lijken op mij. Ik moet niet iemand hebben die de hele dag een spaatje loopt te drinken, dan ben ik gauw thuis.

Hoe moedig bent u? Zo moedig als een rechtvaardige Amsterdamse straatjongen.

Van wie heeft u het meest geleerd? Ik heb alles zelf opgebouwd. Zingen heb ik ook zelf geleerd, voor lessen hadden we geen geld. Trouwens, als ik dat had gedaan was er geen André Hazes gekomen.

Wat is uw grootste ondeugd? Ik ben heel goedgelovig. Ik vertrouw mensen te snel, maar dat probeer ik af te leren.

Welke eigenschap waardeert u in een man? Ik heb er een gruwelijke hekel aan als mannen met vrouwen lopen te dweilen terwijl ze er een thuis hebben zitten. Dat kan ik niet aanzien en daar zeg ik ook wat van.

Welke eigenschap waardeert u in een vrouw? Als ik een schone onderbroek aan wil, moet die er wel zijn. Of dat er scheermesjes liggen. Dat is haar taak. Ze moet voor me zorgen. Verder mag ze graaien uit de pot wat ze wil, dat maakt me niet uit.

Als u iets aan uzelf kon veranderen, wat zou dat dan zijn? Mijn neus en mijn gewicht.

Hoe ontspant u zich? Ik ga vissen of in de tuin rommelen, of ik zit op het water met m'n bootje. En 's winters kijk ik naar sport.

Van wie houdt u het meest? Van mijn kinderen, mijn vrouw en zij die in de hemelen zijn: mijn moeder en mijn vader.

Wie is uw grootste liefde? Tante Wil. Daar was ik vroeger helemaal stapel van.

Wat beschouwt u als uw grootste mislukking? Het bouwbedrijf dat ik in 1988 ben begonnen. Ik was helemaal dolgedraaid en ging maar door met dat gajes, dat heeft me een bom geld gekost.

Waar bent u het meest aan gehecht? Aan mijn televisie, daar zou ik geen dag zonder kunnen. Ik heb er vier, en ze staan altijd aan.

Wat is de beste plek om te wonen? Vinkeveen.

Hoe is ongeluk te vermijden? Ik zal op vrijdag de dertiende nooit optreden. Dan blijf ik thuis.

Wat is uw devies? Wees jezelf.

Jean Pierre Rawie

'Ik verkeer in een fase van mijn leven
waarin huilen niet meer helpt'

13 november 1998

Wat is uw huidige gemoedstoestand? Sereen. Dat heeft met mijn leeftijd te maken. Ik weet wat ik wil en laat me door niemand meer iets wijsmaken.

Wie zijn uw helden? Diegenen aan wie ik mijn werk ter beoordeling zou willen voorleggen: Petrarca, Rilke. Ik denk trouwens niet dat ze geïnteresseerd zouden zijn. Schrijvers zijn zelden geïnteresseerd in het werk van een ander.

Aan wie ergert u zich? Ik ben snel geërgerd, maar het meest heb ik last van domheid die vermeden kon worden. Verkeerd citeren en zo.

Lijkt u op uw moeder? Mijn moeder heeft een sterker ontwikkeld moreel besef dan ik. Ze leeft er althans meer naar.

Wat zijn uw dagdromen? Ik heb genoeg aan mijn nachtmerries.

Wat is uw grootste angst? Dat mijn dichtader definitief dichtslibt.

Bidt u weleens? Dagelijks. Ik citeer Baudelaire: 'Iemand die zijn avondgebed zegt, is als een kapitein die wachters rond zijn kampement plaatst. *Il peut dormir.*'

Heeft u ooit een mystieke ervaring gehad? Ieder geslaagd gedicht is een mystieke ervaring. Je voegt iets toe aan de schepping; je maakt deel uit van iets wat groter is dan jezelf.

Bent u aantrekkelijk? Ik heb in mijn leven uitsluitend aantrekkelijke vriendinnen gehad, en rijkdom kan daarvan niet de reden zijn.

Wat is uw definitie van geluk? Het ontbreken van acuut leed.

Waar schaamt u zich voor? Niet voor mijn wellustige karakter, niet voor openbare dronkenschap... Eigenlijk nergens voor.

Bent u monogaam? Ik heb een bepaald soort trouw zeer hoog in mijn vaandel. Daar laat ik het bij.

Wanneer heeft u voor het laatst gehuild? Ik verkeer in een fase van mijn leven waarin huilen niet meer helpt.

Lijkt u op uw vrienden? Vrienden kies je vanwege de verschillen, lijkt me. Bovendien: sommige van mijn beste vrienden zijn vrouwen.

Hoe moedig bent u? Ik ben niet laf; ik heb een sterk ontwikkeld eergevoel en ik ben nogal driftig van aard. Maar ik zal op straat geen ruzie zoeken met rabauwen.

Van wie heeft u het meest geleerd? Mijn vader, die predikant was en hechtte aan verzorgd taalgebruik. Sommige leraren klassieke talen. En ik heb mezelf veel geleerd.

Wat is uw grootste ondeugd? Ik speel in gezelschap graag de eerste viool. Soms is dat ook hard nodig, om de conversatie te redden, maar toch vecht ik ertegen.

Wanneer was u het gelukkigst? In het ziekenhuis. Elf jaar geleden ben ik voor de dood weggehaald, vanwege overmatig drankgebruik, en de periode van herstel heb ik als zeer gelukkig ervaren.

Welke eigenschap waardeert u in een man? Intellect en karakter. Een man moet geen weekdier wezen.

Welke eigenschap waardeert u in een vrouw? Alle andere.

Als u iets aan uzelf kon veranderen, wat zou dat dan zijn? Niets. Elke goede eigenschap heeft zijn tegenhanger, en het een kan niet zonder het andere bestaan. Talent en luiheid gaan bijvoorbeeld vaak samen.

Hoe ontspant u zich? Door conversatie. Ik kom graag in een gelegenheid, maar dan moet je wel iets te praten hebben.

Wie is uw grootste liefde? De vrouwen in mijn leven, *past and present.*

Gelooft u in God? Talleyrand zei: 'Ik vind atheïsme zo weinig aristocratisch.' Daar sluit ik me graag bij aan. Ik ben doordrongen van de ongelijkheid van mensen en dat moet ergens in culmineren. Daarbij zijn het niet de minsten die in God geloven; ik bevind me in goed gezelschap.

Welk leed heeft u anderen berokkend? Ik heb succes met mijn werk, en dus heb ik veel vijanden.

Waaraan bent u het meest gehecht? Mijn bibliotheek.

Wat is de beste plek om te wonen? Ik word in Groningen op handen gedragen, en dat is heel aangenaam. Ik zou ook in Florence willen wonen, maar dan moest ik wel de middelen hebben.

Wie hoopt u nooit meer terug te zien? Dat is het probleem niet. Het probleem zijn de mensen in wier gezelschap je graag zou willen verkeren, maar die je nooit meer zult terugzien.

Hoe is ongeluk te vermijden? Door tevredenheid met jezelf, zonder zelfgenoegzaam te worden.

Wat is uw devies? Heb ik niet.

Joop Braakhekke

'Amsterdam heeft niets internationaals'

20 november 1998

Wat is uw huidige gemoedstoestand? Ik verkeer in een toestand van medium gelukzaligheid. Ik pluk de vruchten van investeringen in mijn vakmanschap. Maar ik ben niet ultragelukkig; dat ben je alleen als je verliefd bent.

Waar bent u het liefst mee bezig? Alles wat ik doe, doe ik met liefde. Ik ben dol op het leven. Alleen vind ik het weleens prettig zonder mensen om me heen.

Wie zijn uw helden? Mijn vader. Hij heeft ordening in mijn ongedisciplineerdheid en mildheid gebracht. Zijn motto: 'Doe wat je wilt, als je er maar geen rotzooi van maakt.'

Aan wie ergert u zich? Aan de bestuurders van de gemeente Amsterdam: zo keutelig, zo klein, zo gespeend van welke visie dan ook. Amsterdam heeft niets internationaals. Vergelijk dat eens met de inrichting van Parijs door Napoleon...

Wat zijn uw dagdromen? Ik zou graag willen zingen. Ik heb al dertig jaar zangles, maar er zit een enorme psychische blokkade. Ik heb wel een plaatje gemaakt met Thijs van Leer, maar dat is door Hilversum geboycot.

Wat is uw grootste angst? Dat ik te dik word. Ik ben als kind erg dik geweest.

Heeft u ooit een mystieke ervaring gehad? Ik heb dikwijls gekregen wat ik wil. Ik denk dat ieder mens zijn leven in eigen hand heeft. De een doet het beter dan de ander, omdat de een intelligenter is dan de ander. Ik denk dat ik een enorm IQ heb. Dat is geen verdienste, dat heb ik meegekregen van de natuur.

Leeft u in welstand? Ik heb een jaarinkomen van drie, vier ton. Daarvan gaat een flink deel naar de belasting, want we leven in een verkapt communistisch land. Ik ben heel sociaal, ik wil graag iets weggeven, maar mag ik alsjeblieft zelf bepalen aan wie?

Wat is uw definitie van geluk? Rust en vrede in jezelf.

Bent u bang voor de dood? Ik ben vooral bang voor de eenzaamheid van de ouderdom. Ik wil niet eindigen als Max Heymans.

Wanneer heeft u voor het laatst gehuild? Recent, toen ik ruzie had met mijn partner Wim. Hij zei: 'Je wordt er niet leuker op, je bent een bitch.' Ik ben helemaal geen bitch. Nooit geweest ook. Maar nu, met alle drukte in mijn bedrijf, moet ik de teugels wat strakker aanhalen. Bij hetero's zijn er veel vrouwen die hun mannen gemáákt hebben. Dat mis ik in homoseksuele relaties.

Lijkt u op uw vrienden? Ik heb weinig echte vrienden, ik ben nog te druk met mezelf.

Hoe moedig bent u? Gisteren moest ik een kaaszolder op in Edam, via een wankel trappetje. Ja, ik durf risico's te nemen. Op zo'n moment komt zen in mij tevoorschijn. Zen zegt: concentreren, rustig doen, geen haast.

Wanneer was u het gelukkigst? Het moment dat ik toegaf dat ik homoseksueel was. Niet dat mijn homoseksuele leven nu zo uitermate gelukkig is, maar toch.

Welke eigenschap waardeert u in een man? Een man blijft een kind.

Welke eigenschap waardeert u in een vrouw? Mannen zijn lomp bij vrouwen vergeleken.

Als u iets aan uzelf kon veranderen, wat zou dat dan zijn? Ik ben 1 meter 68, ik had graag 1 meter 75 willen zijn. Nu komt de kleermaker eraan te pas.

Wie is uw grootste liefde? Die moet ik nog ontmoeten.

Van wie houdt u het meest? Van Wim, maar nog iets meer van mijn moeder.

Welk leed heeft u anderen berokkend? O god, heel veel. Ik kan iemand tot in het diepst van zijn ziel raken. Daar ben ik net een dier in. Een dier voelt intuïtief de zwakke plek van een ander dier, en daar pakt hij hem. Een bulldog pakt een koe onder in de nek. Hoe weet hij dat?

Is uw leven de moeite waard? O zeker. Ik vind het leven heerlijk. Er is net zoveel verdriet als vreugde en er zijn net zoveel lelijke dingen als mooie dingen.

Waaraan bent u het meest gehecht? Mijn boot, een lemsteraak. En mijn auto, een TVR Griffith met een motor van vijf liter. Dat is voor het afreageren. Ik rijd met gemak 230.

Wat is de beste plek om te wonen? Mijn plek ligt niet in Nederland. Frankrijk, of de tropen.

Wie hoopt u nooit meer terug te zien? Peter Langendijk, met wie ik Le Garage begonnen ben. Na een tijdje wilde hij al een miljoen van me hebben. Toen kwam de aap uit de mouw.

Hoeveel macht heeft u? Geen. Vind ik totaal onbelangrijk. Heb ik nog nóóit over nagedacht.

Wat is uw devies? Willen is doen.

Katja Schuurman

'Ik ben zelfs eens op het podium in slaap gevallen'

26 februari 1999

Wat is uw huidige gemoedstoestand? Zwevend tussen sterk, zelfverzekerd en gelukkig, en onzeker, alleen en melancholisch.

Wie zijn uw helden? Mensen die uit het leven halen wat erin zit.

Aan wie ergert u zich? Aan pessimistische, negatieve, kleinzerige, zeurderige mensen, aan mietjes en aan zwakkelingen. En soms aan mijn geliefden.

Lijkt u op uw vader? Als ik mezelf hoor praten denk ik steeds vaker: hé, mijn vader. Mijn vader is zakelijk en analytisch, maar ook een gevoelsmens. Hij schrijft vaak gedichten voor me, en die maken me altijd aan het huilen, omdat eruit blijkt dat hij meer van me begrijpt dan ik eigenlijk wil.

Wat zijn uw dagdromen? Ik heb geen tijd om te dagdromen. Als ik even wegdroom, val ik ogenblikkelijk in slaap. Ik ben zelfs eens op het podium in slaap gevallen.

Wat is uw grootste angst? Ik ben bang voor alle dingen die voorbijgaan. Op de eerste dag van een vakantie denk ik al: straks is de vakantie voorbij. Mijn ultieme angst is dood te gaan.

Heeft u weleens een mystieke ervaring gehad? Een tijdje geleden had ik een nachtmerrie in een Londens hotel, met allerlei vogelachtige beesten die uit het bed kwamen. Toen ik wakker werd was het niet voorbij; ik werd telkens weer de wereld van die nachtmerrie in getrokken. Heel eng. Is dat een mystieke ervaring?

Bent u aantrekkelijk? Dat ligt eraan hoe ik me voel.

Wat is uw definitie van geluk? De eeuwigheid voelen in een moment.

Waar schaamt u zich voor? Ik schaam me niet vaak tegenover anderen, maar ik schaam me soms voor mezelf. Als ik afspraken afzeg bijvoorbeeld, soms zelfs met vrienden, met het argument dat ik het te druk heb, terwijl ik alleen een avondje op de bank wil zitten.

Bent u monogaam? In principe wel.

Wanneer heeft u voor het laatst gehuild? Gisteren, eergisteren? O nee. vanmiddag.

Hoe moedig bent u? Ik ben niet angstig. maar ik weet niet of ik moedig ben. Misschien is het eerder onbezonnenheid.

Van wie heeft u het meest geleerd? Je kunt van iedereen iets leren, zelfs van mensen die je niet mag. Ikzelf heb een hekel aan zwakke mensen, maar ik kan van ze leren hoe ik kwetsbaar kan zijn.

Wat is uw grootste ondeugd? Dat ik altijd maar naar meer streef, dat ik nooit tijd heb om ergens bij stil te staan. Dat ik voorbijga aan wat ik al heb.

Wanneer was u het gelukkigst? Steeds wel en steeds niet.

Welke eigenschap waardeert u in een man? Dat hij kwetsbaar durft te zijn en tegelijk het heft in handen wil nemen.

Welke eigenschap waardeert u in een vrouw? Ik houd van sterke, onafhankelijke vrouwen, die van het leven durven te genieten.

Hoe ontspant u zich? Door voor honderd procent op te gaan in een nieuw moment, en het voorafgaande proberen te vergeten.

Wie is uw grootste liefde? Dat weet ik niet. Het lijkt allemaal zo snel te veranderen.

Van wie houdt u het meest? Ik probeer van zo veel mogelijk mensen tegelijk te houden, maar dat lukt helaas niet altijd.

Wat beschouwt u als uw grootste mislukking? Dat ik als mens altijd tekortschiet. In wat ik kan doen voor anderen en voor mezelf, in de liefde die ik kan geven, in mijn werk... in alles.

Gelooft u in God? Ik geloof soms niet eens dat ik zelf besta, laat staan dat ik in God geloof.

Welk leed heeft u anderen berokkend? Ik kan heel veel aandacht en liefde geven aan een ander, maar niet altijd. Terwijl die mensen dat de volgende dag weer verwachten. Misschien stel ik ze dan teleur.

Waaraan bent u het meest gehecht? Aan mijn ringen. Bij elke ring hoort een verhaal: de ene is van mijn vader, de andere van mijn vorige vriend, een derde van mijn beste vriendin.

Wat is de beste plek om te wonen? Waar je je thuisvoelt. Bijvoorbeeld in Vinkeveen, aan het water.

Hoe is ongeluk te vermijden? Door er niet aan te denken.

Wat is uw devies? 'Wees in je leven geen toeschouwer, wees een speler.' Die is van mijn pappa.

Trijntje Oosterhuis

'Ik moet uitkijken dat ik me niet te verwend ga gedragen'

28 mei 1999

Wat is uw huidige gemoedstoestand? Sinds een paar maanden sport ik drie keer per week in het Vondelpark of in het Amsterdamse Bos. Soms voel ik me leeggezogen door de mensen en als ik sport, laad ik me weer op.

Wie zijn uw helden? Stevie Wonder en Nelson Mandela. Ze zijn groot in hun kleinheid.

Aan wie ergert u zich? Aan mensen die om de feiten heen draaien.

Lijkt u op uw vader? Ik ben een echte vrouw, maar ik lijk op mijn vader. We denken allebei dat we de wereld kunnen verbeteren. Hij praat voor het publiek en ik zing voor het publiek; ondanks de verschillen is de energie vergelijkbaar.

Wat zijn uw dagdromen? Een tijdlang in New York wonen. Een kopje koffie met een bagel en dan een beetje op de hoek van de straat zitten kijken. Ook zou ik graag moeder willen zijn van een leuk gezin. Maar wel een werkende moeder, want ik blijf zingen.

Wat is uw grootste angst? Mensen verliezen van wie ik hou.

Bidt u weleens? Ik kan niet eens het onzevader opzeggen en mijn vader heeft me nooit gedoopt. Ik mediteer wel, dan sta ik stil bij de dingen van de dag. En vlak voor een optreden houden we elkaar allemaal even vast. Ik ga nooit het podium op voor ik de bandleden in de ogen heb gekeken.

Heeft u ooit een mystieke ervaring gehad? Een kennis had kanker en lag op haar sterfbed. Ze wilde dat Tjeerd en ik voor haar speelden en met een keyboard hebben we aan haar bed staan zingen.

Bent u aantrekkelijk? Ik ben niet de vrouw die vrachtwagenchauffeurs boven hun bed hangen. Ik heb trouwens liever dat ze onderweg mijn muziek draaien.

Wat is uw definitie van geluk? Zingen. Ik voel me soms verliefd als ik zing.

Waar schaamt u zich voor? Nergens voor.

Bent u monogaam? Ja. Ik wil dat het fundament van een verhouding goed is. Ik geloof niet dat je gelukkiger wordt als je je heil bij een ander zoekt. Hoe dat fout kan gaan, heb ik thuis wel gezien.

Wanneer heeft u voor het laatst gehuild? Vorige week. Ik zat ergens te eten en iemand maakte een foto. Ik voelde me verschrikkelijk geïntimideerd, maar iemand afsnauwen in zo'n situatie, dat kan ik niet.

Hoe moedig bent u? Ik ben nergens bang voor. Bungeejumpen zou ik zelfs wel durven.

Wanneer was u het gelukkigst? Misschien moet mijn gelukkigste tijd nog komen.

Wat is uw grootste ondeugd? Ik moet uitkijken dat ik me niet te verwend ga gedragen.

Welke eigenschap waardeert u in een man? Hij moet pit hebben en van aanpakken weten. Hij moet zelfstandig zijn, emotioneel bereikbaar en gezellig. En om het leuk te hebben, heeft hij niet per se een vrouw nodig.

Welke eigenschap waardeert u in een vrouw? Vrouwen moeten trots zijn op hun vrouwelijke kanten. En een vrouw moet willen verzorgen, maar ook voor zich kunnen laten zorgen.

Als u iets aan uzelf kon veranderen, wat zou dat dan zijn? Efficienter met mijn tijd omgaan. Soms ben ik net tante Bep, dan zit ik uren met vriendinnen te kletsen.

Hoe ontspant u zich? Muziek luisteren, sauna, massage en sporten.

Wie is uw grootste liefde? Bij mijn eerste vriend dacht ik dat hij mijn grootste liefde was. Deze vriend ken ik nog niet zo lang, maar deze liefde kan nog groter worden.

Wat beschouwt u als uw grootste mislukking? Ik heb nog niet gefaald.

Gelooft u in God? Ik geloof in goed.

Waaraan bent u het meest gehecht? Je mag hier alles komen weghalen.

Wie hoopt u nooit meer terug te zien? Ik laat me niet verbitteren door het niveau van mijn tegenstanders.

Hoe is ongeluk te vermijden? Door geluk op te zoeken.

Wat is uw devies? Vernieuw je leven iedere keer opnieuw.

Erwin Olaf

'Ik vind seks schaamtevol, dat is zoiets dierlijks'

30 juli 1999

Wat is uw huidige gemoedstoestand? Ik ben erg gelukkig. Ik heb heel veel opdrachten, ik verhuis binnenkort naar een nieuwe studio van vijfhonderd vierkante meter, en in de liefde gaat het ook al goed. Erg hè?

Wie zijn uw helden? Andy Warhol om zijn kunst, mijn moeder om haar sterke schouders, en Teun, mijn echtgenoot, omdat hij maar bij me blijft.

Aan wie ergert u zich? Ik heb een ontzettende hekel aan televisiesterren, met als onbetwiste aanvoerder Willibrord Frequin. Die onintegere, valse verrader met z'n lelijke drankhoofd is de grootste lul van Nederland.

Lijkt u op uw moeder? Wat betreft het blauw van m'n ogen zeker.

Wat zijn uw dagdromen? Een sciencefiction-speelfilm regisseren over oude mensen die ergens in het Melkwegstelsel op zoek gaan naar de bron van de eeuwige jeugd.

Wat is uw grootste angst? Dat ik, wanneer ik doodga, m'n leven in een seconde aan me voorbij zie trekken en dat er enorme zwarte vlekken in zitten omdat er niks bijzonders gebeurd blijkt te zijn.

Bidt u weleens? Een keer tijdens een havotentamen. Maar dat was een belediging voor mensen die wel een diep religieus gevoel hebben.

Heeft u ooit een mystieke ervaring gehad? Ik heb lopen huilen in het tropisch regenwoud van Costa Rica. *Closer to mystery* kom ik niet.

Bent u aantrekkelijk? Voor sommige mensen wel, voor andere absoluut niet. Die houden niet van zo'n flapnicht.

Wat is uw definitie van geluk? Harmonie met jezelf en je omgeving. Dat zeg ik, terwijl ik vloekend en tierend op de fiets door de stad ga.

Waar schaamt u zich voor? Ik vind seks schaamtevol, dat is zoiets dierlijks.

Bent u monogaam? Ik heb nu 21 jaar verkering met Teun, en ben drie maanden verliefd op Anton. Ik ben geen dag monogaam, maar wel heel erg trouw aan hen.

Wanneer heeft u voor het laatst gehuild? Toen ik laatst de Vijfde van Mahler draaide, dat stukje uit *Dood in Venetië*. Het had ermee te maken dat ik het leven erg compleet vond op dat moment.

Lijkt u op uw vrienden? Nee. Ik ben de schreeuwlelijk, iedereen om me heen is redelijk bescheiden.

Hoe moedig bent u? Er stond hier een keer een vrouw op de stoep en die keek zo gek uit d'r ogen, dat ik meteen de deur dichtflikkerde. Ik dacht: die gaat zoutzuur in m'n smoel gooien. En toen riep ze: 'Ik wil alleen maar model staan!'

Van wie heeft u het meest geleerd? Van m'n vader, met name hoe ik sommige dingen niet moet doen. Hij heeft zich veel te druk gemaakt over het werk, en daar is z'n gezondheid aan ten onder gegaan.

Wat is uw grootste ondeugd? Beroepsjaloezie. Ik scheld regelmatig in m'n gedachten collegae verrot omdat ik hun werk goed vind.

Wanneer was u het gelukkigst? Toen ik in m'n eentje door m'n nieuwe studio liep.

Welke eigenschap waardeert u in een man? Eerlijkheid aan zichzelf en zijn omgeving, en kwetsbaarheid. Ik heb nooit moeite met jankende mensen, wel met machogedrag.

Welke eigenschap waardeert u in een vrouw? Compromisloze eerlijkheid.

Als u iets aan uzelf kon veranderen, wat zou dat dan zijn? In ieder geval nog drie centimeter lul erbij. Ik zou er best wel een van mid-twintig willen hebben.

Wie is uw grootste liefde? Teun.

Welk leed heeft u anderen berokkend? Een jongen in Cuba heb ik bewust leed berokkend. Ik wilde niet dat hij me te aardig zou gaan vinden, omdat ik toch weer wegging. Ik heb de telefoon op m'n hotelkamer niet opgenomen en hij heeft tien keer gebeld.

Waaraan bent u het meest gehecht? Aan m'n huisje; het uitzicht, de lichtval en het balkonnetje.

Wat is de beste plek om te wonen? De Lauriergracht in Amsterdam. Als m'n achterbuurvrouw tenminste eindelijk een schutting neerzet, want ze kijkt zo in m'n wc.

Hoe is ongeluk te vermijden? Door in een brandkast in De Nederlandsche Bank te gaan zitten, met voldoende proviand.

Wat is uw devies? Eerst liefde en vriendschap, dan de rest.

Rijk de Gooyer

'Sinds een jaar of zes heb ik een buikje, en dat zit niet lekker'

20 augustus 1999

Wat is uw huidige gemoedstoestand? Relaxed. Het komende seizoen is behoorlijk volgeboekt, en dat geeft me een rustig gevoel. Ik ben niet iemand die thuis kan zitten.

Wie zijn uw helden? Frank Sinatra. Hij was gewoon de beste. Die fantastische stem, die timing, dat repertoire. En dan natuurlijk de vermeende maffiaconnecties en alle dames die hij verslond – dat maakte de man totáál.

Lijkt u op uw moeder? Ja. Mijn talent heb ik van mijn moeder. Zij was een geweldige verhalenvertelster.

Wat zijn uw dagdromen? Een *policier* waarin ik de rol speel van een oude commissaris of een oude crimineel, die nog één keer een grote klus moet klaren.

Wat is uw grootste angst? Armoede. Ik zie zoveel collega's in de bijstand belanden. Ze zijn te trots om het toe te geven, ze zeggen: 'Ik werk niet meer, het hoeft niet meer zo', maar dat is stille armoede hoor.

Bidt u weleens? Ik heb in mijn jeugd genoeg gebeden voor mijn hele leven.

Heeft u ooit een mystieke ervaring gehad? Ik was dronken, ik zat thuis op de bank en er liep een grote zwarte neger de kamer in. Ik raakte met hem in gesprek. Daarna kwam er een kennis van me binnen, die zei: 'Tegen wie zit jij nou te lullen? Er is hier helemaal niemand.'

Bent u aantrekkelijk? Nee. Ik heb het wel gedacht.

Wat is uw definitie van geluk? Vrijheid. Geen verplichtingen aangaan. Geen vaste baan, geen huwelijk.

Waar schaamt u zich voor? Als kind had ik zwakke enkels. Ik moest hoge Forma Natura-schoenen dragen onder een plusfour – geen gezicht. Dat is de laatste keer dat ik me ergens voor heb geschaamd.

Bent u monogaam? De laatste tien jaar wel. Ik heb er geen behoefte meer aan.

Wanneer heeft u voor het laatst gehuild? Toen ik het bericht kreeg dat mijn broer was gesneuveld op Borneo, de dag van de bevrijding in Europa. Hij was mijn lievelingsbroer. Daarna heb ik besloten me nooit meer aan iemand te hechten, om dat niet nog eens te hoeven voelen.

Lijkt u op uw vrienden? Qua humor en drankgebruik wel.

Hoe moedig bent u? In '44 ben ik de Waal overgezwommen, tussen de Duitse mitrailleurposten door, naar het bevrijde zuiden. Dat was geen moed, dat was zucht naar avontuur. Ik nam dienst in het Amerikaanse en later in het Engelse leger. Ik heb mensen doodgeschoten. Ook daarvoor was geen moed nodig; het was een kwestie van jij of ik.

Van wie heeft u het meest geleerd? Van Jan van Ees, een oudere acteur. Hij heeft me de betrekkelijkheid doen inzien van roem.

Op zijn oude dag, toen ik met hem samenwerkte, was hij al vergeten.

Wat is uw grootste ondeugd? Mijn te lange vriendschap met Koning Alcohol. Tegenwoordig is die vriendschap gelukkig iets bekoeld.

Wanneer was u het gelukkigst? Bij de première van de eerste film waarin ik een hoofdrol speelde, *De inbreker* van Frans Weisz. Het applaus na afloop in het City-theater duurde tien minuten.

Welke eigenschap waardeert u in een man? Humor.

Welke eigenschap waardeert u in een vrouw? Loyaliteit. En een paar grote tieten, maar dat is geen eigenschap, hè?

Als u iets aan uzelf kon veranderen, wat zou dat dan zijn? Sinds een jaar of zes heb ik een buikje, en dat zit niet lekker.

Wat beschouwt u als uw grootste mislukking? Dat ik me heb ingelaten met de roddelbladen. Ik dacht: *if you can't beat them, join them*, maar dat bleek een misvatting.

Gelooft u in God? Toen ik na de oorlog uit het leger kwam, ging ik met mijn vader naar de kerk. Een paar oude vrienden weigerden te groeten. Mijn vader zei: 'Die zijn artikel 31.' Terwijl de wereld in brand stond, hadden de gereformeerden tijd gevonden voor een kerkscheuring! Dit kan nooit de bedoeling zijn van Onze Lieve Heer, dacht ik, en ik heb het geloof vaarwel gezegd.

Welk leed heeft u anderen berokkend? Ik heb onschuldige en tamelijk onschuldige mensen beledigd en geslagen als ik een slok op had.

Wat is de beste plek om te wonen? De Nieuwmarktbuurt in Amsterdam. Er gaat soms een maand voorbij dat ik niet verder kom dan dit plein. En m'n boot ligt aan de Geldersekade, wat wil ik meer?

Wie hoopt u nooit meer terug te zien? Seth Gaaikema.

Hoe is ongeluk te vermijden? Door in je bed te blijven liggen. Hoewel, dan kun je er nog doorheen zakken.

Wat is uw devies? Je moet ze pakken als ze laag vliegen.

Gerrie Knetemann

'Mijn vrouw Gré zegt weleens dat ik een zieltje zonder zorg ben'

8 oktober 1999

Wat is uw huidige gemoedstoestand? Ik denk dat ik momenteel tamelijk gelukkig ben. Het gaat eigenlijk wel goed met mij, of beter: met ons.

Wie zijn uw helden? Ik doe niet aan heldenverering, al moet ik wel zeggen dat poolreizigers, bergbeklimmers en andersoortige avonturiers vroeger mijn warme belangstelling hadden. Eenmaal op de fiets keek ik op tegen Eddy Merckx en Peter Post. Op dit moment ben ik heldloos.

Lijkt u op uw moeder? Ik heb niet het idee dat ik op mijn moeder lijk, ook niet op mijn vader trouwens. Ik ben gewoon mezelf.

Wat zijn uw dagdromen? Ik droom ervan ooit een boek te schrijven. Ik weet zeker dat het al helemaal in mijn hoofd zit, maar ik betwijfel of ik niet te lui ben om eraan te beginnen. De titel heb ik trouwens al: *Met de blik in het hol.*

Wat is uw grootste angst? Mijn vrouw Gré zegt weleens dat ik een zieltje zonder zorg ben. Angst voor iets concreets heb ik dan ook niet. Wel voel ik me ongemakkelijk in het donker. Gek, hè?

Bidt u weleens? Ja, natuurlijk! Ik ben niet gelovig opgevoed, maar ik ben ervan overtuigd dat ook de grootste atheïst weleens bidt. Al is het maar een schietgebedje voor de goede afloop van iets. Ik geloof dat iedereen zijn eigen geloof heeft. Ik geloof in mezelf. Dus als ik bid, dan bid ik eigenlijk tot mezelf.

Bent u aantrekkelijk? Met mijn uiterlijk ben ik nooit zo bezig. Als 'persoon' vind ik mezelf wel aantrekkelijk, en de wetenschap dat er mensen zijn die graag in mijn omgeving verkeren, sterkt mij in die mening.

Wat is uw definitie van geluk? Geluk is gelukkig nieuwjaar zonder nieuwjaar. Geluk is een gevoel dat niet te koop is, maar wel oproepbaar als je ervoor openstaat. Als je het geluk zoekt, ga je het nooit vinden.

Waar schaamt u zich voor? Schaamte is een negatieve emotie. Schaamte komt altijd achteraf, en aan iets wat al geweest is, kun je toch niets meer doen. Jezelf schamen is verloren energie. Ik schaam me dan ook nooit!

Bent u monogaam? Fysiek wel, maar bij het zien van een mooie vrouw kan ik geestelijk best weleens polygaam reageren. Met die polygamie doe ik echter niets. Heb ik dat mooi geformuleerd of niet?

Wanneer heeft u voor het laatst gehuild? Ik huil bijna wekelijks. Echt waar. Ik hoef maar naar het *Journaal* te kijken of het huilen staat me nader dan het lachen. Gelukkig lach ik ook dagelijks.

Lijkt u op uw vrienden? Welke vrienden bedoelt u? Ik heb veel 'kennissen' en slechts een paar 'vrienden'. Het begrip 'vriend' is duidelijk gedevalueerd, iedereen noemt zich tegenwoordig 'vriend'. De paar vrienden die ik heb, lijken in de verste verte niet op mij. En toch vinden wij het aangenaam in elkaars gezelschap te zijn.

Bent u moedig? Ik ben er met het verstrijken der jaren niet moediger op geworden. Vroeger ging ik als het moest door een muur, en tegenwoordig ga ik om de muur heen. Het duurt iets langer, maar ik kom wel waar ik zijn moet.

Wat is uw grootste ondeugd? Ik ben heel erg lui. Ik maak ook veel troep en ruim nooit iets op. Maar ik erger me er niet aan. Het is me wat, hè?

Wanneer was u het gelukkigst? In het wielrennen ben je natuurlijk het gelukkigst als je gewonnen hebt. Maar als je geluksgevoel aan winnen of verliezen verbindt, ben je niet te benijden. Ik kan al heel gelukkig zijn als ik thuis in mijn stoel zit en een van mijn kinderen een liedje hoor zingen. Dan springen de tranen van geluk me in de ogen.

Wie is uw grootste liefde? Met stip genoteerd: mijn vrouw Gré. Als ik haar niet had, zou het leven er heel anders voor mij uitzien – niet leuk meer. Het is te hopen dat zij dat ook zo ziet.

Gelooft u in God? Welke God bedoelt u? Ik geloof niet zo in een God zoals ze in een kerk doen. Ik geloof in het goddelijke in de mens. Ik geloof in mezelf, dus ik geloof in een God!

Hoe is ongeluk te vermijden? Door er met nadruk niet aan te denken. Dat is de enige methode.

Wat is uw devies? Zit elkaar niet in de weg, kom je afspraken na, en – dat is het belangrijkste – doe er alles aan om je droom waar te maken. Dus ooit zal dat boek van mij er wel komen.

Kim Holland

'Ik ben niet monogaam, maar ik ga nooit vreemd'

29 februari 2000

Wat is uw huidige gemoedstoestand? Bevoorrecht en gelukkig. Ik maak porno, maar ik zit niet in de porno. Als je in de porno zit, krijg je een opdracht, kom je opdraven en lig je twee tellen later standje 69 te doen. Ik ben niet zomaar iemand die in een pornofilm speelt. Ik bepaal mijn eigen grenzen.

Wie zijn uw helden? Yvonne Kroonenberg, omdat ze zo rechtdoorzee en zo geestig schrijft. Martin Šimek, omdat hij aan een paar woorden genoeg heeft om tot iemand door te dringen.

Aan wie ergert u zich? Aan mensen die arrogant zijn. Aan mensen die hun afspraken niet nakomen. En aan mensen die programma's over erotiek presenteren, maar er eigenlijk niet in geïnteresseerd zijn.

Lijkt u op uw vader? Mijn vader was net zo'n workaholic als ik, maar verder niet. Hij was heel rustig, ik ben heel druk.

Wat zijn uw dagdromen? Ik verwezenlijk al mijn dagdromen.

Wat is uw grootste angst? Dat mijn bewonderaars afhaken.

Bidt u weleens? Tot mijn twintigste was ik Jehova's getuige. Mijn moeder overleed op mijn tiende. Door het geloof hoopte ik contact met haar te krijgen. Daar ging ik heel ver in. Ik ging elke zondag langs de deuren.

Heeft u ooit een mystieke ervaring gehad? Ja, gewoon door seks. Dan kun je in een roes raken, die je als mystiek kunt ervaren.

Bent u aantrekkelijk? Ik denk het wel.

Wat is uw definitie van geluk? Dat je de dingen kunt doen die je wilt.

Waar schaamt u zich voor? Ik ben schaamteloos.

Bent u monogaam? Ik ben niet monogaam, maar ik ga nooit vreemd.

Wanneer heeft u voor het laatst gehuild? Bij de film *Instinct* met Anthony Hopkins. Dat hij aan het einde naar het bos terugging, vond ik heel ontroerend. De meeste recensenten snapten niet dat hij zijn dochter in de steek liet. Maar kom, dat was een volwassen meid. Hij ging terug naar dat aapje, dat hij nu als zijn dochter beschouwde.

Lijkt u op uw vrienden? Op de vrienden in het wereldje wel. Op de vrienden met wie ik uit eten ga niet.

Hoe moedig bent u? Ik durf alles.

Von wie heeft u het meest geleerd? Mijn vriend heeft mij geleerd van seks te genieten.

Wat is uw grootste ondeugd? Moet dat negatief zijn, of kan het gewoon ondeugend zijn?

Wanneer was u het gelukkigst? Nu.

Welke eigenschap waardeert u in een man? Mannen zijn eerlijk, niet humeurig. Je weet altijd wat je aan ze hebt.

Welke eigenschap waardeert u in een vrouw? Dat vrouwen uitdagender zijn. Hoewel, zelf val ik op donkerharige secretaressetypetjes.

Als u iets aan uzelf kon veranderen, wat zou dat dan zijn? Ik zou weleens wat minder rusteloos willen zijn.

Hoe ontspant u zich? Bij mijn kapper. Of met lekkere seks, al is dat toch niet echt ontspannen. Vroeger deed ik aan SM. Als je jezelf totaal aan iemand overlevert, werkt dat heel rustgevend. Maar goed, ik ben nu degene die alles moet regelen, dus dat gaat niet meer.

Van wie houdt u het meest? Ruud.

Wat beschouwt u als uw grootste mislukking? Ik heb ooit voor het Amerikaanse Onaze Productions een paar SM-films gemaakt. Daar heb ik nooit betaald voor gekregen.

Gelooft u in God? Toen mijn vader tien jaar geleden aan kanker overleed, heb ik het geloof vaarwel gezegd.

Welk leed heeft u anderen berokkend? Omdat ik niet meer geloof, zie ik mijn zusje niet meer.

Waaraan bent u het meest gehecht? Aan onze kat Kippie. Mijn vriend is allergisch voor katten, maar niet voor deze.

Wat is de beste plek om te wonen? Nederland.

Wie hoopt u nooit meer terug te zien? Willibrord Frequin. Die kon er niet tegen dat ik tijdens een interview het gesprek overnam en hij met z'n mond vol tanden stond. Dat interview is nooit uitgezonden. Toen ik hem drie maanden later tegenkwam op een erotische beurs, wist hij niet hoe snel hij zich uit de voeten moest maken.

Hoe is ongeluk te vermijden? Door impulsief maar niet roekeloos te zijn.

Wat is uw devies? Je kunt beter iets proberen wat mislukt dan helemaal niets doen.

Martin Bril

'In noodzakelijke gevallen is schrijven een vorm van bidden'

3 april 2000

Wat is uw huidige gemoedstoestand? Het is vrijdag en dan ben ik moe, maar ook opgewonden omdat het alweer bijna zondag is, de ideale werkdag. Ik leef in blijde anticipatie van de zondag en daarna de maandag, niet te vergeten, het officiële begin van de werkweek.

Wie zijn uw helden? E.B. White, van *The New Yorker*, met zijn elegante hang naar beknoptheid en duidelijkheid. Van hem is de uitspraak 'Omit useless words'. Verder George Clooney, omdat dat zo'n aantrekkelijke man is met die combinatie van indolentie en gevaarlijkheid, een beetje zoals de jonge Elvis, ook weer een held. Jelle Kuiper, de hoofdcommissaris van politie, die iets vaderlijks, ouderwets en zorgzaams heeft, maar ook iets tomeloos nieuwsgierigs. En hij is nog sluipschutter ook! Joop van Tijn, die met zoveel flair midden op het Rokin uit een taxi kon stappen.

Aan wie ergert u zich? Aan Marga van Praag, Philip Freriks, Erwin Krol en Nico Haasbroek, de man die verantwoordelijk is voor Marga van Praag, Philip Freriks en Erwin Krol.

Lijkt u op uw moeder? Mijn moeder is warm, hartelijk, staat dicht bij de natuur, laat de dingen niet liggen. Ik lijk meer op mijn vader, van wie ik een koppig geloof in de toekomst heb, een overweldigend arbeidsethos en een passie voor het nieuwe.

Wat zijn uw dagdromen? Voor zover ik ze heb, komen ze in mijn columns voor.

Wat is uw grootste angst? Dat ik er niet meer zal zijn als mijn kinderen me nodig hebben.

Bidt u weleens? In noodzakelijke gevallen is schrijven een vorm van bidden.

Heeft u ooit een mystieke ervaring gehad? Ik liep eens langs een hotel in de Marnixstraat en zag daar in de lobby een tv staan die alleen het woord 'actueel' uitzond. En toen voelde ik me zelf plotseling ook heel erg actueel, levend, één met de dingen. Dat daalde in alle hevigheid op mij neer. Het heeft me niet meer losgelaten, dat gevoel van eenheid, betrokkenheid en verzoening.

Bent u aantrekkelijk? Het ligt eraan wie naar me kijkt.

Wat is uw definitie van geluk? Hard werken.

Bent u monogaam? Ik ben heel trouw.

Waar schaamt u zich voor? Nergens voor.

Wanneer heeft u voor het laatst gehuild? Toen mijn vrouw en haar advocate in de winter van 1997 precies hadden uitgelegd hoe de toekomst eruit zou zien als ik niet zou stoppen met drinken.

Lijkt u op uw vrienden? Nee, dat zou zinloos zijn.

Hoe moedig bent u? Ik denk dat ik moediger ben dan ik denk.

Van wie heeft u het meest geleerd? Van Rogier Proper, dat je door moet schrijven, ook als het eerst niks is.

Wat is uw grootste ondeugd? Snoepen, slapen en geld uitgeven.

Wanneer was u het gelukkigst? Nu, en morgen ben ik nog gelukkiger.

Welke eigenschap waardeert u in een man? Nieuwsgierigheid en niet te veel praatjes.

Welke eigenschap waardeert u in een vrouw? Dat ze schoon is op zichzelf.

Als u iets aan uzelf kon veranderen, wat zou dat dan zijn? Ik zou graag wat minder willen slapen.

Welk leed heeft u anderen berokkend? Te veel om op te noemen.

Wat beschouwt u als uw grootste mislukking? Mijn roman *Altijd zomer, altijd zondag* uit 1994. Een dramatisch slecht boek.

Gelooft u in God? Ik geloof in een heersend principe.

Waar bent u het meest aan gehecht? Aan mijn deadlines, aan het horloge dat ik van mijn vader heb gekregen, aan *nurse* Hathaway uit ER en aan het *Journaal* van acht uur.

Wat is de beste plek om te wonen? Amsterdam.

Hoe het ongeluk te vermijden? Door hard te werken.

Wat is uw devies? *Nothing satisfies like a good crocus!* (E.B. White)

Peter R. de Vries

'Zonder strijd geen overwinning'

17 april 2000

Wat is uw huidige gemoedstoestand? Wakker en evenwichtig. Ik ben al zo vaak heftig in het nieuws geweest dat ik niet snel van de leg raak van de kritiek die ik de laatste tijd over me heen heb gekregen.

Wie zijn uw helden? Helden zijn mensen die een strijd aangaan terwijl ze weten dat ze zullen verliezen. Mensen die een rechte rug houden onder alle omstandigheden.

Aan wie ergert u zich? Aan lieden die mij aanvallen zonder dat ze de feiten kennen. Aan benepen bangeriken. En aan mensen die traag van begrip zijn.

Lijkt u op uw moeder? Nee. Ik lijk op mijn vader. Hij was directeur van een springstoffenfabriek, een beroep waar de mensen ontzag voor hadden omdat ze dachten dat de tent elk moment kon ontploffen. En zo denken ze van mij dat ik in een auto met kogelgaten rijd en 's avonds naar mijn voordeur moet tijgeren.

Wat zijn uw dagdromen? Het lijkt me prettig ooit op mijn gemak een boek te lezen zonder een blocnote ernaast en zonder een uitzending in het verschiet.

Wat is uw grootste angst? Dat er iets met mijn kinderen gebeurt. Of dat er iets met mij gebeurt zolang de kinderen klein zijn.

Bidt u weleens? Nooit. Ik ben zeer tegen mijn zin christelijk opgevoed. Dat heeft een hoop verpest.

Bent u aantrekkelijk? Ja, ik denk van wel. Ik ben geen plaatje, maar vrouwen zien in mij iets markants.

Wat is uw definitie van geluk? Geluk in zijn totaliteit bestaat niet. Het is hooguit een momentopname. Even voel je: dit is mooi. Daarna is er weer de werkelijkheid van alledag.

Waar schaamt u zich voor? Ik schaam me niet snel, maar ik kan wel verlegen zijn.

Bent u monogaam? Mijn ervaring is dat mannen die zeggen volstrekt monogaam te zijn, meestal ook niet hun eigen vrouw neuken.

Wanneer heeft u voor het laatst gehuild? Ik huil regelmatig. Ik krijg in mijn vak met dramatische zaken te maken. Radeloze ouders wier kind vermist of vermoord is, bijvoorbeeld. Dat grijpt me aan.

Lijkt u op uw vrienden? Nee. Ik denk dat er maar heel weinig mensen op mij lijken. Ik beschouw ook maar weinig mensen als mijn vrienden.

Hoe moedig bent u? Ik ben redelijk onverschrokken. Veel mensen zijn laf en bang. Ik laat me niet door dat soort sentimenten leiden als er voor mijn ogen iemand in elkaar wordt getrapt.

Van wie heeft u het meest geleerd? Van mezelf. Ik neem niet snel iets van een ander aan. Ik wil zelf vooraan staan, zelf ervaren, zelf oordelen. Daarom ben ik journalist geworden.

Wat is uw grootste ondeugd? Als ik iets in m'n hoofd heb gezet, kan ik er niet van afwijken. Dat is voor mijn omgeving erg lastig.

Welke eigenschap waardeert u in een man? Oprechtheid en durf.

Welke eigenschap waardeert u in een vrouw? Slimheid, eerlijkheid en sexappeal.

Als u iets aan uzelf kon veranderen, wat zou dat dan zijn? Ik zou wat meegaander willen zijn. Ik reageer nogal fel als iemand iets zegt wat niet klopt. Daar schrikken mensen van. Soms is het beter de dingen over je kant te laten gaan.

Hoe ontspant u zich? Door te sporten. Minstens drie keer per week sta ik 's ochtends vroeg in de sportschool. Als ik een week niet sport, voel ik me schuldig. Dan denk ik: zo schiet het niet op, De Vries, je moet wel in vorm blijven.

Van wie houdt u het meest? Van mijn kinderen.

Wat beschouwt u als uw grootste mislukking? Volgens mij is alles wat ik gedaan heb ergens goed voor geweest.

Gelooft u in God? Nee. Als kind moest ik van mijn ouders op zondagavond naar de kerk, terwijl *Studio Sport* mijn ware religie was. Met God is het dus nooit wat geworden.

Waaraan bent u het meest gehecht? Aan mijn onafhankelijkheid. Ik kan geen baas boven me velen. Of het moest iemand zijn die in kennis en vaardigheden ver boven me uitsteekt.

Hoe is ongeluk te vermijden? Door er niet bang voor te zijn.

Wat is uw devies? Zonder strijd geen overwinning.

Erik Hazelhoff Roelfzema

'In de oorlog kende ik momenten van geluk, omdat ik in leven bleef'

24 april 2000

Wat is uw huidige gemoedstoestand? Dezelfde als altijd: optimistisch. Ik laat me niet gauw uit m'n evenwicht brengen.

Wie zijn uw helden? Aan helden heb ik nog geen moment gedacht en voorbeelden heb ik nooit gehad.

Aan wie ergert u zich? Aan mensen die roken, vooral als ik in de buurt zit. Ik heb te veel Hollandse vrienden aan roken verloren.

Lijkt u op uw moeder? We lijken sprekend op elkaar. Verder kon ze verrekt goed schrijven. Als ze per brief verslag deed van een voetbalwedstrijd, sprong ik soms uit mijn stoel op en riep: 'Goal!'

Wat zijn uw dagdromen? Ik zou nog graag wat langer willen leven.

Wat is uw grootste angst? Ik ken geen angst; in de oorlog ben ik nooit bang geweest. Angst is de grote vijand van de mensheid; het is zo'n sterke emotie dat je dingen gaat nalaten die je van plan was te doen.

Bent u aantrekkelijk? Meisjes hebben me altijd leuk gevonden. Zelfvertrouwen is voor vrouwen erg aantrekkelijk. Ik vind arrogantie een roteigenschap, maar het werd me weleens verweten.

Wat is uw definitie van geluk? Er zijn duizenden dingen die je gelukkig kunnen maken. En er zijn duizenden dingen die je ongelukkig kunnen maken. Het leven is er een mengsel van.

Bent u monogaam? Op het moment wel. Maar ik heb mijn wilde jaren beslist gehad.

Wanneer heeft u voor het laatst gehuild? Huilen vind ik niet moeilijk. Ik beschik over een sterke geesteskracht en als ik voortborduur op een trieste gedachte, dan komt het moment dat ik ga huilen vanzelf.

Lijkt u op uw vrienden? Ze zijn twintig, dertig jaar jonger. Maar veel vrienden heb ik niet; ik ben toch altijd een loner geweest.

Hoe moedig bent u? Als je niet bang bent, hoef je niet moedig te zijn om moedige dingen te doen.

Van wie heeft u het meest geleerd? Ik heb de meeste dingen geleerd door eigen ervaring. Mijn vader was nog van de generatie die niet met zijn kinderen sprak.

Wat is uw grootste ondeugd? Ik ben wispelturig. Ik vind het leuker ergens aan te beginnen dan iets af te maken. Ik verveel me nogal gauw.

Wanneer was u het gelukkigst? In de oorlog kende ik momenten van geluk, omdat ik in leven bleef. En in de liefde toen ik de juiste vrouw had gevonden.

Welke eigenschap waardeert u in een man? Eerlijkheid en directheid.

Welke eigenschap waardeert u in een vrouw? Ik zie geen verschil met mannen; boven de navel dan.

Als u iets aan uzelf kon veranderen, wat zou dat dan zijn? Een kop vol met haar. Als je grijs wordt, denk je: verrek, ben ik daar al aan toe? Kaal worden is nog erger.

Hoe ontspant u zich? Ik kijk graag naar voetbal. En ik hou ervan om op de dingen door te denken, 't liefst wandelend. Dan verdwijnt het gevoel van tijd.

Wie is uw grootste liefde? Ik denk toch mijn vrouw. En mijn kinderen komen er vlak na.

Wat beschouwt u als uw grootste mislukking? Het is me niet gelukt Frans Goedhart in de winter van '41-'42 van het strand in Scheveningen naar Engeland te brengen. Hij werd gearresteerd, ter dood veroordeeld en wist een dag voor de executie te ontsnappen.

Gelooft u in God? Ik geloof in een sturende macht die mij geweldig terzijde staat. Wat het is, weet ik niet, maar je hoeft je weldoener niet te kennen om hem toch dankbaar te zijn. En ik kan goed met hem opschieten.

Wat is de beste plek om te wonen? Toen ik in 1971 op Hawaï arriveerde, was het of mijn jeugd er had liggen wachten; ik kon er zo weer in stappen.

Waaraan bent u het meest gehecht? Al mijn hele leven gooi ik alles weg. Ik heb nooit een cent op zak kunnen houden en dat is typisch Hawaïaans. Bij ons weet niemand van een ander of die rijk is of arm.

Hoe is ongeluk te vermijden? Ik heb altijd de overtuiging gehad dat ik alles aankan en dat heeft me geholpen. Je moet positief kunnen denken.

Wat is uw devies? *De l'audace, toujours de l'audace!*

Hans Wiegel

'Ik ben een perfecte mix van alle vier mijn grootouders'

2 juni 2000

Wat is uw huidige gemoedstoestand? Zeer ontspannen. Je hoeft immers geen lid van de Eerste Kamer te zijn om minister-president van Nederland te worden.

Wie zijn uw helden? Winston Churchill is mijn held. Vanwege zijn rol tijdens de oorlog. En omdat hij humor en zelfspot had.

Aan wie ergert u zich? Aan praatjesmakers en neuzelaars.

Lijkt u op uw moeder? Ik ben een perfecte mix van alle vier mijn grootouders. Mijn ene grootvader hield van uiterlijk vertoon, mijn andere grootvader was verlegen. Mijn ene grootmoeder was gezellig en geestig, mijn andere grootmoeder gesloten en hard voor zichzelf.

Wat zijn uw dagdromen? In september ga ik met vakantie naar Engeland. Ik stel me nu al voor hoe we dan 's ochtends door de heuvels van Zuid-Engeland zullen rijden, en bedenk uitgebreid waar we gaan logeren en wat we allemaal gaan doen.

Bidt u weleens? Ja. En ik denk ook dat het helpt.

Heeft u ooit een mystieke ervaring gehad? Nee. Mijn grootmoeder wel. Zij woonde in Indonesië toen ze plotseling heel sterk het gevoel kreeg dat haar moeder, die in Nederland verbleef, was overleden. Later bleek dat dat precies op dat moment was gebeurd.

Bent u aantrekkelijk? Volgens mijn fans wel.

Wat is uw definitie van geluk? Met mijn vrouw en twee kinderen bij elkaar zijn. Dan kijk ik naar hen, zie ik wat ze zijn, hoe ze doen, hoor ik wat ze zeggen. Daar geniet ik van.

Waar schaamt u zich voor? Ik schaam me plaatsvervangend voor mensen die zich onopgevoed gedragen. Dat vind ik echt heel erg. Bah.

Bent u monogaam? Dat ben ik.

Wanneer heeft u voor het laatst gehuild? Twee jaar geleden, toen ik hoorde dat mijn vrouw een ernstige ziekte had. Dat was een enorme schok.

Lijkt u op uw vrienden? Nee. We zijn zeer verschillend. Daarom gaat het ook zo goed. Ik heb trouwens maar een paar vrienden.

Hoe moedig bent u? Mijn moedigste beslissing heb ik genomen tijdens de gijzeling op het provinciehuis in Assen. Toen heb ik opdracht gegeven om het provinciehuis te ontruimen, hoewel ik wist dat daarbij slachtoffers konden vallen. Het is goed gegaan, maar dat weet je nooit van tevoren.

Van wie heeft u het meest geleerd? Ik heb verschillende leermeesters gehad in de politiek, maar het meest heb ik geleerd van mijn eigen ervaringen.

Wat is uw grootste ondeugd? Ik ben ongeduldig. Dat is dan ook op mijn gezicht te zien, zegt mijn vrouw. Ik kan nou eenmaal niet tegen gezeur. Dan denk ik: kom op, linksaf, rechtsaf, waar gaan we heen.

Wanneer was u het gelukkigst? Beide keren toen ik trouwde. Dat waren de mooiste dagen van mijn leven. Ik ben een ouderwetse man.

Welke eigenschap waardeert u in een man? Oprechtheid en zelfspot. Humor ten koste van jezelf is de grootste humor.

Welke eigenschap waardeert u in een vrouw? Hartelijkheid en charme.

Als u iets aan uzelf kon veranderen, wat zou dat dan zijn? Ik zou niet weten wat. Ik heb mijn hebbelijkheden en onhebbelijkheden. Daar moet ik het mee doen.

Hoe ontspant u zich? Lezend. 's Winters met een sigaar, een glas en een boek over de Nederlandse parlementaire geschiedenis bij de open haard. 's Zomers met een detective in de schaduw van een oude eik.

Wat beschouwt u als uw grootste mislukking? Mijn optreden als huisschilder in het studentenhuis van mijn kinderen. Vooral de deurposten vormden een onoverkomelijk probleem.

Gelooft u in God? Ja. Ik geloof in een bescherming van boven. Er is een onzichtbare hand die sturing geeft.

Waaraan bent u het meest gehecht? Aan mijn bibliotheek met boeken over de Nederlandse politieke en parlementaire geschiedenis. Dat is mijn hartstocht.

Wat is de beste plek om te wonen? De Lindehof in Diever, een mooie, monumentale Saksische boerderij uit het begin van de achttiende eeuw. Hoe ver het ook is, ik rijd bij voorkeur 's avonds naar huis. Ik vind het heerlijk vroeg op te staan, de kippen te voeren, mijn Ierse koeien en de stier Coenraad te groeten. Ik ben een buitenman.

Hoe is ongeluk te vermijden? Ongeluk overkomt je of het overkomt je niet. Je kunt hooguit voorzichtig zijn.

Wat is uw devies? Dat staat op een koperen tabaksdoos die ik kreeg tijdens een dorpsbezoek in het Friese Bakkeveen: 'Regt door zee'.

Pim Fortuyn

'Ik wil nog één keer vlammen, zowel in mijn werk als in de liefde'

9 juni 2000

Wat is uw huidige gemoedstoestand? Contemplatief. Mijn moeder is twee maanden geleden gestorven, en dat confronteert me met mijn eigen sterfelijkheid. Ik dacht altijd dat ik tijd genoeg had, maar dat denk ik niet meer. Ik dacht dat ik de regie van mijn leven in eigen handen had, dat denk ik ook niet meer.

Aan wie ergert u zich? Aan burgemeester Mans van Enschede. Hij vertikt het om woorden van schaamte en spijt te spreken, hij vertikt het om verantwoordelijkheid te nemen voor de ramp die in zijn gemeente is gebeurd. Daarmee is hij een typische bestuurder van deze tijd.

Lijkt u op uw moeder? Van mijn moeder heb ik het analyserende, van mijn vader het romantische.

Wat zijn uw dagdromen? Minister-president van Nederland zijn. Voor de compassie, de begeestering en de betrokkenheid die nu volstrekt ontbreken.

Wat is uw grootste angst? Doodgaan zonder mijn emotionele en maatschappelijke ambities te hebben gerealiseerd. Ik wil nog één keer vlammen, zowel in mijn werk als in de liefde.

Bidt u weleens? Ik bid als ik wanhopig ben, tot Maria. Ik vraag om verlossing en die krijg ik ook. Verlossing is het aanvaarden van de wanhoop.

Heeft u ooit een mystieke ervaring gehad? Op het strand van Kos, ook weer in zo'n moment van wanhoop. Ik liep op het strand, ik zag een struik, en plotseling was die struik het brandende braambos uit de Bijbel. Ik voelde me deel van een groter geheel, de grens tussen mijzelf en mijn omgeving vervaagde. Het was het begin van een wending in mijn leven.

Bent u aantrekkelijk? Voor veel mensen wel, ja. Ik mag niet klagen over een gebrek aan belangstelling, ook van vrouwen trouwens. Maar in relaties word ik vaak als beangstigend ervaren, 'van hem gaat zo'n kracht uit, wat blijft er nog voor mij over'.

Wat is uw definitie van geluk? Al je capaciteiten ten volle kunnen benutten, van het hoofd en van het hart.

Waar schaamt u zich voor? Dat ik ooit ben veroordeeld voor rijden onder invloed. Ik kreeg een flinke bekeuring, maar het ergste was de verplichte cursus. Wel heel effectief, moet ik zeggen.

Bent u monogaam? Dat zit niet in mijn genen, maar als een partner erom zou vragen, zou ik het wel proberen.

Wanneer heeft u voor het laatst gehuild? Bij de dood van mijn moeder. Ze is in mijn armen gestorven.

Lijkt u op uw vrienden? Nee. Ik ben een loner. Ik leef en werk alleen, erg alleen. Te alleen.

Hoe moedig bent u? Ik beschouw mezelf als moedig, maar in een aangeharkt land als Nederland is dat toch vooral intellectuele moed.

Van wie heeft u het meest geleerd? Van pater Hutjens, de rector van mijn middelbare school. Van hem heb ik geleerd als hoofd van een team vader en moeder tegelijk te zijn. Het tonen van emotionele betrokkenheid: de rol van de moeder. Als het nodig is knopen doorhakken: de rol van de vader.

Wat is uw grootste ondeugd? Ongeduld.

Wanneer was u het gelukkigst? Ik heb aan het geluk geroken, maar ik heb het nog niet bereikt.

Welke eigenschap waardeert u in een man? Commitment, helderheid, afspraak is afspraak.

Welke eigenschap waardeert u in een vrouw? Moederlijkheid.

Als u iets aan uzelf kon veranderen, wat zou dat dan zijn? Ik zou gemakkelijker willen leven.

Hoe ontspant u zich? Die vraag veronderstelt een scheiding tussen werk en privéleven die ik niet ken.

Wie is uw grootste liefde? Ik had hem, maar ik heb hem niet meer. Er is dus een vacature.

Wat beschouwt u als uw grootste mislukking? Die moet nog komen. Hoewel anderen daar anders over zullen denken.

Gelooft u in God? Ik zou het willen, maar helaas: geloof is een geschenk.

Welk leed heeft u anderen berokkend? Nooit bewust. Daarvoor heb ik zelf te veel klappen gehad.

Waaraan bent u het meest gehecht? Aan niets. Ik kan alles moeiteloos opgeven als het nodig is.

Wat is de beste plek om te wonen? Londen. De meest vitale stad van dit moment.

Wie hoopt u nooit meer terug te zien? Er zijn heel wat mensen die mij nooit meer willen terugzien, maar dat is niet wederzijds.

Hoe is ongeluk te vermijden? Ongeluk hoort bij het leven.

Wat is uw devies? 'Alles of niets.' Dat is geen wenkend perspectief, dat is zoals ik ben. En dat betreur ik vaak.

Bart Chabot

'Ik ben stereogaam'

30 juni 2000

Wat is uw huidige gemoedstoestand? Oranje tegen Tsjechië, tweede helft. De wil is er wel, maar het vlees is zwak.

Wie zijn uw helden? Elvis, Johnny Rotten en Courtney Love. Die meid heeft *guts*.

Aan wie ergert u zich? Aan mensen die het voor een ander beter weten.

Lijkt u op uw moeder? Laten we hopen van niet. Toen ik voor het eerst op de televisie was, zaten mijn ouders in een hotel op Vlieland. Naderhand vroeg ik of ze gekeken hadden en toen zei mijn moeder: 'We gaan echt niet naar dat gedoe van jou kijken waar al die hotelgasten bij zijn.'

Wat zijn uw dagdromen? Ik droom 24 uur per dag. Het leven is voor mij één grote roes.

Wat is uw grootste angst? Afgeslacht worden in een steeg met een cameraploeg van SBS 6 erbij.

Bidt u weleens? Louter schietgebedjes.

Heeft u ooit een mystieke ervaring gehad? Heel vaak. Als ik schrijf ga ik een andere wereld binnen. Maar altijd komt er een moment dat ik bijvoorbeeld de kinderen van school moet halen.

Dan blijkt er een wereld te bestaan die veel minder reëel is, maar wel van negen tot vijf bezig is geweest. Ik loop dan buiten met het wonderlijke gevoel dat ik allang overleden ben. Alsof ik mij onzichtbaar tussen de mensen begeef.

Bent u aantrekkelijk? Nee. Ik moet dus andere wapens in stelling brengen. Die gaan gelukkig langer mee.

Wat is uw definitie van geluk? Zaterdagnacht. Ik lig in bed. Mijn vrouw slaapt, mijn kinderen ook. En buiten hoor ik het gerommel van naderend onweer.

Waar schaamt u zich voor? Voor mijn eerste boeken. Ik heb weleens overwogen ze ritueel te verbranden in het Haagse Bos.

Bent u monogaam? Ik ben stereogaam.

Wanneer heeft u voor het laatst gehuild? Vorige week, toen ik naar een nummer van Jeff Buckley luisterde. Wat een stem. Ik schiet vaak vol bij muziek. Bij het Wilhelmus ook. Zelfs bij het Engelse volkslied.

Lijkt u op uw vrienden? Nee. Wie zou dan nog aan het woord komen?

Hoe moedig bent u? Niet moedig, maar ook niet laf. Ik weet wel dat er een moment van de waarheid is. Gezellig een glaasje drinken met Mladić, dat zou mij niet overkomen. Zevenduizend mensen onder je snor laten afslachten en dan zeggen dat het een leermoment was! Sorry hoor, maar dan had je bij de padvinderij moeten gaan.

Van wie heeft u het meest geleerd? Van Herman Brood, Jules Deelder en Anton Corbijn. Ik studeerde indertijd Nederlands, maar wilde eigenlijk schrijven. Zij hebben mij op het goede moment een geweldige schop onder mijn reet gegeven.

Wat is uw grootste ondeugd? Ik vertel niet altijd de waarheid, maar vaak slechts een stukje ervan.

Wanneer was u het gelukkigst? In Londen, in het huis van Anton Corbijn. 's Ochtends opstaan en je realiseren dat een dag in deze stad miljoenen mogelijkheden biedt.

Welke eigenschap waardeert u in een man? Loyaliteit.

Welke eigenschap waardeert u in een vrouw? Dat ze weet wat ze wil.

Als u iets aan uzelf kon veranderen, wat zou dat dan zijn? Ik zou graag mijn rijbewijs halen. Dat lukt me nu gewoon niet. Ik word te treurig van zo'n theorieboekje.

Hoe ontspant u zich? Ik ontspan me nooit. Ontspanning brengt onheil. Je moet als een scherpschutter elk moment op je qui-vive blijven.

Wie is uw grootste liefde? Mijn goudvis Top. Omdat hij volkomen weerloos is.

Wat beschouwt u als uw grootste mislukking? Dat ik niet kan tekenen. Zelfs Herman, die toch beweert dat een kind het kan, vindt dat ik niet kan tekenen.

Gelooft u in God? Ik hoor zelden nog wat van hem tegenwoordig. Hij spreekt nooit in op mijn antwoordapparaat. En zijn nummer ben ik kwijt.

Welk leed heeft u anderen berokkend? Ik heb nooit iemand kwaad gedaan.

Wat is de beste plek om te wonen? In het penthouse boven op Hotel des Indes. Met uitzicht op zee.

Wie hoopt u nooit meer terug te zien? Mijn ouders.

Hoe is ongeluk te vermijden? Een extra stel ogen in je rug wil helpen.

Wat is uw devies? *What the fuck!* voor goede dagen, en voor slechte dagen: *Fuck it*!

Heleen van Royen

'Ik schaam me soms een beetje voor mijn geluk'

21 juli 2000

Wat is uw huidige gemoedstoestand? Blij en opgewonden. In Noorwegen zijn drie uitgevers aan het bieden op mijn boek.

Wie zijn uw helden? Ton, mijn man. Omdat hij me als enige bleef vertrouwen toen ik een psychose had.

Lijkt u op uw vader? Daar had ik nooit over nagedacht, tot ik mijn boek ging schrijven. Mijn vader heeft zelfmoord gepleegd toen ik dertien was. Hij dacht dat hij geniaal was. Ik mag dat ook graag denken, maar dan met een knipoog.

Wat zijn uw dagdromen? Toen ik mijn boek schreef, droomde ik voortdurend dat ik op tv zou verschijnen bij Paul de Leeuw en Hanneke Groenteman. Nu dat werkelijkheid is geworden, droom ik dat ik mag meedoen met Oprah Winfrey.

Wat is uw grootste angst? Weer gek te worden. Ik heb het twee keer meegemaakt, maar ik heb een goede psychiater, en volgens hem is het niet nodig dat het nog eens gebeurt.

Heeft u ooit een mystieke ervaring gehad? Breek me de bek niet open. Als je psychotisch bent, ben je een en al mystiek. Je voelt je een met alles om je heen.

Bent u aantrekkelijk? Als kind was ik uitgesproken lelijk, zo lelijk dat ik op straat werd nageroepen. Op mijn vijftiende kocht ik contactlenzen en ging de beugel uit, en ineens was ik aantrekkelijk. Dat ben ik tot de dag van vandaag gebleven.

Waar schaamt u zich voor? Ik ben schaamteloos. Ik schaam me soms een beetje voor mijn geluk, met man en kinderen, mijn hond, mijn huis, mijn succes.

Bent u monogaam? Nee, dat zit niet in me. Ton vindt het niet erg, hij heeft een vrije geest.

Wanneer heeft u voor het laatst gehuild? *Opzij* schreef een snerend stukje over het poesieversje van mijn vader dat is afgedrukt in mijn boek. Het is het enige wat ik van hem heb. Ik kon niet ophouden met huilen.

Hoe moedig bent u? Moediger dan ik dacht. Ik heb een dronken overbuurman die zijn ex-vrouw bedreigde, bij mij in de tuin gezet en heb de politie gebeld.

Van wie heeft u het meest geleerd? Van Ton. Hij heeft me geleerd dat alle problemen eenvoudig zijn op te lossen, als je ze maar terugbrengt tot de kern.

Wat is uw grootste ondeugd? Ik heb erg veel aandacht nodig. Ik ben een aandachtsmachine.

Wanneer was u het gelukkigst? In de aanloop naar een psychose is je geluksgevoel het grootst.

Welke eigenschap waardeert u in een man? Een onafhankelijke geest.

Welke eigenschap waardeert u in een vrouw? Gevoel voor humor. Dat is een eigenschap die bij veel vrouwen helaas niet erg ontwikkeld is.

Hoe ontspant u zich? Door een koptelefoon op te zetten, en heen en weer te wiebelen op de bank. Ik deed het al als kind. Mijn zus en ik noemen het 'wippen'. Het is heerlijk.

Wat beschouwt u als uw grootste mislukking? Mijn eerste huwelijk. Ik dacht: ik houd zoveel van hem, met hem moet het lukken. Maar we brachten het slechtste in elkaar naar boven.

Gelooft u in God? Ooit bakte ik een ei dat een dubbele dooier bleek te hebben. Ik zei tegen God: 'Als het volgende ei ook een dubbele dooier heeft, dan is dat het bewijs van Uw bestaan.' Het had een dubbele dooier, en toch geloof ik niet in Hem.

Welk leed heeft u anderen berokkend? Ik ben in mijn boek vrij openhartig over mijn familie. Ik heb er rekening mee gehouden dat ze me nooit meer wilden zien.

Waaraan bent u het meest gehecht? Aan mijn veerkracht. Het zit me niet altijd mee, maar ik kan er goed tegen.

Wat is de beste plek om te wonen? Mijn nieuwbouwwijk in Amstelveen. Schoon, veilig voor de kinderen, een parkeerplaats voor de deur en de sneltram vlakbij. Wat wil je meer?

Hoe is ongeluk te vermijden? Door veel te investeren in je geluk. Als het ongeluk dan toeslaat, is het minder erg.

Wat is uw devies? 'When the going gets tough, the tough get going.'

Paul Verhoeven

'Ik ben me ervan bewust dat mijn tijd op begint te raken'

25 augustus 2000

Wat is uw huidige gemoedstoestand? Ergens tussen hoop en wanhoop.

Wie zijn uw helden? Igor Stravinsky en Jezus.

Aan wie ergert u zich? Aan de Supreme Court, het hoogste gerechtshof in de VS. Omdat daar heel benepen beslissingen worden genomen.

Lijkt u op uw moeder? Ja. Schrobben en boenen; dat heb ik van haar. Als iemand thuis iets op het kleed morst, dan word ik geroepen en mag ik erop los schrobben. Mijn moeder was heel energiek. Ze ging tot haar negentigste naar de markt en stond daar in haar onderkleren als er een bloesje gepast moest worden.

Wat zijn uw dagdromen? Een film maken over Jezus. En een film maken over de terugtocht van het Duitse leger in 1944.

Wat is uw grootste angst? Doodgaan. Ik ben me ervan bewust dat mijn tijd op begint te raken. Zeker als het erom gaat wat ik nog als regisseur kan doen.

Bidt u weleens? Ik heb ooit een tijdje bij de Pinkstergemeente gezeten en toen heb ik veel gebeden. Nu denk ik: de natuur, de realiteit bepaalt het leven, niet een zekere God. Er valt eigenlijk niks te bidden.

Heeft u ooit een mystieke ervaring gehad? Ik heb eens een visioen gehad over Berlijn tijdens de laatste dagen van de Tweede Wereldoorlog. Ik zat daarover te lezen en opeens was het of ik er middenin stond: de stad in puin, overal vlammen. Misschien was die Pinkstergemeente ook wel een mystieke ervaring: daar voelde ik de Heilige Geest in m'n hart branden.

Bent u aantrekkelijk? Voor sommige vrouwen.

Waar schaamt u zich voor? Ik denk nooit in termen van schaamte.

Bent u monogaam? Nee.

Wanneer heeft u voor het laatst gehuild? Eergisteren; ik liep in het bos waar ik als kind veel gespeeld heb. Er kwamen beelden van vroeger terug en ik moest denken aan de woorden van J.C. Bloem: 'Voorbij voorbij en o voorgoed voorbij.'

Hoe moedig bent u? Misschien was het moedig dat ik op m'n 47ste naar de VS ben gegaan. Hoewel ik er zeven jaar eerder – na *Soldaat van Oranje* – ook al naartoe kon, maar toen was ik nog te laf. Pas toen ik in Nederland met mijn rug tegen de muur stond, dacht ik pas: nu moet ik gaan.

Van wie heeft u het meest geleerd? Van Stravinsky, want er bestaan veel parallellen tussen componeren en films maken. En wat regisseurs betreft: van Hitchcock, Fellini en David Lean.

Wat is uw grootste ondeugd? Ik kan heel kwaadaardig zijn als iets niet naar mijn zin gaat. Als ik lees wat mensen zich van filmopnamen in Nederland herinneren, moet ik me destijds als een beest hebben gedragen. Volgens Kevin Bacon grensde mijn gedrag tijdens de opnamen van *Hollow Man* aan het psychotische.

Wanneer was u het gelukkigst? Toen de kinderen jong waren. Al zag ik dat destijds niet in. Nu denk ik: waarom was ik godverdomme altijd zo bezig met die film? Waarom kwam ik altijd pas thuis als de kinderen al in bed lagen?

Welke eigenschap waardeert u in een man? Loyaliteit.

Welke eigenschap waardeert u in een vrouw? Vrouwelijkheid; een andere lichaamstaal hebben dan mannen. De manier waarop sommige vrouwen staan, lopen of seks bedrijven is intens vrouwelijk. Dat fascineert en ontroert me.

Als u iets aan uzelf kon veranderen, wat zou dat dan zijn? Ik voel dat er dingen in mijn hoofd opgesloten zitten waar ik niet bij kan. Ik zou natuurlijk paddenstoelen kunnen gaan eten in een poging daar toegang toe te krijgen, maar daar voel ik niks voor.

Hoe ontspant u zich? Door boeken over geschiedenis te lezen of naar muziek te luisteren.

Van wie houdt u het meest? Van mijn vrouw en kinderen.

Wat beschouwt u als uw grootste mislukking? De film *Flesh and Blood*. En dus niet *Showgirls*.

Gelooft u in God? Welke God? De schepper van het universum? De God die zich zorgen over Afrika zou moeten maken? Geef me een definitie van God en ik geef antwoord.

Welk leed heeft u anderen berokkend? Ik had Willeke van Ammelrooy de hoofdrol in *Turks fruit* beloofd en die rol is naar Monique van de Ven gegaan. Er waren nog punten in het contract van Willeke die niet opgelost waren en daarom is Willeke de rol misgelopen. Dat was wel heel treurig dat dat zo gelopen is.

Waaraan bent u het meest gehecht? Mijn familie. En in materieel opzicht mijn schilderijen van Mesdag, Weissenbruch en Israëls.

Wat is de beste plek om te wonen? De Côte d'Azur. Nooit gewoond, maar misschien komt dat nog.

Hoe is ongeluk te vermijden? Door hard te werken.

Wat is uw devies? Met hard werken kom je een heel eind.

Michiel Romeyn

'God is een soort bankstel'

7 september 2000

Wat is uw huidige gemoedstoestand? Onrustig. Ik heb te lang niets gedaan. Een soort moerasgas welt voortdurend in mij op.

Wie zijn uw helden? Rijk de Gooyer, Roy Lichtenstein, Peter van Straaten, Bryan Ferry, Gummbah en Tommy Cooper. Eigenzinnige mensen die dingen hebben gedaan en gemaakt die op je netvlies staan gegrift.

Aan wie ergert u zich? Aan Paul Rosenmöller, Marcel van Dam en Henk Westbroek. Ze koketteren met een rechtschapen, politiek correct gevoel, terwijl ze juist heel populistisch zijn.

Lijkt u op uw moeder? Ja, met name in haar oprechte irritatie en verwondering over de dingen die om haar heen gebeuren.

Wat zijn uw dagdromen? Als ik door Amsterdam fiets, droom ik voortdurend weg bij het zien van zoveel mooie vrouwen. Het moet niet veel gekker worden met wat voor kleding er allemaal op straat is toegestaan. Die moslims zien het wat dat betreft zo slecht nog niet.

Wat is uw grootste angst? De dood. Ik besta miljoenen jaren niet, maak even contact met een schijnbare werkelijkheid en, hup, ik word weer de kosmos in geschoten.

Bent u aantrekkelijk? Neen. Ik ben wel zachtaardig en vriendelijk en dat is misschien aantrekkelijk in me.

Wat is uw definitie van geluk? Geluk bestaat helemaal niet. Mijn opa was scheepsarts op de Holland-Amerika Lijn en hij vertelde dat ze mensen die overboord waren geflikkerd en bijna waren verzopen, echt moesten vasthouden, omdat die zulke gelukservaringen hadden beleefd dat ze meteen weer terug het water in wilden.

Waar schaamt u zich voor? Ik schaam me niet voor mezelf, ik schaam me meer voor anderen. Als ik op de Parade loop, breekt het zweet me zelfs uit. Dan schaam ik me diep voor iedereen die daar lollig staat te doen.

Bent u monogaam? Ik ben trouw, maar dat wil niet zeggen dat ik monogaam ben.

Wanneer heeft u voor het laatst gehuild? Ik ben niet zo'n huiler, maar de tranen schoten me wel in de ogen toen vorig jaar de varkenspest uitbrak en ik al die dode varkens met hijskranen opgepakt zag worden.

Lijkt u op uw vrienden? In geen enkel opzicht.

Hoe moedig bent u? Behoorlijk. Onlangs schopten vijf stevige boeren op de Zeedijk mijn hond. Ik heb de grootste bij zijn revers gepakt en heb hem zeker zes meter verder neergekwakt. Op zo'n moment kan het me geen reet schelen als ik in elkaar word getimmerd.

Van wie heeft u het meest geleerd? Van Theo Blom. Hij heeft me op de Rietveld Academie gesleept. Terwijl niemand het in mij zag zitten, gaf hij mij zelfvertrouwen.

Wanneer was u het gelukkigst? Toen mijn hond werd geboren.

Als u iets aan uzelf kon veranderen, wat zou dat dan zijn? Mijn dikke buik en de wanorde in mijn hoofd.

Hoe ontspant u zich? Door urenlang op mijn Aupingbed naar het plafond te staren, tot laat in de nacht naar Extreme Sports Channel te kijken en me te laten masseren door een Japanse mevrouw.

Wat beschouwt u als uw grootste mislukking? Tijdens de film *Prospero's Books* van Peter Greenaway had ik de laatste scène. Het moest allemaal vlug, omdat Sir John Gielgud – met nog een aantal andere hotshots die de hoofdrollen vertolkten en voor mij zaten – zijn vliegtuig moest halen. Tot vier keer toe vergat ik mijn tekst, omdat ik zo zenuwachtig was. Vreselijk!

Gelooft u in God? Nee. God is een soort bankstel, waarbij iedereen het bankstel kiest dat lekker zit. Ik kan blijkbaar de juiste koop niet vinden.

Welk leed heeft u anderen berokkend? Geen. Ik breng louter vreugde.

Wat is de beste plek om te wonen? Op dit moment nog langs de Amstel, maar ik wil niet in Amsterdam oud worden. Het wordt te vol en is één groot pretpark aan het worden. Ik heb onlangs in Zeeland een schuur gekocht en ben die nu aan het verbouwen. Daar wil ik wellicht gaan wonen.

Wie hoopt u nooit meer terug te zien? Ben je belazerd! Dat is te veel eer voor die persoon.

Hoe is ongeluk te vermijden? Heel hard rennen.

Wat is uw devies? Blijf twijfelen tot het bittere einde.

Frans Pointl

'Eet elke dag je bord pap op'

5 januari 2001

Wat is uw huidige gemoedstoestand? Optimistisch. Ik zit vol ideeën, plannen en fantasieën. Het komt doordat ik met nieuw werk bezig ben.

Wie zijn uw helden? Vladimir Horowitz en James Purdy. Horowitz, omdat krankzinnigheid, erotiek en nervositeit geniaal in zijn pianospel tot uiting komen. Purdy, omdat hij met enorme kracht door het leven verminkte personages neerzet; hij visualiseert zo erg dat ik ervan in de war raak.

Aan wie ergert u zich? Aan yuppen op de beursvloer. Hun op geld beluste, vertrokken smoelen zijn afschrikwekkend en leeg.

Lijkt u op uw moeder? Uiterlijk niet, maar ik ben ook ietwat dominant.

Wat zijn uw dagdromen? Hoewel de gemeenste, mooiste, lelijkste, droevigste en spannendste films zich dagelijks achter mijn voorhoofd afspelen, dagdroom ik vooral van een zorgeloos bestaan in een klein huisje aan een bosrand.

Wat is uw grootste angst? Dat ik mijn katten niet overleef, het zijn ex-zwervertjes. Wat als ik er niet meer ben? Als er een krijsende baby onder een boom ligt komen er tien instanties aan te pas maar als de mensen een magere zwerfkat zien, interesseert hun dat meestal geen lor.

Heeft u ooit een mystieke ervaring gehad? Ik heb het niet zo op mystiek, ik geloof meer in predestinatie.

Bent u aantrekkelijk? Ik ben niet bepaald knap met die enorme voorgevel. Een heel nieuw hoofd naar keus zou prettig zijn, maar het gaat uiteindelijk om de uitstraling, en die heb ik wel, al zeg ik het zelf.

Wat is uw definitie van geluk? Het begrip geluk is vals en is uit de Bouquetreeks gevallen.

Waar schaamt u zich voor? Ik schaam mij dat ik als mens ben geboren. De mens is het meest negatieve verschijnsel in het melkwegstelsel.

Bent u monogaam? Ja, maar ik ben ook weinig aan verleidingen blootgesteld.

Wanneer heeft u voor het laatst gehuild? Toen drie jaar geleden een uiterst schuwe zwerfkat niet meer kwam opdagen. Ik bracht haar elke dag eten en heb er twee nachten niet van geslapen.

Lijkt u op uw vrienden? Ik heb één goede vriend. We hebben onze passie voor taal en klassieke muziek gemeen en we hebben beiden een hartkwaal.

Hoe moedig bent u? Ik ben eens naar een man gestapt die zijn herdershond sloeg met een ketting. Hij vroeg me of ik weleens een klap op mijn smoel had gehad. Hij heeft het niet gedaan. Pas later besefte ik dat ik moedig was geweest.

Van wie heeft u het meest geleerd? Van mijn moeder. Zij heeft mij een culturele bodem gegeven. Op mijn veertiende las ik, zij het met tegenzin, Couperus. Nu vind ik *De stille kracht* een van de mooiste boeken.

Wat is uw grootste ondeugd? Ik ben al jaren aan de slaaptabletten en kom er niet van af.

Wanneer was u het gelukkigst? Als kind in de tuin in Heemstede. De veilige geluiden, de geur; ik was zo beschermd.

Welke eigenschap waardeert u in een man? Als hij *straightforward* is en kritisch is over mijn doen en laten.

Welke eigenschap waardeert u in een vrouw? Dat zij haar plaats weet.

Als u iets aan uzelf kon veranderen, wat zou dat dan zijn? Mijn zelfdiscipline. Ik zou ook forser willen zijn. 1 meter 68 is klein en op mijn leeftijd is het label 'krimpvrij' helaas verwijderd.

Hoe ontspant u zich? Door elke dag minimaal anderhalf uur te lopen, drie kwartier apathisch in een leunstoel te hangen en zeker een half uur naar klassieke muziek te luisteren.

Van wie houdt u het meest? Van mezelf.

Wat beschouwt u als uw grootste mislukking? Dat ik, doordat mijn baantjes altijd mislukten, nooit een behoorlijk pensioen heb kunnen opbouwen.

Gelooft u in God? Niet meer. En als hij wel bestaat, gelooft hij niet in mij. Mensen geloven, omdat zij niet kunnen accepteren dat zij een prooi der wormen worden.

Welk leed heeft u anderen berokkend? Op school heb ik eens een jongen die naast mij zat en niet goed kon leren, gedwongen een jaar lang 'afkijkgeld' te betalen. Uiteindelijk bleef hij nog zitten ook en ging ik net over.

Waaraan bent u het meest gehecht? Aan mijn privacy en mijn oude Erica-schrijfmachine. Alleen bij haar krijg ik inspiratie.

Wat is de beste plek om te wonen? Paleis Soestdijk.

Wie hoopt u nooit meer terug te zien? Dat probleem heb ik niet, doordat zij allen betrekkelijk jong zijn overleden. Het is een prettig idee hen niet meer op straat tegen het lijf te kunnen lopen.

Hoe is ongeluk te vermijden? Vergeet dat maar.

Wat is uw devies? Eet elke dag je bord pap op.

Sylvia Kristel

'Hugo was mijn Svengali'

12 januari 2001

Wat is uw huidige gemoedstoestand? Kalm en sereen.

Wie zijn uw helden? Frida Kahlo, Louise Bourgeois en Meret Oppenheim. Alle drie kunstenaar. En nu ik er zo over nadenk, kan Mata Hari er eigenlijk ook wel bij.

Aan wie ergert u zich? Aan onbeleefdheid, onbeschoftheid en asociaal gedrag. Aan vervelende pubers op straat.

Lijkt u op uw vader? Ik lijk voor 99,9 procent op mijn moeder.

Wat zijn uw dagdromen? Dat ik kan vliegen.

Wat is uw grootste angst? Ik ben bang om te falen.

Bidt u weleens? Ja, ook al is het in strijd met de logica.

Heeft u ooit een mystieke ervaring gehad? Op de Seychellen, tijdens de opnamen van *Emmanuelle*. Daar heb ik met mijn toenmalige vriendje een hele nacht onder de sterrenhemel gezeten. Met een fles tequila en een zak *magic mushrooms*. Toen we de volgende morgen wakker werden, zaten we van kop tot teen onder de beten van de zandvlieg. Dan wacht je wel even met je volgende mystieke ervaring.

Bent u aantrekkelijk? Zeer.

Wat is uw definitie van geluk? Kilometers lopen door de stad. Of dat nu in Manhattan, Madrid, Amsterdam of Parijs is, maakt niet uit. Als je flink de pas erin zet, geeft dat een gevoel van loutering.

Waar schaamt u zich voor? Voor mijn onzekerheid, want elke keer blijkt het toch weer mee te vallen.

Bent u monogaam? Bij vlagen.

Wanneer heeft u voor het laatst gehuild? Ik probeer één keer per jaar te huilen. Maar dan wel met veel overgave en passie. Het duurt dan vier dagen voor de zwellingen rond mijn ogen zijn verdwenen.

Lijkt u op uw vrienden? Zeker, ze zijn stuk voor stuk allemaal lief.

Hoe moedig bent u? Ik ben wel een moedig mens, vooral als ik ervoor betaald word.

Van wie heeft u het meest geleerd? Ongetwijfeld van Hugo Claus. Een bron van kennis. Hugo was mijn Svengali.

Wat is uw grootste ondeugd? Soaps. Ik heb gelukkig geen televisietoestel in mijn slaapkamer, anders zou ik mijn bed niet uitkomen.

Wanneer was u het gelukkigst? Elke dag dat ik niet ongelukkig was.

Welke eigenschap waardeert u in een man? Hoffelijkheid, humor en hij moet zichzelf goed verzorgen. En verder zou het aardig zijn als hij goed kon koken.

Welke eigenschap waardeert u in een vrouw? Groot organisatorisch talent.

Als u iets aan uzelf kon veranderen, wat zou dat dan zijn? Ik zou er wel een paar ballen bij willen hebben.

Hoe ontspant u zich? Als je na een tijd intensief schilderen de rust neemt om te bekijken wat je hebt gemaakt. Zoals Karel Appel zegt: 'Ik kijk mijn schilderijen af.'

Van wie houdt u het meest? Van mijn zoon Arthur.

Wat beschouwt u als uw grootste mislukking? Echtgenoot nummer 1. Echtgenoot nummer 2. En mijn relatie met boekhouders. Dat heeft mij een fortuin gekost.

Gelooft u in God? Liever niet. Maar gezien het aantal uren dat ik dagelijks bid, zou het stom zijn om nee te zeggen.

Welk leed heeft u anderen berokkend? Tegen *Privé* heb ik ooit gezegd dat mijn vader mij als kind had verkracht, terwijl dat nooit was gebeurd. Henk van der Meijden had mij die uitspraak ontlokt na vier glazen cognac. Ik had, om in voetbaltermen te spreken, een voorzet gegeven die hij heeft ingeknald. Dat was heel vervelend voor mijn vader. De buren leegden hun vuilnisbak in het zwembad.

Waaraan bent u het meest gehecht? Aan mijn speciale schildergerei: een rubberen spateltje en een Japanse pen.

Wat is de beste plek om te wonen? In mijn hart.

Wie hoopt u nooit meer terug te zien? Het hoofd drama van de KRO. Die vond mijn stem te veel op die van koningin Beatrix lijken, waardoor ik nu in *Lijmen/Het Been* ben nagesynchroniseerd. Onzin. Ik neem dat zeer persoonlijk.

Hoe is ongeluk te vermijden? Ik geloof in een soort lotsbestemming, maar ik ben wel altijd voorzichtig.

Wat is uw devies? Pluk de dag en je werkgever.

Mensje van Keulen

'Vroeger had ik whisky en sigaren nodig om te ontspannen. Nu houd ik het bij wijn'

9 februari 2001

Wat is uw huidige gemoedstoestand? Mijn boek is goed ontvangen en ik ben net verhuisd. Ik zou niet mogen klagen. Maar helaas, ik tob en klaag altijd.

Wie zijn uw helden? Grote kunstenaars; van Mozart tot Wagner, van Flaubert tot Emily Brontë en van Vermeer tot Rothko. Maar ook ogenschijnlijk eenvoudige mensen die zich met weinig door het leven slaan. Dat vind ik heldhaftig.

Aan wie ergert u zich? Aan iedereen die het martelen van dieren goedpraat. Of het nu een corrupte vleesindustrieel is, een varkensboer, een bezoeker van stierengevechten of een jager die voor zijn lol op wild schiet.

Lijkt u op uw vader? Ik schijn iets van zijn neus en zijn fantasie te hebben. Mijn vader was een fantast. Hij was in staat een dubbelleven te leiden. Hij woonde in een eenvoudige straat, maar deed zich daarbuiten voor als een bemiddeld man. Het had wel iets geestigs; hij is voor mij een bron van inspiratie geweest bij het schrijven.

Wat zijn uw dagdromen? Ik zie een verhaal in een vergevorderde fase of zelfs al geschreven terwijl ik nog moet beginnen. Ik dagdroom dat ik het helemaal kan overzien, terwijl het in werkelijkheid niet eens zeker is of het er wel van zal komen.

Wat is uw grootste angst? Mijn dierbaren verliezen, zelf doodgaan en niet meer kunnen schrijven.

Bidt u weleens? Als kind bad ik regelmatig. Nu is er alleen het gevoel van 'help!'. Dat lijkt een gebed, maar ik denk daarbij voornamelijk aan mijn moeder.

Heeft u weleens een mystieke ervaring gehad? Ik denk dat schrijven veel met mystiek te maken heeft. Je zit in zo'n eigen wereld. Soms reiken mijn personages me van alles aan en ik weet echt niet waar het vandaan komt.

Bent u aantrekkelijk? Op momenten dat ik zelf denk van wel, vraagt mijn zoon: 'Is er soms wat?' en zegt mijn vriend: 'Als ik jou was, zou ik vanavond maar bijtijds naar bed gaan.' Ik krijg altijd de wind van voren.

Wat is uw definitie van geluk? Het vervelende van geluk is dat je bang bent het te verliezen zodra het zich aandient. En dan ontglipt het je. Daarom denk ik dat het moment ervoor het mooiste is.

Bent u monogaam? Zonder meer.

Wanneer heeft u voor het laatst gehuild? Kort geleden, toen ik getuige was van het intense verdriet van de ouders van een veel te vroeg overleden kennis. Ik zag de moeder de kist nog aanraken en 'meisje' zeggen. Vreselijk.

Lijkt u op uw vrienden? Ja, want die zijn zeer verschillend.

Hoe moedig bent u? Achter mijn bureau ben ik moediger dan op straat. Maar als ik onrecht zie, hoor ik mezelf tot mijn verbazing ineens een grote mond opzetten.

Van wie heeft u het meest geleerd? Van de mensen tussen wie ik ben opgegroeid in Den Haag. Van de nonnen op school tot de schoffies in het portiek.

Wat is uw grootste ondeugd? Mopperen. Niks is goed.

Wanneer was u het gelukkigst? Vlak voor een boek af is. Het geeft een heel eufoor gevoel als je het einde overziet en je weet dat je het af zult krijgen. Al duurt het soms nog maanden.

Welke eigenschap waardeert u in een man? Zijn spierkracht. Dat heb ik net met de verhuizing weer gemerkt.

Welke eigenschap waardeert u in een vrouw? Een net wat groter vermogen tot geduld en luisteren.

Als u iets aan uzelf kon veranderen, wat zou dat dan zijn? Ik zou minder cynisch willen zijn. Minder tobben over pietluttigheden. Al was het maar om beter te kunnen slapen.

Hoe ontspant u zich? Bij series als *Fawlty Towers* en *Blackadder*. Bij opera's en aan zee. Vroeger had ik ook nog whisky en sigaren nodig. Nu houd ik het bij wijn.

Wie is uw grootste liefde? Vroeger was dat Indische Johnny uit Den Haag. Nu is het mijn vriend uit de Surinamestraat.

Van wie houdt u het meest? Van mijn zoon. En van mijn moeder. Al is ze al vijf jaar dood, ik moet vrijwel dagelijks aan haar denken.

Wat beschouwt u als uw grootste mislukking? Ik betreur het dat ik geen tijd meer maak om te schilderen. Maar dat beschouw ik niet als een mislukking. Schrijven is veel moeilijker, maar ik kan er meer in kwijt.

Gelooft u in God? Nee. Maar als een bekende doodgaat, hoop ik dat er voor hem of haar een hemel is.

Welk leed heeft u anderen berokkend? Geen idee. Misschien is dat wel een tekortkoming.

Waaraan bent u het meest gehecht? Aan mijn bejaarde kater Bobbie en aan mijn drie pennen: goud, zilver en rood.

Wat is de beste plek om te wonen? Barcelona, Parijs en New York zijn verrukkelijk. Maar om te wonen gaat niets boven mijn stille hof in Amsterdam.

Hoe is ongeluk te vermijden? Niet. Elke leeftijd heeft zijn ongeluk, maar met het ouder worden kun je de valkuilen wat beter omzeilen. Dat is alles.

Wat is uw devies? Niets geloven, niets vertrouwen, niets verwachten, maar wel durven en doen. Dan valt het soms reuze mee.

Theodor Holman

'Mijn grootste angst is dat ik een keer iemand vermoord'

14 augustus 2001

Wat is uw huidige gemoedstoestand? Treurig. Ik ben nooit het zonnetje in huis geweest, maar de laatste weken ben ik echt in een grafstemming.

Wie zijn uw helden? Kunstschilder Haye Smith, schrijver Karel van het Reve en beeldhouwster J.L.A. Pfaeltzer.

Aan wie ergert u zich? Aan alles en iedereen, maar vooral aan trendy mensen: het publiek in het Amsterdamse café Panama, loungers in Bloemendaal en bezoekers van Dance Valley. Van mij had het na dat dansfestijn nog een veel grotere chaos mogen zijn.

Lijkt u op uw moeder? Uiterlijk niet, maar zij was net als ik baldadig, tegendraads en brutaal.

Wat zijn uw dagdromen? Ik dagdroom vaak over wraak: situaties die in mijn leven of in de samenleving moeten worden hersteld. Auto-ongelukken, bombardementen en moordeskaders komen dan voorbij en ik vind het heerlijk.

Wat is uw grootste angst? Ik ben bang voor mezelf. Mijn angst is dat ik echt een keer ontplof en iemand vermoord.

Bidt u weleens? Nu niet meer, maar als kind heb ik veel gebeden. Alles wat ik wenste heb ik ook gekregen, maar ik heb God nooit bedankt, want ik vond dat ik er recht op had.

Heeft u ooit een mystieke ervaring gehad? Ik heb helemaal niets met mystiek en geloof er geen zak van. Als mensen over contact met hun overleden oma beginnen, denk ik altijd: het is tijd om 112 te bellen.

Bent u aantrekkelijk? Nee, van vrouwen heb ik nog nooit een compliment over mijn uiterlijk gehad. Alleen Gerard Reve zei ooit tegen me: 'Voor liefhebbers van de soort bent u nog altijd een buitenkansje.'

Wat is uw definitie van geluk? In mijn 'eigen' woordenboek blijft het daarachter geheel leeg. Ik weet niet wat geluk is, bij mij heeft het iets met het herbeleven van een dag te maken. Ik hoop ooit nog eens 19 januari 1985 over te mogen doen, de dag waarop ik voor het eerst mijn grote liefde tegenkwam.

Waar schaamt u zich voor? Nergens voor. Toen Adriaan Venema zijn dood aankondigde, heb ik de avond voordat hij zelfmoord pleegde voor zijn huis het lied 'Eén, twee drie, vier... komt er nog wat van' gezongen. Iedereen sprak er schande van, maar ik zou het zo weer doen. Ik vond het schandalig wat hij deed. Mijn moeder heeft in een kamp vijf jaar gevochten voor haar leven, en hij stapt er zomaar uit en valt ons daar nog mee lastig ook.

Bent u monogaam? Helaas wel: ik heb momenteel geen vaste verkering en ben bovendien een slechte verleider. Of ik ooit nog een keer de kans krijg, is maar de vraag.

Wanneer heeft u voor het laatst gehuild? Een maand geleden toen mijn dochter mij belde dat ze geslaagd was voor haar examen. Ik realiseerde me opeens dat de opvoeding was afgelopen en dat ze geen kind meer was.

Lijkt u op uw vrienden? Nee, maar ik heb niet zoveel vrienden en raad anderen ook altijd af vriendschap met mij aan te gaan.

Hoe moedig bent u? Ik durf tegen mensen die ik ken geen nare mededelingen te doen, maar als de directeur of minister moet oprotten, dan kunt u mij altijd bellen.

Van wie heeft u het meest geleerd? Han Hoekstra, journalist bij *Het Parool*.

Wat is uw grootste ondeugd? Ik eet alles weg; mijn frustraties, verdriet en boosheid worden met dure, veel te vette maaltijden verdreven.

Hoe ontspant u zich? Ik kan mij niet ontspannen; alleen als ik met mijn drie witte poezen speel, word ik iets losser.

Wat beschouwt u als uw grootste mislukking? Dat ik nooit popmuzikant ben geworden. Ik heb ooit in 1971 een middag gitaar gespeeld met Eric Clapton. Na afloop zei hij tegen mij: 'Je hebt talent.' Ik heb er niets mee gedaan, en dat is erg dom van me geweest.

Gelooft u in God? Nee, wat in mijn geval heel erg stom is, want God vergeeft je alles en ik heb vele zonden begaan.

Wanneer was u het gelukkigst? Toen ik op 20 januari 1985 's middags wakker werd.

Welke eigenschap waardeert u in een man? Last krijgen van een buikje.

Welke eigenschap waardeert u in een vrouw? 'Nee' zeggen, dat doen zij veel makkelijker dan mannen.

Als u iets aan uzelf kon veranderen, wat zou dat dan zijn? Ik ben erg bang aangelegd en zou angst als mijn dierbare vijandin willen beschouwen. Maar zover is het nog lang niet.

Welk leed heeft u anderen berokkend? Ik heb mensen diep gekwetst; ik wilde op die manier de balans herstellen. Het leven heeft mij doen lijden en ik dacht: dat zal ik jullie ook eens laten voelen. Het geringe aantal vrienden dat ik heb, heeft hier ongetwijfeld mee te maken.

Waaraan bent u het meest gehecht? Aan mijn geest. De manier waarop ik denk, vind ik prettig. Als de geest een grote pan met soep is, dan maak ik de lekkerste soep die er bestaat.

Wat is de beste plek om te wonen? Amsterdam, ik ben geen buitenmens. Toen ik als kind voor het eerst koeien zag, zei ik tegen mijn moeder: 'Mam, wat een grote honden zijn dat.'

Hoe is ongeluk te vermijden? Door elk advies wat ik geef in de wind te slaan.

Wat is uw devies? Blijf kinds.

Sylvana Simons

'Ik vind mezelf een prettig mens'

19 oktober 2001

Wat is uw huidige gemoedstoestand? Moe maar gelukkig.

Wie zijn uw helden? Oprah Winfrey, Al Green en Nelson Mandela. Ze hebben prachtige dingen gedaan of gemaakt en combineren daarnaast alle drie kracht met kwetsbaarheid.

Aan wie ergert u zich? Aan bumperklevers; het zijn zielige, maar ook machtswellustige en gevaarlijke gekken.

Lijkt u op uw vader? Mijn vader is overleden, hij heeft zelf een eind aan zijn leven gemaakt. Uiterlijk heb ik het lichaam van hem en hij was net als ik goedgebekt, eigenwijs en altijd aanwezig.

Wat zijn uw dagdromen? Ik droom vaak over een gezin met veel kinderen. En dan zou ik de hele dag willen moederen. Gelukkig is het een fantasie, want ik zou het nooit kunnen. Ik droom er wellicht over omdat ik uit een gezin van zestien kinderen kom maar als nakomertje alleen ben opgegroeid.

Wat is uw grootste angst? Ik ben niet bang aangelegd.

Bidt u weleens? Niet tot God, maar ik heb wel conversaties met een hogere macht, wat eigenlijk gesprekken zijn met mezelf.

Heeft u ooit een mystieke ervaring gehad? Ja, ik heb vaak voorspellende dromen. Dan zie ik duidelijk iemand voor me en een paar jaar later ontmoet ik die persoon echt.

Bent u aantrekkelijk? Ja, natuurlijk speelt het uiterlijk een rol, maar ik denk dat een groot deel van mijn aantrekkelijkheid ook voortkomt uit mijn zelfbewustzijn.

Wat is uw definitie van geluk? Tevreden zijn met wat je hebt en tegelijkertijd een gezond verlangen hebben naar meer.

Bent u monogaam? Soms wel, soms niet. In mijn hart en ziel ben ik altijd monogaam en voel ik me verbonden met de man met wie ik ben, maar er zijn perioden dat ik het niet wil en kan opbrengen. Ik ben daar wel altijd eerlijk over, want ontrouw gepaard met liegen, dat kan ik niet.

Wanneer heeft u voor het laatst gehuild? Net nog; het waren tranen van geluk. Ik keek naar mijn dochtertje en vond haar zó lief en mooi.

Lijkt u op uw vrienden? Nee, maar ik heb ook zoveel verschillende vrienden, er is geen peil op te trekken. Het zegt wel iets over mezelf dat ik moeilijk in een hokje ben te plaatsen.

Van wie heeft u het meest geleerd? Van Salvatore, mijn zoontje. Tijdens zijn eerste jaren was ik doodongelukkig. Zijn vader sloeg me en ik durfde niet weg te gaan. Salvatore heeft me de kracht gegeven om wel te vertrekken. Eenmaal alleen met hem zag ik dat ik wel iets voorstelde, een prachtig kind op de wereld had gezet en liefde kon geven én ontvangen.

Wat is uw grootste ondeugd? Ik zorg slecht voor mezelf. Ik sport nauwelijks, rook, drink en ben verslaafd aan chocola; als ik een avondje televisie kijk met een pot Nutella en een lepeltje, dan is die pot om elf uur helemaal leeg.

Wanneer was u het gelukkigst? Ik ken zoveel momenten van geluk, maar toen ik in Israël met mijn zoontje tussen de dolfijnen aan het duiken was, was ik wel heel erg gelukkig.

Welke eigenschap waardeert u in een man? Mannelijkheid: zelfverzekerd, eerlijk, kwetsbaar.

Welke eigenschap waardeert u In een vrouw? Vrouwelijkheid: zelfverzekerd, eerlijk, kwetsbaar.

Als u iets aan uzelf kon veranderen, wat zou dat dan zijn? Ik zou wat minder dominant willen zijn.

Hoe ontspant u zich? Door te *floaten*, drijven in zout water. Floaten duurt drie kwartier, maar na afloop heb ik altijd het gevoel dat ik er een weekend uit ben geweest.

Van wie houdt u het meest? Van mezelf; ik vind mezelf een prettig mens, en als ik dat niet zou vinden, zou ik daaraan werken.

Wat beschouwt u als uw grootste mislukking? Ik zie iets niet zo snel als een mislukking. Zelfs de relatie met mijn eerste man, die me heeft mishandeld en die nadat ik bij hem ben weggegaan zelfmoord heeft gepleegd, ervaar ik niet als mislukt.

Gelooft u in God? Ik geloof niet in een standaard-God. Ik wil ook niet weten of hij bestaat, dat zie ik dan wel weer. Mensen die per se willen weten wat hierna is, hebben een hang naar macht.

Welk leed heeft u anderen berokkend? Ik heb behoorlijk wat harten gebroken. Als een man verwachtingen kreeg waaraan ik niet wilde voldoen, koos ik voor mezelf.

Waaraan bent u het meest gehecht? Mijn vrijheid.

Wat is de beste plek om te wonen? Duivendrecht.

Wie hoopt u nooit meer terug te zien? Ik ben niet zo haatdragend, maar Mariah Carey hoef ik niet meer te ontmoeten. Een naar mens: ze liet mij onnodig lang wachten, wilde niet met mij in één shot en was bovendien erg onvriendelijk. Op zich is dat laatste niet erg, maar eenmaal met de camera aan draaide ze om als een blad aan een boom, en dat vond ik zo hypocriet.

Hoe is ongeluk te vermijden? Door eerlijk te zijn.

Wat is uw devies? Elk nadeel heeft zijn voordeel.

Carice van Houten

‘Taxichauffeurs hebben het IQ van een plant’

14 december 2001

Wat is uw huidige gemoedstoestand? Moe, maar gelukkig.

Wie zijn uw helden? Jacques Brel, Nina Simone, Bob Dylan en Tom Waits. Ze hebben prachtige stemmen en geven me ultieme hoop, omdat ze zingen wat ik niet kan zeggen.

Aan wie ergert u zich? Aan veel taxichauffeurs; het is de dichtstbijzijnde maffia die we hebben in Nederland. Ze zijn arrogant, respectloos, racistisch, hebben het IQ van een plant en rijden met een enorme agressie door de stad.

Lijkt u op uw vader? Ja, hij heeft ook een rare combinatie van nuchterheid en gepassioneerdheid in zich en kan net als ik altijd niet te lang op dezelfde plek zijn.

Wat zijn uw dagdromen? Ik heb een tijd een zwervend bestaan geleid; dan sliep ik weer bij die, dan weer bij een ander. Ik ben geobsedeerd geraakt door huizen, heb net een plek gevonden en droom nu van mijn eigen holletje.

Wat is uw grootste angst? Ik ben erg bang voor duiven en zal niet snel alleen over de Dam lopen, maar mijn grootste angst is de dood, al van kinds af aan. Ik sliep met de medische encyclopedie onder mijn bed, maakte lijstjes met platen die op mijn begrafenis gedraaid moesten worden, durfde de kist van mijn overleden opa niet aan te raken, en uit de geërfde limonadeglazen van een overleden familielid wilde ik niet drinken omdat daar een lijk aan had gezeten.

Bidt u weleens? Nee, alleen als ik bij mijn oma ben doe ik het, omdat ik denk dat haar bidden anders ook geen zin heeft.

Heeft u ooit een mystieke ervaring gehad? Nee, maar ik ben wel heel happig op mystieke verhalen en zou ze mij ook willen toe-eigenen, omdat het leven dan wellicht geen toeval en willekeur is.

Bent u aantrekkelijk? Vaak wordt het na zessen pas een beetje om aan te zien, maar het is heel wisselend: soms heb ik grootheidswaanzin en denk ik de aantrekkelijkste vrouw van de wereld te zijn, een dag later is er totale onzekerheid en voel ik me net een monster.

Wat is uw definitie van geluk? Het gevoel zelf het heft in handen te hebben.

Waar schaamt u zich voor? Dat ik één keer per jaar nog in bed plas.

Bent u monogaam? Op dit moment ben ik Jan met de trouwe pet op en vind ik het ook belangrijk dat hij goed blijft zitten. Maar het is weleens anders geweest.

Wanneer heeft u voor het laatst gehuild? Ik ben niet zo'n huiler, maar bij de film *Dancer in the Dark* heb ik hysterisch gehuild, zelfs op de fiets terug naar huis kon ik niet stoppen.

Lijkt u op uw vrienden? Ja, hoewel sommigen stabieler, sterker en stoerder zijn dan ik.

Hoe moedig bent u? Wat is moedig? Naar Nepal trekken met een rugzak? Ik zou het meer doen om er een sterk gevoel van te krijgen dan dat ik er echt van geniet. Voor duizend man publiek staan? Ik vind het moedig als iemand een duif durft aan te raken.

Wat is uw grootste ondeugd? Ik ben lui en kan er echt een ontzettende mestzooi van maken.

Wanneer was u het gelukkigst? Denkend aan het verleden, omdat geluk bij mij altijd gepaard gaat met nostalgie.

Welke eigenschap waardeert u in een man? Humor, interesse, onrust, rust en passie.

Welke eigenschap waardeert u in een vrouw? Humor, interesse, nuchterheid en onafhankelijkheid.

Als u iets aan uzelf kon veranderen, wat zou dat dan zijn? Een ander gebit, en ik zou minder angst willen hebben.

Hoe ontspant u zich? Door muziek. Ik zou wel een chip in mijn hoofd willen hebben, waarbij ik de hele dag een soort muziekbad over me heen krijg.

Wie is uw grootste liefde? Sascha, de hond van mijn ouders, daar voel ik onvoorwaardelijke liefde voor. Waarschijnlijk is het net zoiets als wat ouders voelen voor hun kind.

Wat beschouwt u als uw grootste mislukking? Dat ik niet beter heb opgelet tijdens de geschiedenisles. Ik kan er niet tegen als ik iets niet snap en kom er nu steeds meer achter dat ik erg weinig weet van conflicten in de wereld.

Gelooft u in God? Nee. Sorry, God.

Welk leed heeft u anderen berokkend? Door niet duidelijk te zijn tegen mijn vriendjes heb ik heel wat pijn veroorzaakt.

Waaraan bent u het meest gehecht? Aan Edward, mijn beer. Toen ik aan het rondzwerven was, sleepte ik hem overal mee naartoe, omdat ik niet alleen durfde te zijn.

Wat is de beste plek om te wonen? Amsterdam.

Wie hoopt u nooit meer terug te zien? De volksdanslerares van de basisschool; dat was zo'n eng mens, die stond met een hete kop koffie aan de kant en dreigde: 'Als je de polonaise nu niet goed doet, krijg je dit over je heen.'

Hoe is ongeluk te vermijden? Door niet onder ladders door te lopen, maar veel helpen zal het niet.

Wat is uw devies? 'Gooi op die levensbal', een citaat uit een act van mijn jeugdidolen Theo en Thea.

Theo Maassen

'Ze zullen me niet voor niets
Theo "monogamie" Maassen noemen'

4 januari 2002

Wat is uw huidige gemoedstoestand? Ontspannen, maar alert.

Wie zijn uw helden? Johan Cruijff, Freek de Jonge, Jezus, Woody Allen, David Fincher, Darren Aranofsky, mijn vader, Andy en Larry Wachowski, Hein Bondo en Bill Hicks.

Aan wie ergert u zich? Aan de Robert ten Brinks, veel meer nog dan aan de Willibrord Frequins. De eerste groep is puur slecht; ze zijn op zich intelligent, maar maken toch de meest ranzige programma's, de tweede groep bestaat alleen uit zielige gekken.

Lijkt u op uw moeder? Ja, ik heb het extraverte van haar en mijn grote handen.

Wat zijn uw dagdromen? Op weg naar een optreden, achter in de auto, lig ik vaak te dagdromen. Het zijn flarden en het is totaal ongestructureerd, maar het ontspant me enorm.

Heeft u ooit een mystieke ervaring gehad? Nee, maar ik heb ooit met een reïncarnatie-therapeut staan praten. Zij geloofde er zelf niet in, maar, vertelde zij, 'sommige mensen accepteren niet dat hun ellende voortkomt uit hun eigen keuzes, en ik help hen dan, door de oorzaak te leggen bij hun vorige leven'. En met die uitleg kon ik wel leven.

Bent u aantrekkelijk? Ik heb een rare motoriek en er steekt een botje uit mijn zij, maar ik klaag niet, want ik stond in de *Elle*-top-tien van aantrekkelijke mannen.

Wat is uw definitie van geluk? De kabbala, een joodse mystieke leer, definieert God niet, omdat men vindt dat God dan een te vaste en concrete vorm aanneemt. Zo zie ik het ook met geluk.

Wat is uw grootste angst? Dat alle mensen van wie ik hou mij opeens gaan uitlachen en zeggen dat ze niet van mij houden.

Bidt u weleens? Nee, maar ik heb met geestverruimende middelen wel contact gehad met het goddelijke.

Waar schaamt u zich voor? Voor de mensheid in haar algemeenheid. Ik had toch het idee dat we nadat we holbewoners zijn geweest, steeds beschaafder zouden worden, maar het gebeurt maar niet.

Bent u monogaam? Ze zullen me toch niet voor niets Theo 'monogamie' Maassen noemen.

Wanneer heeft u voor het laatst gehuild? Bij de film *Zij gelooft in mij*. Als André Hazes ruzie heeft met zijn vrouw, moet hij optreden in een vol Ahoy. Hij denkt in de kleedkamer, net voor hij op moet, dat zij niet naar Rotterdam is gekomen, maar op het laatste moment ziet hij haar toch en even later zingt hij 'Zij gelooft in mij'. Ik vond het hartverscheurend en moet nu bijna weer huilen.

Lijkt u op uw vrienden? Ja, geen van mijn vrienden is volwassen geworden, maar ze zijn ook nooit echt kind geweest; ze hebben altijd een bepaald soort bewustzijn gehad.

Hoe moedig bent u? Ik weet niet of ik moedig ben, want ik heb nooit ruzie. Ik ben niet agressief en niet bang, en dat is de goede combinatie om geen mot te krijgen.

Wat is uw grootste ondeugd? Als ik bij iemand op bezoek ben, ook bij onbekenden, ga ik in hun kastje kijken of er iets lekkers is. Ik kan je zeggen dat de meeste mensen dit niet prettig vinden, maar ik kan het niet laten.

Wanneer was u het gelukkigst? In de buik van mijn moeder. Ik had alles wat ik nodig had en ik hoefde er niets voor te doen.

Welke eigenschap waardeert u in een man? Temperament en bevlogenheid.

Welke eigenschap waardeert u in een vrouw? Authenticiteit.

Als u iets aan uzelf kon veranderen, wat zou dat dan zijn? Ik zou de praktische wereld eens meer tot me moeten laten doordringen. De post maak ik soms maanden niet open, totdat er weer een deurwaarder voor mijn neus staat.

Hoe ontspant u zich? Heel makkelijk: door te basketballen, te dagdromen, te blowen.

Van wie houdt u het meest? Liefde is voor mij geen meetbare eenheid.

Wat beschouwt u als uw grootste mislukking? Ik heb een keer een cd gemaakt met luisterliedjes, *Typisch Theo*, maar die is totaal geflopt; in totaal zijn er 36 exemplaren van verkocht.

Gelooft u in God? Nee, ik krijg het niet voor elkaar.

Welk leed heeft u anderen berokkend? Ik heb mensen veel voor de gek gehouden. Samen met Hans Teeuwen heb ik eens in een café een verhaal zitten vertellen, over het overlijden van zijn zus. De twee vrouwen bij ons aan tafel waren heel betrokken en lief; eenmaal weer buiten voelden we ons enorm klote en hebben we tegen elkaar gezegd dat we dit maar niet meer moesten doen.

Waaraan bent u het meest gehecht? Aan mijn oudecomicscollectie: Spiderman, Batman en de Wrekers waren mijn superhelden uit de jaren zeventig.

Wat is de beste plek om te wonen? Eindhoven.

Wie hoopt u nooit meer terug te zien? Jaap Stobbe, als plaaggeest van Bassie en Adriaan.

Hoe is ongeluk te vermijden? Door niet te piekeren; het onttrekt zóveel energie, en als er echt iets aan de hand is heb je geen kracht meer om het op te lossen.

Wat is uw devies? Tob niet, het komt toch anders.

Hans Klok

'Ik heet wel Klok, maar daar blijft het ook bij:
ik ben altijd en eeuwig te laat'

22 februari 2002

Wat is uw huidige gemoedstoestand? Lichtelijk nerveus – het begint allemaal weer.

Wie zijn uw helden? Harry Houdini, Tina Turner, Charlie Chaplin en Bette Davis. Naast de fantastische dingen die ze hebben gedaan, wisten en weten ze maar niet van ophouden.

Aan wie ergert u zich? Aan Valentino, de gemaskerde goochelaar. Die liet op televisie – niet herkenbaar en voor veel geld – allerlei trucs zien en verraadde ze daarna. Ik vond het zo min. Maar een rechtszaak was niet mogelijk, omdat op oude trucs vaak geen rechten zitten.

Lijkt u op uw moeder? Ja, ik ben net zo tevreden en heb haar spottende humor.

Wat zijn uw dagdromen? Het lijkt me geweldig om als illusionist in een James Bond-film te spelen.

Wat is uw grootste angst? Stikken. Het is bijna fobisch; een ontsnapping onder water zal ik ook nooit in mijn show doen.

Bidt u weleens? Ja, elke dag, voor een optreden en voor mensen om me heen die ziek zijn.

Heeft u ooit een mystieke ervaring gehad? Ja, ik had ooit in Nagasaki als negentienjarige jongen een heel belangrijk optreden. Tijdens een act met zes duiven en vuur zou ik de duiven laten verdwijnen. Een voor een namen ze plaats op het stokje, maar niet één ging met zijn kop richting zaal zitten, terwijl dat noodzakelijk is om de act te laten lukken. Tijdens het produceren van de laatste duif – ik werd steeds wanhopiger – draai ik me een halve seconde om, kijk weer naar het stokje en zie dat ze opeens allemaal wél goed zitten. Dat was voor mij mystiek.

Bent u aantrekkelijk? Sommigen zeggen dat ik op het podium een bepaald soort charisma heb. En dat vind ik mooi, want charisma vind ik het aantrekkelijkst in een mens.

Wat is uw definitie van geluk? Gezond zijn. Het is een cliché, maar een tijdje geleden kreeg ik tijdens een tournee opeens enorme stressaanvallen. Ik moest – alleen dat woord al – aan de monitor en was volledig van de kaart. Sindsdien realiseer ik me dat gezondheid geluk betekent.

Waar schaamt u zich voor? Als kind was ik alleen maar met goochelen bezig, ik zag het nut van leren totaal niet. Ik schaam me nu voor een bepaalde ontwikkeling; dat ik mijn school nooit heb afgemaakt.

Bent u monogaam? Ik doe mijn best. Ik heb al tien jaar een vriend, maar er is weleens iets gebeurd. Mijn broer zegt altijd: 'Je bent een flirt, maar je maakt het niet af.'

Wanneer heeft u voor het laatst gehuild? Vorig jaar, toen Richard Ross, tweevoudig wereldkampioen goochelen, overleed. Hij heeft mij altijd bijgestaan met raad en daad.

Lijkt u op uw vrienden? Nee, zij zijn niet zo streberig, ze maken van het leven zelf een kunst, terwijl in mijn leven het goochelen de kunst is.

Hoe moedig bent u? Als er in de kroeg wordt gevochten sta ik niet vooraan, maar als ondernemer ben ik moedig.

Van wie heeft u het meest geleerd? Van mijn vader; hij heeft me het technisch inzicht gegeven voor nieuwe trucs.

Wat is uw grootste ondeugd? Ik heet wel Klok, maar daar blijft het ook bij: ik ben altijd en eeuwig te laat.

Wanneer was u het gelukkigst? Op mijn zeventiende, tijdens mijn eerste optreden in een nachtclub in Apeldoorn.

Welke eigenschap waardeert u in een man? Dat ruzie snel wordt uitgesproken en vergeten; bij vrouwen ebt dat nog zo lang na.

Welke eigenschap waardeert u in een vrouw? Vertrouwen.

Als u iets aan uzelf kon veranderen, wat zou dat dan zijn? Meer geduld hebben; als ik in de supermarkt een rij zie staan ga ik niet naar binnen.

Hoe ontspant u zich? Door een koptelefoon op met discomuziek: The Three Degrees, Boney M, Abba, en mijn *all-time favourite,* Divine met 'Shoot Your Shot'.

Wat beschouwt u als uw grootste mislukking? Mijn samenwerking met mijn vorige manager, Raymond Aerts. Hij deed niets, was onkundig en heeft er een zooitje van gemaakt. Ik had een goede show, maar financieel was het een debacle. Ik had nooit met hem in zee moeten gaan.

Gelooft u in God? Ja, absoluut, hoewel ik alleen met kerst naar de kerk ga.

Welk leed heeft u anderen berokkend? Ik zadel mensen na mijn shows altijd met duizenden vragen op.

Waaraan bent u het meest gehecht? Mijn vrijheid.

Wat is de beste plek om te wonen? IJmuiden. Sommigen zeggen weleens: ik zou hier nog niet begraven willen worden, maar het is hier geweldig. Het is vlak bij Haarlem en Amsterdam; als ik vijf minuten loop, kan ik mijn hond op het strand uitlaten; het is 's nachts met al die visserslichtjes net Las Vegas en vanuit mijn kantoor kijk ik naar het mooiste filmdecor dat er is, de zware industrie van Hoogovens.

Hoe is ongeluk te vermijden? Ongeluk gebeurt per ongeluk, daar is niets aan te doen.

Wat is uw devies? Volg je hart.

Joost Prinsen

'Ik was het gelukkigst toen ik nog jong en lelijk was'

27 maart 2002

Wat is uw huidige gemoedstoestand? Gematigd positief. Ik heb wat gesukkeld met mijn gezondheid, maar die narigheid ben ik langzaam aan het overwinnen. Ik heb me nu wel voorgenomen minstens een jaar niet meer over mijn gezondheid te praten, want daar word ik een ongelofelijke zeur van.

Wie zijn uw helden? Gabriel García Márquez. Omdat hij diepgang en oppervlakkigheid zo prachtig weet te mengen.

Aan wie ergert u zich? Er is bijna niets waar ik me niet aan erger. En dat komt goed uit, want ik erger me graag.

Lijkt u op uw moeder? Mijn moeder was erg autoritair en daarvan heb ik nogal een tik meegekregen. Ik loop overal te commanderen. Ook op plekken waar ik helemaal niet ter zake kundig ben.

Wat zijn uw dagdromen? Ik dagdroom al vijftig jaar dat ik meespeel in het Nederlands elftal. Maar er zijn ook dagdromen – 'Moeder, ik word toneelspeler!' – die ik heb waargemaakt.

Wat is uw grootste angst? Een hersenbloeding.

Bidt u weleens? Als kind bad ik veel, maar dat is een aflopende grafiek geworden. Ik betwijfel overigens of ik er ooit helemaal mee zal ophouden. Om kwijt te raken wat er in je jeugd is ingestampt, heb je een heel leven nodig.

Bent u aantrekkelijk? Bepaalde dingen, zoals praten over je uiterlijk, laat je op een bepaald moment achter je.

Wat is uw definitie van geluk? 's Ochtends met plezier naar je werk en 's avonds met plezier naar huis. Die definitie heb ik ooit gelezen, misschien wel in deze rubriek. Ik geef toe, een nogal burgerlijk ideaal, maar ik ben nu eenmaal nogal burgerlijk.

Waar schaamt u zich voor? Dat ik lang niet meer al mijn tanden en kiezen heb.

Bent u monogaam? Dat gaat u niets aan.

Wanneer heeft u voor het laatst gehuild? Gisteren. Om leerlingen van de Kleinkunstacademie te laten zien dat huilen op het toneel niet zo bijzonder is.

Hoe moedig bent u? Op het toneel ben ik vrij moedig. Moed is in dit beroep het meest wezenlijke, want het baant nieuwe wegen. Buiten het toneel ben ik net zo laf als ieder ander.

Van wie heeft u het meest geleerd? Van Ton Lutz. Omdat hij ons op de toneelschool leerde dat je meer met je verstand dan met je gevoel moet toneelspelen. 'Voelen is vies,' zei hij. Laatst kwam ik hem weer tegen; hij is 83 jaar en staat nog te steeds te oreren over hoe ik het allemaal moet doen. Ik hield en houd erg veel van hem.

Wat is uw grootste ondeugd? Waarom zou ik mijzelf en plein public in een kwaad daglicht stellen?

Wanneer was u het gelukkigst? Toen ik nog jong en lelijk was.

Als u iets aan uzelf kon veranderen, wat zou dat dan zijn? Ik heb vanaf mijn twaalfde gerookt en ben er pas een paar jaar geleden mee opgehouden. Nog iets: in militaire dienst kon ik een opleiding tot tolk Russisch volgen, maar dat deed ik niet om de onwaarschijnlijk domme reden dat ik dan drie maanden langer moest dienen. Ik zou mijzelf willen veranderen in iemand die nooit heeft gerookt en Russisch kent.

Hoe ontspant u zich? Aan de kaarttafel. Ik ben een zenuwlijder, maar niet tijdens het kaarten. Die liefde voor kaarten begon al toen ik acht jaar oud was. Wij moesten thuis van mijn moeder allemaal bridge leren spelen. Ze zei dat dat bij onze opvoeding hoorde, maar ze wilde gewoon verzekerd zijn van voldoende bridgers.

Wie is uw grootste liefde? Ik ben dertig jaar getrouwd. En het gaat steeds beter.

Wat beschouwt u als uw grootste mislukking? Ik heb een keer of wat geregisseerd en daar denk ik niet graag aan terug. De moed die ik als acteur wel heb, ontbrak me als regisseur. Ik merkte onder acteurs ook niet veel animo om onder mijn regie te staan.

Waaraan bent u het meest gehecht? Aan de variatie in mijn bezigheden. Ik speel, presenteer, schrijf, geef les en doe redactiewerk. Die afwisseling zou ik niet graag willen missen.

Wat is de beste plek om te wonen? Dat weet ik niet. Ik ben een leunstoelreiziger en heb helaas maar weinig plekken in de wereld bezocht.

Wie hoopt u nooit meer terug te zien? Ik ben niet zo haatdragend.

Hoe is ongeluk te vermijden? Niet. Ja, door nooit iets te ondernemen, maar dan word je pas echt ongelukkig.

Wat is uw devies? Een vliegende kraai vangt altijd wat.

Johan Derksen

'Ik kan niet zeggen dat de vrouwen echt op me gejaagd hebben'

28 juni 2002

Wat is uw huidige gemoedstoestand? Cynisch. Beroepshalve zit ik momenteel van 's ochtends vroeg tot 's avonds laat naar het WK te kijken. Heel Nederland roept in koor dat het zo amusant is, maar de totale nivellering heeft toegeslagen: goed getrainde nobody's winnen van vedetten. Dat vind ik niks, ik neem geen genoegen met passie en spanning. Het WK behoort een podium te zijn waar sterren worden geboren.

Wie zijn uw helden? De popmusici Van Morrison, Dion DiMucci en Mickey Newbury. Ik reis in stilte de wereld af om hen te zien, zij hebben alle drie *hurt* en kwelling in hun stem en zijn mijn tegengif voor de voetballerij.

Aan wie ergert u zich? Aan linkse politici die de verloedering van de maatschappij bagatelliseren en aan Marokkaanse jongeren die binnenstadbewoners terroriseren. Ik spreek uit ervaring – ik ben inmiddels verhuisd naar een dorp.

Lijkt u op uw moeder? Ik hoop het, want ik kan niets negatiefs over mijn moeder bedenken. Ik had een traditionele, lieve, zorgzame moeder, die met een kopje thee en een chocolaatje thuis zat als je uit school kwam. Zij was de vredesengel tussen mij en mijn vader – wij hadden een gigantische generatiekloof.

Wat zijn uw dagdromen? Ik zou ooit in Drenthe of in een kleine provinciestad in Amerika oud willen worden. Ik woon al 25 jaar met frisse tegenzin in de Randstad, ik heb het wel gezien.

Wat is uw grootste angst? Kanker. Ik heb mijn vader en moeder zien wegkwijnen.

Bidt u weleens? Ondanks de hersenspoeling op de christelijke school heb ik niets meer met het geloof. Ik moest als kind naar de kerk en nam me destijds al voor dat ik er nooit meer zou komen zodra ik eigen baas was.

Heeft u ooit een mystieke ervaring gehad? Nee, daar ben ik veel te nuchter voor. Het is bovendien onzin, ik verwacht geen enkele steun in het leven, en zeker niet uit de newagehoek.

Bent u aantrekkelijk? Ik kan niet zeggen dat de vrouwen echt op me gejaagd hebben; het zal dus wel tegenvallen.

Wat is uw definitie van geluk? Als in mijn omgeving tevredenheid en rust heersen.

Waar schaamt u zich voor? Dat ik voor een schnabbel op televisie meer krijg dan een bijstandsmoeder in één maand van de sociale dienst.

Bent u monogaam? Absoluut, maar vroeger is dat anders geweest. Als ik met journalisten naar het buitenland ging, zeiden kennissen weleens dat wij zo'n mooi beroep hadden; we zagen zoveel van de wereld. Ja, de bordelen en nachtclubs.

Wanneer heeft u voor het laatst gehuild? Toen mijn eerste vrouw overleed, dat is bijna elf jaar geleden. Daar heb ik erg veel verdriet van gehad. Sindsdien lijken mijn tranen op te zijn.

Lijkt u op uw vrienden? Nee, want mijn vrienden zijn allemaal in Drenthe blijven wonen. Die wonen als grootvorsten in Rolde, Grolloo en Assen.

Hoe moedig bent u? Verbaal durf ik veel, zo niet alles, maar zodra ik enige fysieke agressiviteit bespeur ben ik weg.

Van wie heeft u het meest geleerd? Dokter Strikwerda, dat was mijn arts tijdens mijn voetbalcarrière. Hij is een wijs man. Als je problemen hebt, kun je altijd bij hem terecht.

Wat is uw grootste ondeugd? Ik ben een maniakale workaholic. Ik heb de neiging om dat ook van medewerkers te eisen.

Wanneer was u het gelukkigst? Toen ik mijn huidige vrouw Isabelle leerde kennen.

Welke eigenschap waardeert u in een man? Solidariteit. Samen ondeugend zijn en daar niet over lullen – dat is een erecode.

Welke eigenschap waardeert u in een vrouw? Als ze de man kunnen relativeren.

Als u iets aan uzelf kon veranderen, wat zou dat dan zijn? Het ziekelijke streven naar perfectie. Pete Ham van Badfinger schreef er ooit een prachtig nummer over: 'There ain't no real perfection'. Even later pleegde hij zelfmoord.

Hoe ontspant u zich? Door concerten van bands te bezoeken. Ik kom regelmatig in Paradiso, De Boerderij, De Lantaarn, Tivoli, de Melkweg.

Wat beschouwt u als uw grootste mislukking? Mijn tweede huwelijk. Na het overlijden van mijn vrouw wilde ik de gezinssituatie herstellen. Dat was een fout. Dat lag niet aan mijn echtgenote, maar aan mij.

Gelooft u in God? Absoluut niet, ik vind de Bijbel een sprookjesboek.

Welk leed heeft u anderen berokkend? In de voetbalwereld ben ik redelijk gehaat. Ik schrijf af en toe pittige stukjes over mensen in de voetballerij en die liggen daar soms weken wakker van, hoor ik dan. Waar maken ze zich in godsnaam druk over?

Waaraan bent u het meest gehecht? Aan mijn verzameling elpees en cd's. Ik ben een echte collector. Vooral americana, singer-songwriters, ik verzamel Engelse beatbands uit de jaren zestig, alles van Scott Walker, P.J. Proby en van mijn drie helden.

Wat is de beste plek om te wonen? Rolde in Drenthe of Cambridge, onder de rook van Boston.

Wie hoopt u nooit meer terug te zien? Mijn zwager en schoonzus uit mijn eerste huwelijk.

Hoe is ongeluk te vermijden? Neem beslissingen voordat je echt ongelukkig wordt. Een slecht huwelijk is niet uit te houden, voor niemand.

Wat is uw devies? Leef nú!

Matthijs van Nieuwkerk

'Ik heb o-benen en spreek abominabel Frans'

5 juli 2002

Wat is uw huidige gemoedstoestand? Ik ben nog nooit zo opgewonden met vakantie gegaan. Zoveel keer je naam in de krant, en niet altijd in zoete letters geschreven, maakt je er niet per se rustiger op. (In juni 2002 werd hij gevraagd als presentator van een vernieuwde versie van actualiteitenprogramma *Nova*, tot woede van de toenmalige presentatoren Rob Trip, Kees Driehuis en Margriet Vroomans, die het veld moesten ruimen – red.) Maar het vooruitzicht van een paar weken Zuid-Cornwall stemt mij ontzettend vrolijk. Geluk is daar binnen handbereik.

Wie zijn uw helden? Alle moeders van gehandicapte kinderen. De onvoorwaardelijke zorg en liefde die zij hun kinderen geven. Als kind al keek ik hen lang na op straat. Met groot ontzag.

Lijkt u op uw moeder? Het grote plezier in gein en letteren heb ik van mijn moeder. De grote rust en wijsheid van mijn vader bezit ik helaas niet.

Wat zijn uw dagdromen? Ik heb er eigenlijk maar één. Het is een herinnering. Ik neem een vrije trap voor de B1-junioren van Victoria in Hilversum. Ik krul de bal over het muurtje en over de heel kleine keeper het doel in, en ik zie de beide handen van mijn vader die achter het doel staat te juichen, omhoogkomen. Hier denk ik een keer per dag aan terug.

Bidt u weleens? Nee, maar vroeger wel. Eindeloos weesgegroetjes voor het slapen gaan, want ik was een godvrezend kind. Mijn katholieke lagere school deed zijn werk goed.

Heeft u ooit een mystieke ervaring gehad? Dat dacht ik niet. Maar het gebeurt weleens dat ik aan Willeke Alberti denk en dat ze dan op de radio is als ik die aanzet.

Bent u aantrekkelijk? Ik heb mijn momenten.

Waar schaamt u zich voor? Ik loop bepaald niet te koop met mijn liefde voor het Engelse bejaardenidool Roger Whittaker. Met name zijn fluitliedje 'The Mexican Whistler' draai ik vaker dan gemiddeld. Als er niemand thuis is, tenminste.

Bent u monogaam? Dat is het geheim dat ik deel met mijn vrouw.

Wanneer heeft u voor het laatst gehuild? Bij de dood van Cathérine van Houts, drie jaar geleden. Mijn grootste en liefste vriendin op *Het Parool*. Zij overleed aan kanker op 41-jarige leeftijd. Op de avond van haar overlijden ben ik met mijn gezin en haar man en kinderen uit eten geweest. Aan tafel werd het me te veel.

Hoe moedig bent u? Gemiddeld denk ik. Net zo moedig als Louis van Gaal, zeg maar, of Benny Nijman. Of Mies Bouwman. Of Herman Koch. Of prinses Margriet.

Van wie heeft u het meest geleerd? Van Henk Spaan. Hij leerde me de Amerikanen lezen, hij leerde me reizen en hij leerde me eten. We praten nu al twintig jaar onafgebroken over journalistiek, literatuur, voetbal en andere belangrijke herenzaken.

Wanneer was u het gelukkigst? Op de *bleachers*, de goedkoopste plaatsen in Fenway Park, kijkend naar de Boston Red Sox tegen de Dodgers. Met vrouw en kinderen. Ik geloof dat ik toen ook nogal pathetisch heb gezegd dat ik zo geweldig gelukkig was. De kinderen vinden het vreselijk als ik zo'n bui heb.

Als u iets aan uzelf kon veranderen, wat zou dat dan zijn? Ik heb o-benen en spreek abominabel Frans.

Hoe ontspant u zich? Door eindeloos cricketstatistieken te lezen. Een moderne variant van yoga.

Wie is uw grootste liefde? Karin, vanaf mijn veertiende. Ze was de vriendin van een speler in het eerste elftal. Ik was A-junior. Een mooier meisje had ik nog nooit gezien. Ze was toen natuurlijk volstrekt onbereikbaar. Maar op mijn 24ste zag ze me staan. We zijn een paar maanden later getrouwd.

Van wie houdt u het meest? Van Jet en Kees. Onze allerliefste kinderen.

Wat beschouwt u als uw grootste mislukking? Ik kan niet koken. Onbegrijpelijk voor iemand die zo graag eet.

Gelooft u in God? Ik vrees hem soms, dus ik moet haast wel in hem geloven.

Welk leed heeft u anderen berokkend? Bij *Het Parool* koos ik voor Martin Bril als dagelijks columnist in plaats van Nico Merx. Ik wilde vernieuwing. Nico gaf me in het gesprek dat ik hierover met hem voerde op grootse wijze gelijk, maar ik zag in zijn ogen dat ik hem in het hart raakte. Hij is nooit meer terug geweest op de krant.

Waaraan bent u het meest gehecht? Mijn Ajax-seizoenkaart.

Wat is de beste plek om te wonen? Bloemgracht, Amsterdam.

Wie hoopt u nooit meer terug te zien? De gemeenteambtenaar bij de wegblokkade die mij vier jaar geleden vertelde dat ik er niet door kon vanwege de marathon in Amsterdam. De woede die zich toen van mij meester maakte, was buiten iedere proportie. Volkomen bespottelijk begon ik die man uit te schelden, waarop hij zei: ‘U bent toch de hoofdredacteur van *Het Parool*?’ Een rodere kop heb ik nooit gehad.

Hoe is ongeluk te vermijden? Door er niet op vooruit te lopen.

Wat is uw devies? Doe iets.

Harry Mulisch

'Ik ben niet zo van houden van en liefde'

19 juli 2002

Wat is uw huidige gemoedstoestand? Een gevoel van onrust. Dat heeft te maken met de politieke toestand in de wereld. Bin Laden, de moord op Pim Fortuyn, Israël, het gedonder met de islam, dat zit me niet lekker. Dat de Koude Oorlog kon escaleren heb ik nooit geloofd, maar nu is het meer menens.

Wie zijn uw helden? Oude Griekse filosofen vanwege hun intellectuele heldenmoed, Fidel Castro vanwege zijn politieke moed en verzetsmensen als Gerben Wagenaar, Truus Menger en Hannie Schaft vanwege hun onverschrokkenheid en doodsverachting.

Aan wie ergert u zich? Ik erger me aan mensen die zich ergeren.

Lijkt u op uw moeder? Ja, omdat ze net als ik los van conventies stond.

Wat is uw grootste angst? Dat er iets ergs met mijn intimi gebeurt of met mijn hond.

Bidt u weleens? Nee, nooit gedaan.

Heeft u ooit een mystieke ervaring gehad? *De compositie van de wereld* is gebaseerd op een inval die ik had aan de piano toen ik een octaaf aansloeg. Het sloeg in als de bliksem en had iets van een mystieke ervaring.

Wat zijn uw dagdromen? Als kind had ik machtsfantasieën over de leider zijn, beroemd zijn. Dat ben ik nu, dus waar moet ik nog van dagdromen?

Bent u aantrekkelijk? Gezien mijn ervaringen met vrouwen krijg ik wel de indruk.

Wat is uw definitie van geluk? Freud zegt: 'Geluk is de vervulling van een kinderwens.' Alle wensen uit mijn jeugd zijn uitgekomen, dus ben ik gelukkig.

Waar schaamt u zich voor? Ik ben schaamteloos.

Bent u monogaam? Als je dat op je 75ste niet bent, ben je ridicuul.

Wanneer heeft u voor het laatst gehuild? Er kwamen tranen in mijn ogen bij de moord op Pim Fortuyn. En echt gehuild heb ik enkele weken geleden toen mijn oudste hond Julius moest worden afgemaakt.

Lijkt u op uw vrienden? Tuurlijk niet, dat zou betekenen dat mijn vrienden ook op elkaar lijken. Met iemand die net zo is als ik zou ik meteen herrie krijgen.

Hoe moedig bent u? Dat kun je van tevoren nooit zeggen. De mensen met de grootste mond bleken in de oorlog de grootste labbekakken.

Van wie heeft u het meest geleerd? Van mijn vader; die heeft me bijgebracht wat filosofie en literatuur is.

Wat is uw grootste ondeugd? Dat ik nooit brieven beantwoord.

Wanneer was u het gelukkigst? Ik ben het gelukkigst als ik alleen gelaten word in mijn kamer. Dat was zo op mijn vijfde, en datisnunogzo.

Welke eigenschap waardeert u in een man? Jongensachtigheid.

Welke eigenschap waardeert u in een vrouw? Een goed humeur. Veel vrouwen zaniken zo.

Als u iets aan uzelf kon veranderen, wat zou dat dan zijn? Niets.

Hoe ontspant u zich? Door te werken.

Wie is uw grootste liefde? Het is immoreel om daar een antwoord op te geven.

Van wie houdt u het meest? Ik ben niet zo van houden van en liefde. Dat eindeloze gezeur: hou je van me? Dat is iets voor kinderen. Ik ben het eens met Nietzsche, die zei dat de meeste huwelijken niet kapotgaan aan een gebrek aan liefde, maar aan een gebrek aan vriendschap. Je hebt ook mensen die de tijd ophemelen dat ze nog verliefd waren. Onzin! Verliefdheid is vreselijk. Dan ben je misselijk, onzeker en wantrouwig. Dat heb je bij vriendschap niet, dan vertrouw je elkaar.

Wat beschouwt u als uw grootste mislukking? Sommige van mijn boeken vind ik minder goed dan andere, dus je zou kunnen zeggen dat dat mislukkelingen zijn. Maar *De verteller* bijvoorbeeld zou ik nooit willen ruilen voor een meesterwerk van een ander, want dat boek is ook mijn kind.

Gelooft u in God? God is door de mensen gemaakt. Als de laatste mens sterft, is God ook dood.

Welk leed heeft u anderen berokkend? Het gebruikelijke leed, zoals een vriendin verlaten. Maar dat is onvermijdelijk. Iemand opzettelijk kwetsen is mij totaal vreemd.

Waaraan bent u het meest gehecht? Aan mijn werkkamer.

Wat is de beste plek om te wonen? In Amsterdam, bij het Leidsebosje. Ik woon er al veertig jaar. Ik kan best een huis in Bretagne betalen. Maar dan zit ik daar en dan regent het. Wat moet ik dan? Hier heb ik alles: theater, muziek, musea, bioscopen, cafés. Ik hoef er niet heen, maar het is er wel. Terwijl als het er niet was, dan zou ik onrustig worden en het gaan opzoeken. Ik wil in het gedoe zitten zonder eraan te hoeven deelnemen.

Wie hoopt u nooit meer terug te zien? Ik ben niet haatdragend. Er zijn mensen die mij rare poetsen hebben gebakken, zoals Hugo Brandt Corstius, die zes lullige artikelen heeft gepubliceerd over *De ontdekking van de hemel*. Maar als ik hem tegenkom op het Boekenbal, ben ik heel aimabel. Het kan me niet schelen, want zelf heb ik toch dat prachtige boek geschreven.

Hoe is ongeluk te vermijden? Door je op te hangen.

Wat is uw devies? Niet tradities volgen, maar tradities scheppen.

Hans Dorrestijn

'Men noemt mij de Stalin van de Veluwe'

25 oktober 2002

Wat is uw huidige gemoedstoestand? Ik zou een bevredigend antwoord kunnen geven, maar dat doe ik niet. Zo oud als ik ben word ik nog steeds heen en weer geslingerd tussen wanhoop en levensvreugde.

Wie zijn uw helden? Gerard Reve, Willem Frederik Hermans, Vasalis, Jaap Dirkmaat (van Das & Boom), Hans Teeuwen en Tom Waits. Ze stellen de zaken niet mooier voor dan ze zijn.

Aan wie ergert u zich? Aan mensen die zaken mooier voorstellen dan ze zijn, bijvoorbeeld Marcel van Dam. Hij is met zijn flessenschieterij het symbool van het op hol geslagen positivisme; mooie ideeën over hoe de wereld in elkaar zou moeten zitten, over hoe mensen zouden moeten zijn (vooral: lichtelijk links en humanistisch), maar daarnaast een volledige ontkenning van de slechtheid die we nu eenmaal ook in ons hebben.

Lijkt u op uw moeder? Ja, zij is net zo bang als ik.

Wat zijn uw dagdromen? Ik dagdroom geregeld dat Gerrit Komrij naar mij toe komt lopen en zegt: 'Ik heb het je nooit durven zeggen, maar ik vind je een van de grootste schrijvers van Nederland.'

Wat is uw grootste angst? Dat ik op een dag merk dat ik te oud ben om een lied te schrijven.

Bidt u weleens? Onafgebroken. En dat is niet cynisch bedoeld.

Heeft u ooit een mystieke ervaring gehad? Ja, een soort van dicht bij het hiernamaals zijn; het was geen pretje. Tijdens een operatie lag ik bijna op sterven. Ik zag een raampje waar geen licht uit kwam maar schaduw, de donkerte naderde me en trok dan weer weg; elke keer dacht ik: als de schaduw mij bereikt, ben ik dood.

Bent u aantrekkelijk? Meer dan vroeger. Ik hoor tot het soort geluksvogels dat steeds aantrekkelijker wordt, maar wel bij nul is begonnen.

Wat is uw definitie van geluk? Een mooie jonge vrouw die zucht: 'O, meneer Dorrestijn, wat is dat een prachtig lied dat u daar heeft gezongen.'

Waar schaamt u zich voor? Voor mijn aars. Ik kan mij niet voorstellen dat mensen zichzelf mooi vinden, terwijl zij ook elke dag naar de wc gaan.

Bent u monogaam? Nee, ik ben het niet altijd geweest en schaam me daar ook voor. Tijdens mijn eerste huwelijk ben ik eens met een andere vrouw naar bed geweest. Ik heb direct contact gezocht met een psycholoog; het kan niet, ik vind het de ergste vorm van bedrog.

Wanneer heeft u voor het laatst gehuild? Ik huil om de haverklap. De laatste keer was bij de film *Terms of Endearment*, die ik in de videotheek had gehuurd. Ik heb voortdurend zitten huilen; de dochter kan zo goed met haar bitcherige moeder overweg, ik wou dat ik dat kon.

Lijkt u op uw vrienden? Nee, mijn vrienden hebben iets vaderlijks, dat heb ik niet.

Hoe moedig bent u? Ik ben ooit in een snelstromende rivier gesprongen om een kind te redden. Ik kwam te laat; er was al een redder voor me.

Van wie heeft u het meest geleerd? Van mijn manager Arjen Stuurman; hij raakt nooit in paniek.

Wat is uw grootste ondeugd? Dat ik van mijn omgeving eis dat zij de waarheid spreekt.

Wanneer was u het gelukkigst? Omstreeks 1975. Ik woonde op het platteland en was gelukkig getrouwd; de rust die ik toen had, heb ik daarvoor, maar ook daarna nooit gekend.

Welke eigenschap waardeert u in een man? Flinkheid.

Welke eigenschap waardeert u in een vrouw? Schoonheid.

Als u iets aan uzelf kon veranderen, wat zou dat dan zijn? Ik zou willen kunnen tellen. Het begint te komen. Laatst speelde ik preludium 24 in D grote terts uit WTK II van Bach al foutloos, dus ik ben op de goede weg.

Hoe ontspant u zich? Overdag met zangvogels, 's avonds met actiefilms van Bruce Willis. *Die Hard* deel 1 is echt een verrukking.

Wat beschouwt u als uw grootste mislukking? Mijn laatste roman, die had ik listiger aan moeten pakken.

Wie is uw grootste liefde? Johann Sebastian Bach.

Gelooft u in God? Als ik een bepaald soort zeepaardje zie, geloof ik wel in een Schepper, terwijl ik eigenlijk in Darwin zou moeten geloven. Maar dat kan ik niet. Ik haat Darwin. Hij heeft heel de schepping verpest.

Welk leed heeft u anderen berokkend? Onnoemelijk veel leed, men noemt mij de 'Stalin van de Veluwe'.

Waaraan bent u het meest gehecht? Aan mijn bed.

Wat is de beste plek om te wonen? In de natuur, aan een meer, maar wel op fietsafstand van het centrum.

Wie hoopt u nooit meer terug te zien? Degenen die ik nooit meer wil zien zijn dood, wat bewijst dat het met mij kwaad kersen eten is. Toch ben ik naar mensen die mij kwaad hebben gedaan coulant; na verloop van tijd zijn er altijd nieuwe kansen en nieuwe mogelijkheden.

Hoe is ongeluk te vermijden? Door te sterven. Ik zou er ook voor kunnen kiezen, maar de rietvoorn, de gele kwikstaart en mijn kinderen houden me tegen.

Wat is uw devies? Ik heb geen devies. De wereld is te chaotisch om er een devies op na te houden.

Louis van Dijk

'Ik ben een soort uitgelopen aardappel'

13 december 2002

Wat is uw huidige gemoedstoestand? Zoals altijd: perfect. Ik ben iedere dag verbaasd en moet er niet aan denken dat ik op een dag opsta en dat niet meer ben; dan houdt alles op.

Wie zijn uw helden? Ronald Brautigam, Gerard Reve, Herbie Hancock, Miles Davis, Svjatoslav Richter. Ze zijn allen in staat te ontroeren.

Aan wie ergert u zich? Ik hou ervan om me lekker te ergeren. Een van de dingen waar ik me lekker aan erger zijn de nachtuitzendingen van de Eigenaardige Omroep. Vooral Bart Bazuin; je gelooft je oren soms niet. Ik beschouw religie als iets edels, maar als ik hem hoor, lijkt het net alsof hij God verkoopt bij een haringstal.

Lijkt u op uw moeder? Ja, ik heb haar exuberantie, lichte ontroering en emotionele incontinentie.

Wat zijn uw dagdromen? Heel ordinair: miljonair zijn. 'Geld is niets meer en niets minder dan gemunte vrijheid,' zei Gerard Reve fraai, maar ook terecht.

Wat is uw grootste angst? Ik heb niet zoveel angsten, wel nachtmerries. Die gaan altijd over te laat komen, terwijl ik al veertig jaar nooit ergens te laat voor ben geweest.

Bidt u weleens? Nee, alleen als de nood heel erg aan de man is. Toen bij mijn eerste vrouw kanker was geconstateerd, heb ik een paar keer gebeden. Tevergeefs.

Heeft u ooit een mystieke ervaring gehad? Ik heb een enorme hang naar mystiek, ben er ook op uit geweest, maar er gebeurde geen bal.

Bent u aantrekkelijk? Nee, ik ben een soort uitgelopen aardappel.

Wat is uw definitie van geluk? Geluk is harmonie, een gift, het is genade. Ik ben iedere dag gelukkig, dat kan ik gerust stellen. Toen ik na de begrafenis van mijn eerste vrouw anderhalve week alleen in ons huisje in Frankrijk zat, wist ik op een gegeven moment dat ik het weer zou gaan redden. Ik zat met een zorgvuldig geselecteerd blikje sardientjes, een potje mayonaise en een stokbrood op het terras en had na al die pijn opeens even een moment dat ik volmaakt gelukkig was. Dat gaf me een ongekende kracht en ik weet nog dat ik dacht: ik kan het nog, het komt weer goed.

Waar schaamt u zich voor? Mijn onontkoombare zelfzuchtigheid.

Bent u monogaam? Absoluut. Alleen al bij het idee dat ik zelf belazerd zou worden, stijgt de ellende in me op. De schade zou bij mij niet meer te herstellen zijn,

Wanneer heeft u voor het laatst gehuild? Ik huil veel. Soms drie keer per dag. Net nog, bij het horen van Bach, zijn muziek gooit me zo verschrikkelijk ondersteboven; het gevoel dat ik word weggeblazen. Zelfs nu ik erover praat, schiet ik weer vol.

Lijkt u op uw vrienden? Ja, ze gaan allen verantwoordelijk met hun talenten om. Dat wil zeggen, ze benutten hun talent optimaal.

Hoe moedig bent u? Dat weet ik niet. Dat zal pas blijken onder bepaalde omstandigheden die ik niet hoop mee te maken. Ik wantrouw dan ook iemand als Loe de Jong die in de Tweede Wereldoorlog veilig in Londen zat en erg makkelijk oordeelt. Denk maar aan Aantjes.

Van wie heeft u het meest geleerd? Van mijn schoonvader, hij leerde mij schoonheid zien.

Wat is uw grootste ondeugd? Mijn gulzigheid, in alles: eten, drinken, liefde, auto's. Het is misschien beter als ik ontgulsd zou worden.

Wanneer was u het gelukkigst? Toen ik een jaar of tien geleden drie weken met mijn gezin door Amerika reisde. Het was zo harmonieus, de kinderen hebben het er nu nog over.

Welke eigenschap waardeert u in een man? Tederheid, humor, en ik hou van geslaagde mannen. Dat kan ook een stratenmaker zijn. Ze hebben iets, in hun hoofd en willen dat realiseren.

Welke eigenschap waardeert u in een vrouw? Tederheid, verleidelijkheid en geheimzinnigheid.

Als u iets aan uzelf kon veranderen, wat zou dat dan zijn? Ik zou mijn faalangst willen elimineren om in het openbaar Mozart, Bach en Beethoven te spelen. Dat doe ik alleen thuis.

Hoe ontspant u zich? Uit eten gaan. Ik vind een goed restaurant het leukste theater dat ik ken.

Wat beschouwt u als uw grootste mislukking? Dat ik op het conservatorium de eerste keer ben gezakt voor muziekgeschiedenis.

Wie is uw grootste liefde? Johann Sebastian Bach. Die onontkoombaarheid, hij is overweldigend. Maar ik heb ook heilige jaloezie: dat iemand met emmers tegelijk heeft gekregen waar ik maar een vingerhoedje van heb ontvangen.

Gelooft u in God? God gelooft in mij.

Welk leed heeft u anderen berokkend? Ik zeg niet wie, maar er zijn mensen die een enorme jaloezie naar mij hebben, omdat zij niet in staat zijn gelukkig te worden en het mij juist makkelijk afgaat.

Waaraan bent u het meest gehecht? Aan mijn twee huizen, in Amsterdam en in Frankrijk. De huizen geven aan wie en wat ik ben.

Wat is de beste plek om te wonen? In de omgeving van het Franse heuvellandschap, afgewisseld met Amsterdam.

Wie hoopt u nooit meer terug te zien? Ik ken geen haat, godzijdank.

Hoe is ongeluk te vermijden? Door op je eigen pad te blijven.

Wat is uw devies? Hol nooit achter iets aan, maar omhels hetgeen naar je toe komt.

Theo Hiddema

'Ik droom geregeld dat ik een uitstekend paardenfokker ben'

9 mei 2003

Wat is uw huidige gemoedstoestand? Ongedurig. Na 6 mei 2002 ben ik veelal onrustig; de rancune probeert zich nog steeds een weg vrij te hakken, te midden van mijn anders zo goedgemutste humeur.

Wie zijn uw helden? Heleen van Royen, Pim Fortuyn, Mae West, Pamela Hemelrijk en W.C. Fields. Ze spreiden allen op hilarische manier een onstuimige impertinentie ten toon.

Aan wie ergert u zich? Aan verbieders, reglementeerders en propagandajournalisten als Maartje van Weegen. Dat dat mens nog in Hilversum rondloopt. Zij doet op 7 maart vorig jaar verslag uit het stadhuis in Rotterdam. 'Met pijn in mijn hart moet ik u meedelen: Lijst Fortuyn 17 zetels. Brrr...'

Lijkt u op uw moeder? Mijn moeder was pianiste, een zachtaardige, kunstzinnige vrouw. We zijn beiden voorbestemd tot afstandelijkheid en voelen ons behaaglijk in ons zelfgekozen isolement.

Wat zijn uw dagdromen? Ik droom geregeld dat ik een uitstekend paardenfokker ben.

Wat is uw grootste angst? De wijkverpleegster, tafeltje-dek-je, een lijf zonder driften of verlangens; ik zit niet echt op mijn oude dag te wachten.

Bidt u weleens? Ik ben een miniatuurgelovige, een ad-hocbidder. Zolang ik mijn zenuwen kan bezweren, heb ik geen geloofshinder, maar in het vliegtuig ben ik een van angst verstijfde kleinburger, bereid tot volle overgave aan de Grootste God in den Hemel.

Heeft u ooit een mystieke ervaring gehad? Nee, ik heb nog nooit iets van een hogere orde op mij af zien komen, ben er ook niet in geïnteresseerd; het is theewaterfilosofie.

Bent u aantrekkelijk? Mijn moeder was een mooie vrouw, zij had statuur. Ik lijk op haar.

Wat is uw definitie van geluk? Intellectuele bevrediging. Als mijn hersencellen dagelijks maar aan hun kostje komen.

Waar schaamt u zich voor? Van nature ben ik niet tot schaamte bereid.

Bent u monogaam? Meneer, ik ben een heteroseksuele dondersteen, en daar wil ik het bij laten.

Wanneer heeft u voor het laatst gehuild? Ik ben de tel kwijt. Ik schiet zo vol bij esthetische ontroering. Wat glazen wijn en de stemmen van Alison Krauss en Kathleen Ferrier, en de sentimentele kwast in mij breekt los.

Lijkt u op uw vrienden? Nee, maar ik heb ook geen vrienden. Vrienden kunnen niet op elkaar lijken. Vriendschap is per definitie gebaat bij gewaardeerde eigenschappen van de ander, anders vindt iemand het wel bij zichzelf.

Hoe moedig bent u? Op straat niet, maar als strafrechtadvocaat wel. Ik heb een dwars karakter; gelukkig maar, dwarse mensen maken ruimte in het leven.

Van wie heeft u het meest geleerd? Van mijn dertig jaar oudere broer. Ik was een nakomertje. En onhandelbaar als kind, ben ik op elfjarige leeftijd uit huis gegaan; spijbelen, kostscholen, internaten, op mijn vijftiende werken in een nachtclub. Mijn broer is zenuwarts en heeft me bezonnenheid bijgebracht.

Wat is uw grootste ondeugd? Onrust; alles duurt me te lang.

Wanneer was u het gelukkigst? Ik ben een permanente geluksvogel. Echt, ik zoek altijd het schone en de esthetiek der dingen. Dat rendeert dagelijks.

Welke eigenschap waardeert u in een man? Een combinatie van eigendunk en zelfspot.

Welke eigenschap waardeert u in een vrouw? Zuidelijke charme en temperament. Hoe verder je naar het zuiden komt, hoe beter het wordt.

Als u iets aan uzelf kon veranderen, wat zou dat dan zijn? Mijn uiterlijk moet zo blijven, anders raak ik van slag. Ik zou wel wat menselijker willen overkomen, Althans: soms. Mijn afstandelijkheid wordt te vaak verward met arrogantie.

Hoe ontspant u zich? Onnuttig wat aanscharrelen, de kat op schoot, rustig, kalm en bedaard in een stoel zittend, mijn hersens de vrije loop laten, verzen lezend van vaderlandse dichters, dat wil zeggen Friese.

Wie is uw grootste liefde? Mijn vrouw; we zijn 24 jaar samen.

Van wie houdt u het meest? Mijn schoonmoeder.

Gelooft u in God? Het is Zijn schuld dat ik niet geloof. Voor Zijn aanhang kiest Hij uit heilige boontjes. Hij weet dat die alleen floreren met ongelovige zondebokken om hen heen. Hij heeft mij dus nodig als ongelovige.

Welk leed heeft u anderen berokkend? De rechtspraak zorgt voor veel venijn bij de mens. Sommige tegenstanders van mijn cliënten zullen mij ongetwijfeld haten, maar ik kan niet met elke gevoeligheid rekening houden, en tijd voor sussende werkzaamheden rest mij vaak niet.

Waaraan bent u het meest gehecht? Aan mijn Friese geaardheid; ik zal altijd een plattelandsjongen blijven. En ik ben erg gesteld op mijn collectie klassieke auto's. Ik heb alleen geen tijd om erin rond te rijden.

Wat is de beste plek om te wonen? Herengracht 116.

Wie hoopt u nooit meer terug te zien? 'Griffermeerde' schoolmeesters uit mijn jeugdjaren.

Hoe is ongeluk te vermijden? Dat is een kwestie van geluk.

Wat is uw devies? Volg Woutertje Pieterse: het leven is een schone zaak en schenkt de mensheid veel vermaak.

Claudia de Breij

'Ik ben niet gierend mooi, maar wel aantrekkelijk'

24 juni 2003

Wat is uw huidige gemoedstoestand? Monter. De zalen zitten vol en ze vinden me nog leuk ook.

Wie zijn uw helden? Mies Bouwman. Ja, Mies Bouwman. En verder Annie M.G. Schmidt en Lucille Ball. Ik vind het echt schandalig dat mensen na Lucille Ball nog durven te zeggen dat vrouwen geen humor hebben.

Aan wie ergert u zich? Ik erger me aan buren die me niet teruggroeten. Die mogen op zo'n moment van mij echt een nekschot krijgen.

Lijkt u op uw vader? Ja. Mijn vader lijkt een harde zakenman, maar hij is een heel emotioneel mens. Zo ben ik ook.

Wat zijn uw dagdromen? Een duet met Barbra Streisand zingen. En daarna sterven.

Wat is uw grootste angst? De dood. Niet mijn eigen, maar die van mijn geliefden.

Bidt u weleens? Ik was een godvrezend kind, tot verbijstering van mijn onkerkelijke ouders. Tegenwoordig beperk ik me tot het slaan van een sporadisch kruisje.

Heeft u ooit een mystieke ervaring gehad? Als kind ging ik door voor paranormaal begaafd. Ik voelde het heel sterk aan als mensen bijvoorbeeld een kind hadden verloren; dan lag ik een halfuur later op de gang te kotsen.

Bent u aantrekkelijk? Ja. Niet gierend mooi, maar wel aantrekkelijk.

Wat is uw definitie van geluk? Als bijna alles goed gaat. Bijna. Want van het nastreven van geluk word je ook heel gelukkig.

Waar schaamt u zich voor? Ik schaam me als ik in een winkel badpakken moet passen. Voor geen miljoen verlaat ik dan het pashokje.

Bent u monogaam? Ja. Uit liefde en uit praktische overwegingen.

Wanneer heeft u voor het laatst gehuild? Tijdens een documentaire over Lucille Ball. Aan het eind zag je beelden van haar in slow motion, terwijl je 'My Funny Valentine' hoorde. Dat ontroerde me. De vergankelijkheid van de mens.

Hoe moedig bent u? Mijn moed is nooit getest. Ik ben wel alert en betrokken.

Van wie heeft u het meest geleerd? Van mijn broer. Door hem ben ik goedgebekt. Als ik uit school kwam, stond hij me al op te wachten. Dan gingen we meteen op de vuist en dan riep hij: 'Waar is je dekking!? Waar is je dekking!?'

Wat is uw grootste ondeugd? Ik ben een ontzettend luie flikker als ik dingen niet verschrikkelijk leuk vind.

Wanneer was u het gelukkigst? Toen ik vier jaar oud was, veilig thuis bij mijn moeder onder de strijkplank zat en luisterde naar het geniale radiospel *Raad een lied of niet*. Vind ik overigens nog steeds de beste programmatitel aller tijden.

Welke eigenschap waardeert u in een man? Relativeringsvermogen.

Welke eigenschap waardeert u in een vrouw? Een bepaald soort onbeschaamdheid.

Als u iets aan uzelf kon veranderen, wat zou dat dan zijn? Lichamelijk zou ik graag tien kilo lichter willen zijn. Geestelijk zou ik graag niet zo oppervlakkig willen zijn dat die tien kilo me iets uitmaken.

Hoe ontspant u zich? In bad met een boek.

Wie is uw grootste liefde? Mijn huidige vriendin.

Van wie houdt u het meest? Dan moet je me eerst vertellen hoe je dat meet.

Wat beschouwt u als uw grootste mislukking? Ik heb ooit eens opgetreden in de theaterkerk Wadway, de dag nadat ik mijn grote liefde voor het eerst had gezoend. Ik dacht: nu ga ik heel mooi spelen. Maar het publiek heeft me alleen maar niet-begrijpend aangekeken. Ik zat op een heel andere planeet.

Gelooft u in God? Nou vooruit, laten we het maar God noemen.

Welk leed heeft u anderen berokkend? Ik heb relaties en vriendschappen uit lafheid laten doodbloeden.

Waaraan bent u het meest gehecht? Mijn oude knuffelolifant Dombo. Hij ligt in mijn nachtkastje, en als ik koorts heb of anderszins zielig ben, komt hij eruit.

Hoe is ongeluk te vermijden? Door dood te gaan.

Wat is uw devies? Wees blij.

Geert Wilders

'Ik probeer al jaren te stoppen met roken'

7 juli 2003

Wat is uw huidige gemoedstoestand? Ik ben een blij politicus en een blij mens; ik voel het iedere dag weer als een voorrecht op het Binnenhof te mogen rondlopen.

Wie zijn uw helden? Aung San Suu Kyi en Margaret Thatcher, vrouwen met lef.

Aan wie ergert u zich? Aan socialisten en vakbondsleiders als Rob Oudkerk en Lodewijk de Waal. Ze noemen zichzelf progressief, maar zijn juist conservatief tot in het diepst van hun vezels.

Lijkt u op uw moeder? Ja, zij is net als ik een gevoelsmens.

Wat zijn uw dagdromen? Turkooizen zeeën, blauwe hemelen, groene palmbomen; het staat voor rust.

Wat is uw grootste angst? Waar ben ik nou bang voor? Ik zit me suf te piekeren, maar ik zou het echt niet weten.

Bidt u weleens? Nee, nooit gedaan. Ik geloof niet in God en heb ook nog nooit een mystieke ervaring gehad, want dat is toch uw volgende vraag?

Bent u aantrekkelijk? In ieder geval ijdel. Op mijn twintigste heb ik een blonde coupe laten aanbrengen, twee decennia later heb ik die nog steeds. Hans Dijkstal dacht erover me in het kabinet op te nemen. 'Maar dan moet je wel je haar veranderen,' zei hij. Ook Zalm heeft dit gezegd. Maar ik heb geweigerd, ik verander mijn haar nergens voor.

Waar schaamt u zich voor? Schaamte staat niet bovenaan mijn agenda. Ik was vroeger een wildebras en heb zo'n beetje alles gedaan wat God verboden heeft.

Bent u monogaam? Ja, maar als het niet zo zou zijn, zou ik het u niet vertellen.

Wanneer heeft u voor het laatst gehuild? Ik kan me niet herinneren dat ik de afgelopen dertig jaar heb gehuild. Het betekent niet dat ik tegen huilen ben. Ik denk dat het heerlijk is, maar zo werkt dat blijkbaar niet bij mij.

Lijkt u op uw vrienden? Ik heb heel verschillende vrienden, er is geen lijn in te ontdekken. Wat zegt dat over mij?

Hoe moedig bent u? Ik zeg waar het op staat, ook als het niet uitkomt, ook als het consequenties heeft, ook op momenten dat mensen het niet willen horen; dat is in ieder geval niet lafhartig.

Van wie heeft u het meest geleerd? Frits Bolkestein, ik heb ontzettend veel van hem geleerd. Dat je tegen grote tegenstand moet kunnen, agendasettend bezig behoort te zijn, een dikke huid moet hebben en dat vandaag geen gelijk niet betekent dat je morgen ook ongelijk hebt.

Wat is uw grootste ondeugd? Ik ben ongeduldig, ook naar mijn medewerkers, alles moest gisteren af. Ik probeer het weleens te veranderen, maar het lukt me niet. Het zit ook ingebakken in het politieke metier. Als ik ergens Kamervragen over wil stellen, dien ik Pietje van het CDA voor te zijn. Bij de griffier telt: wie het eerst komt, die het eerst maalt.

Wanneer was u het gelukkigst? Toen ik met mijn Hongaarse vrouw voor het eerst naar haar familie reed in de Fiat Panda van mijn moeder. We hebben er een week over gedaan, hadden voortdurend pech en we moesten toen nog door het strenge Oostblokregime. Ondanks alle ellende was het de gelukkigste week van mijn leven.

Welke eigenschap waardeert u in een man? Dezelfde als bij een vrouw: betrouwbaarheid, standvastigheid, intelligentie en durf.

Als u iets aan uzelf kon veranderen, wat zou dat dan zijn? Ik probeer al jaren te stoppen met roken; soms lukt het me dagen, soms een maand. Maar elke keer begin ik weer. En toch zal het me ooit lukken.

Hoe ontspant u zich? 's Avonds laat in een heet bad, een uur lang, veel schuim, lezend in niet te zware lectuur.

Wie is uw grootste liefde? Mijn vrouw. Zij was diplomate op de Hongaarse ambassade toen ze elkaar daar nog *elvtárs* – kameraad – noemden. We waren stapelverliefd, maar elkaar zien was vrijwel onmogelijk. Het was stalinistisch, personeel mocht alleen met niet-kameraden in contact komen als het functioneel was. Mijn vrouw hield zich bezig met financiële zaken. De telefoniste van de ambassade heeft toen vaak 'Mister Dijkstra from the Amro-Bank' aan de telefoon gehad.

Welk leed heeft u anderen berokkend? Ik heb vroeger mijn moeder veel pijn gedaan. Als puber luisterde ik niet, had ik een grote mond en nam ik haar niet serieus; het was fout, daar heb ik spijt van.

Waaraan bent u het meest gehecht? Aan mijn privacy. En ik koop elk halfjaar een nieuw mobieltje. Ik wil de laatste en de nieuwste hebben. Het is misschien elitair, maar ik houd van alle nieuwe technische snufjes.

Wat is de beste plek om te wonen? Limburg. Het is gezellig, gemoedelijk, alles is te overzien en er heerst een fantastische mentaliteit.

Hoe is ongeluk te vermijden? Niet. Geluk is niet te sturen, en dat is maar goed ook. Je kunt niet zeggen: ik ben morgen verliefd op jou, en zo is het ook met geluk.

Wat is uw devies? Zeg wat je vindt.

Joost Zwagerman

'Sommige schrijvers hebben van God een geweldig personage weten te maken, genoeg om heel even in de verleiding te komen in Hem te geloven'

1 augustus 2003

Wat is uw huidige gemoedstoestand? Opgeruimd en voldaan. Ik heb onlangs mijn nieuwe boek *Het vijfde seizoen* ingeleverd bij mijn uitgever.

Wie zijn uw helden? Gustave Flaubert, Vladimir Nabokov, Saul Bellow en Philip Roth.

Aan wie ergert u zich? Aan Amsterdammers die hun diep ingebakken asocialiteit aanzien voor een prettige vrijgevochtenheid. Ik moet mijn kinderen vooral niet leren dat groen betekent dat zij mogen doorlopen. Mijn zoontje van vier is een keer bijna geschept door een kaalkop in een zwarte Golf, die mij begon uit te schelden toen ik mijn kind liet oversteken. Zijn redenering: 'Je zág toch dat ik eraan kwam.'

Lijkt u op uw moeder? Tot mijn grote schrik merk ik dat ik haar regelzucht heb. En dat ik netter ben dan ik altijd heb gedacht – maar daar kan ik mijn moeder niet in overtreffen.

Wat zijn uw dagdromen? Vanaf mijn twaalfde tot mijn achttiende droomde ik van wonen in Amsterdam. Tegenwoordig mijmer ik van een huis buiten de hoofdstad.

Wat is uw grootste angst? Gek worden.

Bidt u weleens? Zelden. En op momenten dat ik het dreig te gaan doen, zoek ik er snel een ander woord voor.

Heeft u ooit een mystieke ervaring gehad? Lang geleden. Uitsluitend dankzij de benodigde chemicaliën. Ik sta er ook argwanend tegenover; vaak is de wens de moeder van de mystiek.

Bent u aantrekkelijk? Als ik een band plak of de veters van een van mijn kinderen strik, schijn ik bijzonder aantrekkelijk te zijn.

Wat is uw definitie van geluk? Veters strikken van je kinderen.

Waar schaamt u zich voor? Voor mijn steeds extremer wordende verstrooidheid.

Bent u monogaam? Mijn vrouwen vinden dat dit niemand wat aangaat.

Wanneer heeft u voor het laatst gehuild? In het voorjaar van 2003. Ons overkwam groot verdriet, maar dat houd ik voor mijzelf.

Lijkt u op uw vrienden? Een van mijn vrienden vertelde mij laatst met een stalen gezicht dat hij geesten had gezien in een huis waar hij logeerde. Een andere vriend mag zo nu en dan vertellen dat zijn depressies die van alle andere misantropen overtreffen. Ik denk dat ik wat nuchterder ben.

Hoe moedig bent u? Alleen als ik in een situatie zou komen dat ik mijn kinderen het leven zou moeten redden, zal het mij niet aan moed ontbreken, dat weet ik zeker. Voor de rest vertoon ik dezelfde derdegraads grote en kleine lafheden als ieder ander.

Wat is uw grootste ondeugd? Besluiteloosheid. Dat klinkt onschuldig, maar je kunt er een ander onbedoeld mee kwellen, vooral als het gaat om grote beslissingen. Mateloosheid behoort ook tot mijn dominante ondeugden, hoewel het in de loop van de jaren steeds minder opspeelt, en dat is een kleine bevrijding.

Wanneer was u het gelukkigst? De afgelopen jaren: mijn onverzoenlijkheid met het bestaan is afgenomen.

Welke eigenschap waardeert u in een man? Dezelfde als in een vrouw: betrouwbaarheid, humor en enthousiasme.

Als u iets aan uzelf kon veranderen, wat zou dat dan zijn? De defecten aan mijn rug. Dat vergalt veel, soms ook de vreugde van het schrijven.

Hoe ontspant u zich? Door naar zee te gaan. Zeelucht is balsem voor de geest. Of door baantjes te trekken. Mijn beste ideeën doe ik op in het zwembad.

Wie is uw grootste liefde? Arielle Veerman.

Gelooft u in God? Sommige schrijvers hebben van God een geweldig personage weten te maken, genoeg om heel even in de verleiding te komen in Hem te geloven. Het is altijd bij die verleiding gebleven.

Welk leed heeft u anderen berokkend? Het leed dat anderen mij ook hebben berokkend: liefdesverdriet. Verder zijn veel schrijvers erg onsportief wanneer ze eens polemiseren. Ze nemen alles veel te persoonlijk. Dan ligt er weer iemand een halfjaar kotsend op zijn keukenvloer nadat ik een vrolijk stukje had geschreven. Maar dit valt meer onder de categorie leed dat mensen zichzelf berokkenen.

Wat beschouwt u als uw grootste mislukking? Ooit zakte ik op Sint-Eustatius voor mijn rijbewijs. Toen kon je daar nog heel makkelijk je rijbewijs halen. Alleen hoogbejaarden, hysterische meisjes van zeventien en mensen met één been zakten daar.

Het heeft me zeven jaar gekost om eroverheen te komen en weer lessen te nemen.

Waaraan bent u het meest gehecht? Aan een goede plek om te schrijven. Als ik dat niet zou hebben, zou ik diep ongelukkig zijn. Ik schrijf in een kamer in de stad; thuis hangt er altijd een wurgende gezelligheid, en dat is voor een schrijver niet goed.

Wat is de beste plek om te wonen? Aan de kust van de kop van Noord-Holland, ergens tussen Egmond en Camperduin.

Wie hoopt u nooit meer terug te zien? Mijn fysiotherapeut. Ik zwem twee keer per week baantjes, opdat ik niet meer bij hem hoef aan te kloppen.

Hoe is ongeluk te vermijden? Niet. De enige remedie is een irreele, namelijk door zo doods mogelijk te leven, door stil te zitten. Wie beweegt, tart nu eenmaal het lot.

Wat is uw devies? Het gaat slecht, maar verder gaat het goed. Met dank aan Frits van Egters.

P.F. Thomése

'Ik ben, als het nodig is, in staat een andere man te doden'

12 september 2003

Wat is uw huidige gemoedstoestand? Ik voel niks, dus het zal wel goed zijn.

Wie zijn uw helden? In willekeurige volgorde: Winnetou, Richard Wagner, Johan Cruijff, de Heilige Antonius en voor het dagelijks leven Marcello Mastroianni.

Aan wie ergert u zich? Aan wie niet.

Lijkt u op uw moeder? Ik hoop het niet.

Wat zijn uw dagdromen? Ik doe de deur van de slaapkamer open en daar ligt mijn kleine meisje te slapen.

Wat is uw grootste angst? Dat straks mijn tweede kind ook doodgaat.

Bidt u weleens? Waar ik vandaan kom, het rivierengebied, werd het veel gedaan. Als jongetje bij de boeren, aan het middagmaal, kneep ik verlangend mijn ogen dicht, zoals het ook donker werd in de bioscoop, maar ik zag niks. Ik hoorde trouwens ook niks, al wist ik niet of dat moest.

Heeft u ooit een mystieke ervaring gehad? Op een keer diep in het bos, tijdens het blauwe uur, wanneer de dieren nog werkelijk bestaan, zag ik een hert. En het hert zag mij. Het stond midden op het pad, doodstil, om mij niet aan het schrikken te maken. Ook ik bleef doodstil staan om het vertrouwen dat het dier in mij stelde niet te beschamen. Zo stonden we daar. Toen werd de betovering verbroken en sprong het hert terug naar zijn sprookjeswereld.

Bent u aantrekkelijk? Niet in die mate dat vrouwen mij niet met rust kunnen laten.

Wat is uw definitie van geluk? Ik ben zo klein dat ik in de wereld pas. Of: ik ben zo groot dat de hele wereld in mij past.

Waar schaamt u zich voor? Als ik deze vraag eerlijk ging beantwoorden, zou ik niet meer vrij over straat kunnen lopen.

Bent u monogaam? Tegenwoordig wel. Er waren echter perioden in mijn leven waarop het mij belangrijk voorkwam om diep in de nacht ergens in Amsterdam drie of vier trappen achter een vreemde vrouw aan te sjokken om, eenmaal boven, me te bedenken dat ik toch liever weer naar beneden ging.

Wanneer heeft u voor het laatst gehuild? Twee, drie maanden geleden. Toen ik op de ziekenhuismonitor de echoscopische beelden zag van ons tweede kindje, twintig weken oud ruimtevaardertje, van *outer space* onderweg naar ons.

Lijkt u op uw vrienden? Steeds minder. Ik heb hun toestemming niet meer nodig. Ieder graaft kennelijk uiteindelijk gewoon zijn eigen graf.

Hoe moedig bent u? Ik ben, als het nodig is, in staat een andere man te doden.

Van wie heeft u het meest geleerd? Van mijn vader. Hij is betrekkelijk jong gestorven, toen ik 21 was en hij 58. Hij was iemand met een ongelooflijke aandacht voor de dingen. Wat op mij bijvoorbeeld veel indruk maakte, was dat hij van alles wist hoe het heette en in welk boek het dan stond.

Wat is uw grootste ondeugd? Onwaarheden verkondigen.

Wanneer was u het gelukkigst? Bij de geboorte van Isa.

Welke eigenschap waardeert u in een man? Trouw.

Welke eigenschap waardeert u in een vrouw? Intelligentie.

Als u iets aan uzelf kon veranderen, wat zou dat dan zijn? Ik wou dat ik heel mooi piano kon spelen.

Hoe ontspant u zich? Soms ga ik de stad in, soms ga ik de stad uit.

Wie is uw grootste liefde? Makira Mual, mijn vrouw.

Van wie houdt u het meest? Van Makira natuurlijk.

Wat beschouwt u als uw grootste mislukking? Mijn lang volgehouden voornemen om het leven te beschouwen als iets van anderen.

Gelooft u in God? Nee. Toch leef ik alsof alles wat ik doe gezien wordt en gewogen. Wie kijkt, wie schouwt toe? Ben ik het soms zelf? Ja, misschien speel ik wel voor God in mijn eigen leven, een oppermachtige aanwezigheid die niettemin moet blijven toekijken en niet kan ingrijpen in de gebeurtenissen.

Welk leed heeft u anderen berokkend? Veel te weinig, tot mijn spijt. IJdelheden gekwetst, verder niks.

Waaraan bent u het meest gehecht? Als ik maar één ding kon redden, dan waren het de foto's van Isa.

Wat is de beste plek om te wonen? Ver weg. En anders hier in Haarlem.

Wie hoopt u nooit meer terug te zien? Voor zijn vijanden moet men respect op kunnen brengen. In die zin heb ik geen vijanden.

Hoe is ongeluk te vermijden? Het is een beetje brutaal om mij deze vraag te stellen.

Wat is uw devies? Pas als het onmogelijk is, wordt het interessant.

Mart Smeets

'Van hard werken is nog nooit iemand doodgegaan'

19 september 2003

Wat is uw huidige gemoedstoestand? Vrolijk en evenwichtig.

Wie zijn uw helden? Bob Spaak, oud-chef van *Studio Sport*, die hele generaties bij de NOS heeft opgeleid; Ruud van den Ende, die me heeft geleerd om journalistiek te schrijven én te kijken; Eric Clapton en Jean Sibelius – ze maakten en maken prachtige muziek.

Aan wie ergert u zich? Als ik echt iemand moet noemen: Jan Peter Balkenende. Maar ik erger me niet meer. Joost Zwagerman zei onlangs: de onverzoenlijkheid met het bestaan is afgenomen, en in die woorden pas ik precies.

Lijkt u op uw moeder? Ja, mijn sociale kant heb ik van haar. Tijdens de Tour moesten acht mensen om budgettaire redenen een dag eerder weg, en dat deed me vreselijk pijn.

Wat zijn uw dagdromen? Overdag loop ik in de werkelijkheid rond; ik droom alleen 's nachts. Mijn laatste was een van de wreedste: ik moest in een Frans mortuarium collega's van het *Tourjournaal* identificeren.

Wat is uw grootste angst? Autorijden vind ik naar. Existentiële angst heb ik niet. Ik heb in het ziekenhuis gelegen, waar elke dag mensen rond mij overleden – afgrijselijk, maar tegelijk mijn grootste winst ooit. Op die zaal heb ik de dood geaccepteerd; elke dag is nu een bonus.

Heeft u ooit een mystieke ervaring gehad? Ik kom weleens dezelfde vrouw op verschillende plaatsen op de wereld tegen. Ik heb haar in Australië, Amerika en Frankrijk gezien. Zij is een kruising tussen Jeanne Moreau en Catherine Deneuve; ik heb een intens gevoel met haar het bed te willen delen.

Bent u aantrekkelijk? Nee, ik heb slechts een bekend hoofd, en daarom kijken mensen naar me. Aantrekkelijk in mij zijn mijn omgangsvormen. Als ik met een vrouw dineer, neem ik pas plaats nadat zij dat heeft gedaan. Je hoort een vrouw met egards te behandelen.

Wat is uw definitie van geluk? Wakker worden.

Waar schaamt u zich voor? Af en toe voor mijn omvang, maar dat is onvermijdelijk als je nauwelijks meer kunt lopen.

Bent u monogaam? Nee. Mannen zijn niet gemaakt om monogaam te zijn; wie zegt dat ze dat wel zijn, liegt.

Wanneer heeft u voor het laatst gehuild? Tijdens de afgelopen Tour de France, toen privébelang en zakelijk belang met elkaar botsten.

Hoe moedig bent u? Ik heb ooit een paard uit een sloot gehaald – is dat moedig? Een paard is méér dan een mens. Na mijn actie bedankte het dier me, want hij drukte zijn hoofd teder tegen me aan en bleef zo lange tijd liefkozend naast me staan.

Van wie heeft u het meest geleerd? In het leven, van mijn vader; hij heeft me de echte uitvoering van het liberalisme meegegeven. In het televisievak: Martijn Lindenberg; als hij regisseert, ben ik ontspannen – wat anderen weer arrogant noemen.

Wat is uw grootste ondeugd? Eten. Voor zalm kun je me 's nachts wakker maken.

Wanneer was u het gelukkigst? Onlangs keek ik met twaalf anderen naar een softbalwedstrijd waarin mijn dochter speelde. Ze deed ontzettend haar best. Toen ze halverwege de wedstrijd op magistrale wijze een bal ving, keek ze één tiende van een seconde in mijn richting. Die blik van: 'Ik kan het heus wel, hoor', was voor mij een moment van groot geluk.

Welke eigenschap waardeert u in een man? Een man moet kunnen tillen.

Welke eigenschap waardeert u in een vrouw? Gevoel voor verhoudingen.

Als u iets aan uzelf kon veranderen, wat zou dat dan zijn? Rust in mijn kont krijgen. Maar tegelijkertijd denk ik: wat moet ik met die rust? Tijdens de Tour sliep ik drie à vier uur per nacht; daarna stond ik kakelvers op en dacht: laten we maar eens beginnen.

Hoe ontspant u zich? Door te sporten: tennissen (het ziet er niet uit, maar ik wil toch winnen), basketbal (ik schiet nog wel, maar erbij lopen, ho maar) en fietsen (eigenlijk alleen naar de bakker).

Wat beschouwt u als uw grootste mislukking? Mijn eerste huwelijk. Slecht gedaan. Punt uit.

Gelooft u in God? Nee, ik zou in hem geloven als hij hier tegenover me ging zitten en zou zeggen: 'Hallo, ik ben God.' Dan zou ik net als Herman van Veen vragen: 'Wilt u ook een kopje koffie?'

Welk leed heeft u anderen berokkend? Er zijn heel wat Nederlanders die me van de buis kunnen schieten. Dat is een mooi gegeven. Het is de eerste wet van Bob Spaak: een presentator mag nooit door iedereen goed worden gevonden. Ik moet wel uit gaan kijken, want ik krijg steeds meer positieve reacties.

Waaraan bent u het meest gehecht? Aan mijn boekenkast, de mooiste ter wereld.

Wat is de beste plek om te wonen? Dat zijn er drie: Vermont in de VS (door de natuur en de geestesgesteldheid van de mensen), Montreal (niemand die zich laat opnaaien) en Bonaire (geen last van fluorescerende toeristen).

Wie hoopt u nooit meer terug te zien? Ik ben niet haatdragend meer. Ik maak weleens een brief open en dan staat er in bloed geschreven: vieze, vuile kankerhomo, ze moeten je familie vergassen. Tja. Ook Sylvain Ephimenco, die een buitengewoon gemeen en smerig stuk over mij heeft geschreven, vergeef ik.

Hoe is ongeluk te vermijden? Niet. Misschien door zaken van je af te schudden. Mijn zoon sloeg onlangs in een belangrijke wedstrijd een homerun. Staat de volgende dag een kop in de krant: 'Zoon van Mart Smeets slaat homerun'. Vreselijk. Ik hoor zulke dingen snel naast me neer te leggen, maar tegen deze ontzettende domheid ben ik niet bestand.

Wat is uw devies? Van hard werken is nog nooit iemand doodgegaan.

Herman Brusselmans

'Iedereen is uniek, behalve ik'

10 oktober 2003

Wat is uw huidige gemoedstoestand? Rustig. Onder het motto: dood moeten we toch en dat kan beter maar zo lang mogelijk worden uitgesteld.

Wie zijn uw helden? Gerard Reve, John Lennon, John Bonham. En ik zou daar graag mijn oom Oscar aan willen toevoegen. Hij was in mijn jeugd altijd de blitse jongen die in grote Amerikaanse auto's reed, steeds mooie meiden had en niet wilde deugen. Hij is een mythisch figuur voor mij. Helaas heeft hij zich verhangen toen hij 46 was.

Aan wie ergert u zich? Aan trage mensen. Aarzelen, treuzelen en lange afscheiden maken me gek.

Lijkt u op uw moeder? Ja. Net als zij ben ik een tobberig type.

Wat zijn uw dagdromen? Die hebben meestal te maken met meisjes. Ik ben al twaalf jaar ongelooflijk gelukkig met mijn vrouw, maar nu en dan durf ik toch te dagdromen over dit of dat meisje dat in mij de prins op het witte paard ziet.

Wat is uw grootste angst? Dat er iets gebeurt met mijn vrouw, met mijn epileptische hondje Woody of met mijzelf. In die volgorde.

Bidt u weleens? Ja, tot mijn moeder. Ik heb het godsbeeld vervangen door het beeld van mijn moeder. Die oude man met die baard heeft niemand ooit gezien, dus je kunt hem beter vervangen door een beeld dat je wel kent.

Heeft u ooit een mystieke ervaring gehad? Ja. Op een ochtend werd ik om halftwaalf wakker omdat de luiken voor mijn ramen enorm aan het klepperen waren, terwijl er werkelijk geen zuchtje wind stond. Heel merkwaardig. Later die dag kwam het bericht dat mijn moeder precies op dat tijdstip was gestorven. Ik heb het altijd zo geïnterpreteerd: ze kwam nog afscheid nemen.

Bent u aantrekkelijk? Ik vind van niet, maar mijn vrouw vindt dus absoluut van wel.

Wat is uw definitie van geluk? Dat niets je rust kan verstoren.

Waar schaamt u zich voor? Nergens voor. Je schaamt je over iets waar je spijt van hebt. Ik denk zodanig over de dingen na dat ik nooit ergens spijt van kan hebben.

Bent u monogaam? Ja. Ik hou van alle vrouwen, maar ik ben monogaam.

Wanneer heeft u voor het laatst gehuild? De avond nadat mijn moeder was gestorven. Dat is al meer dan twaalf jaar geleden en sindsdien heb ik niet meer gehuild. *Tough guys don't cry*.

Hoe moedig bent u? Als je moedig bent wanneer je 's nachts op een kerkhof durft rond te lopen zonder het in je broek te doen, ben ik niet overdreven moedig. Ik heb ook schrik voor alles: van vliegtuigen en boten tot treinen en auto's.

Van wie heeft u het meest geleerd? Ik heb het eigenlijk allemaal mezelf een beetje geleerd.

Wat is uw grootste ondeugd? Toen ik nog dronk, was het verbale agressie. De hele nacht fantastisch zitten doen in het café, en dan bij thuiskomst mijn vrouw uitschelden. Tegenwoordig is mijn grootste ondeugd totale desinteresse.

Wanneer was u het gelukkigst? Nu. En toch heb ik ook weer momenten dat ik het allemaal vervloek.

Welke eigenschap waardeert u in een man? Mannelijkheid.

Welke eigenschap waardeert u in een vrouw? Vrouwelijkheid. De verschillen tussen mannen en vrouwen vind ik het spannendste wat er bestaat.

Als u iets aan uzelf kon veranderen, wat zou dat dan zijn? Ik zou graag meer talen spreken. Taal is voor mij alles. Wat is er mooier dan de conversatie tussen mensen?

Hoe ontspant u zich? Door op zondag met vrienden naar een totaal fout televisieprogramma te kijken en stoverij met frieten te eten van het frietkraam.

Wie is uw grootste liefde? Mijn huidige vrouw, Tanja!

Van wie houdt u het meest? Van Tanja, maar mijn hondje staat ook in de top vijf.

Wat beschouwt u als uw grootste mislukking? Ik stond ooit op het punt profvoetballer te worden. Dat is mislukt omdat ik een te grote bek had. Maar om nou te zeggen dat dat mijn grootste mislukking is. Je kunt nu eenmaal niet alles krijgen.

Welk leed heeft u anderen berokkend? Ik negeer mensen wanneer mij iets niet bevalt. Niet spreken met iemand is voor mij de hoogste vorm van straffen.

Waaraan bent u het meest gehecht? Aan mijn snelle, brute Buell. Als het in de winter te koud is om te rijden, ga ik zo nu en dan naar mijn garage en dan staar ik een halfuur naar die motorfiets.

Wat is de beste plek om te wonen? Gent. Het stadsleven bruist en geeft energie. Maar je hebt er ook de kalmte van de nacht.

Wie hoopt u nooit meer terug te zien? Ik zou niemand kunnen noemen. Wie achterblijft, is *history*.

Hoe is ongeluk te vermijden? Door thuis te blijven.

Wat is uw devies? Iedereen is uniek, behalve ik.

Loes Luca

'Ik kwets mensen met mijn grote mond'

7 november 2003

Wat is uw huidige gemoedstoestand? Manisch creatief.

Wie zijn uw helden? Anna Magnani, Cathy Berberian, Maria Callas en verzetsvrouw Truus Menger. Zij was echt een stoere stronk. En mijn oma mag er ook wel bij. Die was van de FBI. Kon je niet tegen jokken of mooi weer tegen spelen. Dat had ze met die kleine bruine kijkertjes meteen in de gaten. Ja, wij hebben een sterke damestak in de familie.

Aan wie ergert u zich? Aan mijn moeder.

Lijkt u op uw moeder? Ja. Ik ben ook zo'n bemoeial. En ook een tutje.

Wat zijn uw dagdromen? Dat ik de hele dag bloemen kan plukken in slow motion.

Wat is uw grootste angst? Ziek worden en rottig sterven.

Bidt u weleens? Ik mocht van mijn vader niet geloven want wij waren thuis rood. Dat ben je nou eenmaal als je uit Rotterdam komt. Maar als kind vond ik het geloof erg interessant en bidden mooi en devoot. Dus bad ik stiekem op mijn kamertje, met een kam en een borstel naast me, zodat ik gewoon mijn haar aan het kammen was als mijn ouders onverwacht binnenkwamen.

Bent u aantrekkelijk? Soms, als ik er mijn best op doe.

Wat is uw definitie van geluk? Prettige ruis om me heen van man, kinderen en vrienden.

Waar schaamt u zich voor? Laatst hadden Arjan en ik een try-out in IJsselstein. We hadden zoveel aan het stuk veranderd, dat het allemaal veel te ingewikkeld was geworden en alles misging. We raakten volkomen in paniek, zagen de wanhoop in elkaars ogen en ik dacht: hoef ik hier alsjeblieft niet te zijn?

Bent u monogaam? De laatste tijd regelmatig.

Wanneer heeft u voor het laatst gehuild? Toen mijn huis afbrandde. We hadden een imperium. De renovatie was net klaar. Het was echt heel sneu hoe alles er na de brand beroet bij hing. Diepe ellende.

Hoe moedig bent u? Dat zal de Derde Wereldoorlog moeten uitwijzen.

Van wie heeft u het meest geleerd? Leren doe ik elke dag nog van alle mensen om me heen. Ik heb me omringd met mensen van wie ik dingen opsteek. Om maar niet te versuffen.

Wat is uw grootste ondeugd? Ik ben te bemoeizuchtig. Maar dat verzorgende is ook mijn kracht. Misschien is alles wat je kracht is tegelijkertijd je makke.

Welke eigenschap waardeert u in een man? Z'n vrouwelijkheid.

Welke eigenschap waardeert u in een vrouw? D'r mannelijkheid.

Als u iets aan uzelf kon veranderen, wat zou dat dan zijn? Ik ben helemaal niet van de botox. Ik heb een raar gebit en maraboehaar: bij het minste zuchtje wind waaien mijn lokken op en ze vallen niet meer naar beneden. Dat is jammer, maar ik wil het niet meer veranderen.

Hoe ontspant u zich? Ik rook een jointje en drink een wijntje.

Wie is uw grootste liefde? Mijn vriend. En daarvoor mijn vorige vriend, en daarvoor de vriend daarvoor.

Van wie houdt u het meest? Van mijn dochter Nina.

Wat beschouwt u als uw grootste mislukking? Mijn rol van prins Leonce in de Orkater-productie *Leonce en Lena*. Kees Prins speelde een nicht en dat was leuk, Annet Malherbe was de prinses en dat was ook leuk, maar ik kon mijn draai niet vinden. Als ik opkwam, lachte niemand. Niks an.

Welk leed heeft u anderen berokkend? Ik ben nogal direct en kwets mensen met mijn grote mond. Ik vraag gerust hoe het nu is om homo te zijn aan iemand die het zelf nog helemaal niet weet.

Gelooft u in God? Soms stiekem. Het is wel een beetje jammer dat het geloof aan mij voorbij is gegaan, want ik vind al dat drama en theater eromheen zo prachtig.

Waaraan bent u het meest gehecht? Aan mijn hond Coco en mijn poes Pipi.

Wat is de beste plek om te wonen? Rotterdam. Het is hier allemaal niet zo hip als in Amsterdam.

Wie hoopt u nooit meer terug te zien? Die nare Kralingse doos van wie we na de brand een gemeubileerde woning hebben gehuurd en die de borg niet heeft terugbetaald omdat we een greep zouden hebben gedaan in de bestekbak en het huis vies zouden hebben achtergelaten. Nou, ik weet echt wel wat poetsen is en natuurlijk heb ik geen soeplepel van dat pokkenwijf meegenomen.

Hoe is ongeluk te vermijden? Niet. Ik ben een mens met brandmelders, maar toen mijn huis in de fik vloog, was ik er niet.

Wat is uw devies? Goed voor anderen zorgen.

Ayaan Hirsi Ali

'Ik heb mijn ouders erg veel pijn gedaan'

20 februari 2004

Wat is uw huidige gemoedstoestand? Vurig en vastberaden.

Wie zijn uw helden? Tony Blair en Frits Bolkestein; beiden hebben lef, zijn vastberaden en benaderen de politiek op intellectuele wijze. Blair is een echte staatsman; hij anticipeert – in Irak misschien niet helemaal adequaat – maar ik geef de voorkeur aan zijn werkwijze boven die van mensen als Schröder en Chirac, die alles op hun beloop laten.

Aan wie ergert u zich? Aan politici die maar niet kunnen zeggen: ik heb me in het verleden vergist. Het is de grootst mogelijke lafheid.

Lijkt u op uw vader? Ja: zijn naïviteit, bevlogenheid en idealisme. Bovendien hebben we dezelfde levensfilosofie: iedereen is te vertrouwen tot het tegendeel is bewezen.

Wat zijn uw dagdromen? Dat de Nieuwe Verlichting toeslaat.

Wat is uw grootste angst? Dat ik mijn vader niet meer zie of spreek voordat hij overlijdt, of ik. Inmiddels is er wel weer contact, maar het blijft moeizaam.

Bidt u weleens? Nee, ik ben atheïst. Als kind bad ik, maar het sloeg niet aan. Kinderen werd geleerd hoe zij zich op een bidmat moesten gedragen: nederig, zich bij elk gebed het aangezicht van Allah inbeeldend. Ik deed heel erg mijn best, maar ik zag alleen de vlechtjes van de gebedsmat en wat pluisjes over de grond waaien.

Heeft u ooit een mystieke ervaring gehad? In 1990 ben ik met andere vluchtelingen de grens tussen Somalië en Kenia overgestoken. Een totaal verhongerde vrouw baarde tijdens de tocht een kind. Het jongetje kreeg geen naam – hij zou toch doodgaan. Ik heb hem met gevaar voor eigen leven naar een ziekenhuis gebracht, waar hij zout en water kreeg. Abbas is nu elf; ik heb voortdurend een lijntje met hem, dat vind ik mystiek.

Wat is uw definitie van geluk? Zonlicht op mijn huid.

Waar schaamt u zich voor? Ik kom uit een eer- en schaamtecultuur. Ik heb mezelf actief aangeleerd me niet meer te schamen. Alleen misschien nog voor structureel te laat komen. Ik kom uit een land waar geen klok is, maar wel een zon.

Bent u monogaam? Ja, maar als ik andere mannen aantrekkelijk vind, zeg ik dat tegen mijn vriend. Ik ga nooit iets achter iemands rug doen.

Wanneer heeft u voor het laatst gehuild? Dit vind ik nou intiem. Hier heeft het publiek niets mee te maken. Dat is van mij, voor mij.

Van wie houdt u het meest? Van Haweya, mijn overleden zusje, en van mijn vader.

Hoe moedig bent u? Ik ben niet bang. Een Somaliër wordt met moed opgevoed. Lafheid wordt zwaar bestraft. Het heeft ook een keerzijde: ik verstop mijn emoties, ben niet in staat mijn angsten en onzekerheden te delen. Mensen met wie ik intiem ben, zeggen ook altijd: ik kan jou nog steeds niet peilen.

Van wie heeft u het meest geleerd? Van Charles Dickens. Hij was mijn kindervriend. Daar waar ik begin jaren tachtig woonde, was er helemaal niets: geen televisie, geen radio; ik mocht niet buiten spelen en in ons huis lagen alleen oude stapels boeken zonder kaft. Dickens' boeken, vooral *Oliver Twist*, heb ik verslonden.

Wat is uw grootste ondeugd? Ik kan slecht met geld omgaan; ik heb er gewoon geen inzicht in en voel zelfs een bepaalde weerstand om het te leren.

Wanneer was u het gelukkigst? Toen ik na vier weken in Nederland hoorde dat ik voor onbepaalde tijd mocht blijven.

Welke eigenschap waardeert u in een man? Dezelfde als die in een vrouw: inzicht hebben in zichzelf. En mannen zijn vaak solidair met elkaar. Ik wens dat vrouwen dat ook zouden zijn.

Als u iets aan uzelf kon veranderen, wat zou dat dan zijn? Ik zou mijn angsten en onzekerheden meer willen delen met vrienden.

Hoe ontspant u zich? Dansen. Deur dicht, muziek aan en bewegen op de trommels tot ik erbij neerval.

Gelooft u in God? Nee, Bertrand Russell zei: 'When I die, I shall rot.' En zo is het. Als je doodgaat, is het echt afgelopen. Alleen: door te aanvaarden dat het leven zinloos is, wordt het juist zinvol. Je schept op aarde warmte en vriendschap.

Welk leed heeft u anderen berokkend? Ik heb mijn ouders erg veel pijn gedaan. Mijn vader stond voor een onmogelijk dilemma: zijn geloof of zijn liefde voor mij. En de woorden die mijn moeder ooit tegen mij sprak, zal ik nooit vergeten: 'Hoe kan ik leven met de kennis dat mijn dochter eeuwig zal branden in de hel.'

Waaraan bent u het meest gehecht? Aan het leven. Ik hecht niet aan voorwerpen. Ik ben in mijn bestaan zó vaak verhuisd; elke keer weer moest ik alles achterlaten, en daardoor heb ik automatisch geleerd dat ik me niet meer hecht aan spullen. De keerzijde: ik ben een verspiller.

Wat is de beste plek om te wonen? Als je in staat bent om met jezelf te leven is elke plek goed. Ik ken mensen die zeiden: als ik ooit wegga, als ik ooit in Nederland ben, als ik ooit een verblijfsvergunning krijg, als ik ooit... dan zal het allemaal goed komen. Ze zijn nog steeds ongelukkig.

Wie hoopt u nooit meer terug te zien? Zo zit ik niet in elkaar. Nelson Mandela heeft de mooiste menselijke eigenschap die er bestaat: gebrek aan rancune. Ik ben al aardig op weg.

Hoe is ongeluk te vermijden? Door geluk te beleven. De keerzijde van het (Nederlandse) geregelde en gestructureerde leven, is dat geluk soms wegglijdt.

Wat is uw devies? Het komt goed.

Theo van Gogh

'In mijn volgende leven hoop ik een zwangere vrouw te zijn'

4 juni 2004

Wat is uw huidige gemoedstoestand? Bedolven onder voorspoed.

Wie zijn uw helden? Ik ken er maar één: Ebru Umar, de correspondente Allochtonië van mijn site. Ebru laat zich niet intimideren en niet misbruiken als troetelallochtoon 'De ideale medelander'.

Aan wie ergert u zich? Aan politici die beweren dat ze 'de boel bij elkaar' willen houden terwijl ze met de pet in de hand belet vragen bij religieuze fascisten.

Lijkt u op uw moeder? Uiterlijk niet – zij is mager – maar wel innerlijk. Mijn moeder werd en wordt gedreven door een groot gebrek aan respect voor boven-ons-gestelden.

Wat zijn uw dagdromen? M'n hele leven mogen doorbrengen op filmsets.

Wat is uw grootste angst? Dat ik me verveel.

Bidt u weleens? Als predikant van de nihilistische gemeente kom ik daar zelden aan toe.

Heeft u ooit een mystieke ervaring gehad? Ik heb 'ns na twintig jaar een ex gebeld, om te vragen hoe het ermee was. Vijf dagen later was ze dood; hersentumor. Haar zus vertelde me dat ze heel blij was iets van me te horen, alsof ze haar leven nu kon afronden. Is dat mystiek?

Bent u aantrekkelijk? Ik ben de lelijkste man die ik ken, maar in contacten met het zwakke geslacht heeft dat me nooit weerhouden.

Wat is uw definitie van geluk? Op de set een dwerg hebben rondlopen met een asbak op haar hoofd, bevestigd met een feestlint onder haar kin, een wandelende asbak als het ware. Af en toe pijpt zij mij op magistrale wijze.

Waar schaamt u zich voor? Dat ik vaak m'n mond hou uit luiheid en opportunisme.

Bent u monogaam? Ik ben al jaren alleen. Maar toen ik nog samenwoonde – ik heb drie keer samengewoond – beleed ik mijn trouw met de tong en hanteerde ik mijn tong elders om van die leugen te bekomen.

Wanneer heeft u voor het laatst gehuild? 23 november 1991, toen ik buitengewoon stoned naar *The Secret of Nimh* zat te kijken, een tekenfilm over een muisje dat te kampen heeft met longontsteking. Tranen met tuiten.

Lijkt u op uw vrienden? Ik hoop 't niet voor ze.

Hoe moedig bent u? In het geheel niet. Dat komt ook doordat ik van nature van het harmoniemodel ben. Ik haat ruzie.

Van wie heeft u het meest geleerd? Van Gied Jaspars, die mij leerde dat zelfs in Sonja Barend een hersencel en iets aardigs te vinden is. Mij was dat niet opgevallen.

Wat is uw grootste ondeugd? Gek op katers, dol op coke. Daarom ben ik geheelonthouder; uit zelfbehoud.

Wie is uw grootste liefde? Dat hangt ervan af met wie ik in bed lig.

Van wie houdt u het meest? Van mijn zoon, Lieuwe.

Wanneer was u het gelukkigst? Toen Lieuwe geboren werd.

Welke eigenschap waardeert u in een man? Moed.

Welke eigenschap waardeert u in een vrouw? Een lach die sexy is terwijl ze huilt als ze klaarkomt.

Als u iets in uzelf veranderen kon, wat zou dat dan zijn? In mijn volgende leven hoop ik een zwangere vrouw te zijn.

Hoe ontspant u zich? Luisteren naar Hans Teeuwen.

Waaraan bent u het meest gehecht? Aan motregen.

Wat beschouwt u als uw grootste mislukking? Dat ik maar films over de liefde blijf maken, terwijl het toch veel verstandiger is om *Goede Tijden, Slechte Tijden* te draaien.

Gelooft u in God? Wie?

Welk leed heeft u anderen berokkend? Ik heb me twee maanden voordat de klus geklaard was in een stukje afgevraagd waarom Fortuyn nog niet was neergeschoten, gezien de hetze die tegen hem gevoerd werd door grote denkers als Thom de Graaf. Dat is me toen, maar ook nadat de heren champagne dronken op de goede afloop, hoogst kwalijk genomen.

Wat is de beste plek om te wonen? New York City, USA.

Wie hoopt u nooit meer te zien? Matthijs van Nieuwkerk.

Hoe is ongeluk te vermijden? Niet.

Wat is uw devies? Dan citeer ik graag de oude heer Heere Heeresma: 'Men kan wel over mij lopen, maar niet hele marsen.'

Johannes van Dam

'Ik wil altijd laten zien dat ik gelijk heb, met het idee dat mensen er iets aan hebben'

16 juli 2004

Wat is uw huidige gemoedstoestand? Uitgeput en onrustig. Gelukkig komt mijn tweede vakantie in dertig jaar eraan, kan ik eindelijk eens mijn colberts naar de stomerij brengen.

Wie zijn uw helden? Alan Davidson, de winnaar van de Erasmusprijs 2003. Erudiet, zachtmoedig, boeddhist, diplomatiek en van grote betekenis voor de gastronomie. Een maand na het ontvangen van de Erasmusprijs overleed hij.

Aan wie ergert u zich? Aan domme mensen. Die zijn erger dan slechte mensen. Slechte mensen zijn berekenbaar, bij domme mensen is dat niet het geval en zij richten daarom veel grotere puinhopen aan.

Lijkt u op uw moeder? Ik hoop van niet, want het is een nogal domme vrouw. Ik lijk wel op mijn vader – qua uiterlijk, gewicht en opvliegendheid.

Wat is uw grootste angst? Dat er iets met mijn katten gebeurt. Het zijn mijn huisgenoten, mijn depressie-verdrijvers.

Wat zijn uw dagdromen? Met het geld dat ik verdien, koop ik boeken. Ik zou graag een groot huis willen hebben waarin ik mijn 50.000 boeken over gastronomie in een bibliotheek kan onderbrengen.

Heeft u ooit een mystieke ervaring gehad? Als ik eerdere antwoorden op deze vraag lees, dan heeft men geen idee wat mystiek is. Een mystieke ervaring is een vorm van woordeloze communicatie. Tijdens een soort meditatie heb ik een keer meegemaakt dat de woorden stopten en de communicatie werd vervangen door beelden, waarna zelfs die verdwenen: er verscheen een fel licht en ik kwam los van de aarde.

Bent u aantrekkelijk? Ik ben een oude, kale, vette kerel. Maar gelukkig zijn er *chubby chasers* die graag een zo dik mogelijke kerel aan de haak willen slaan. Zo past op ieder doosje een dekseltje.

Wat is uw definitie van geluk? Ik geloof dat Paul Bowles zei dat iemand die in deze tijd gelukkig is, een idioot, een misdadiger of een heilige is. Ik denk dat hij gelijk had. Geluk is heel vervelend en dodelijk saai; er zit geen enkele creativiteit in.

Waar schaamt u zich voor? Ik heb heel mijn leven geweigerd dingen te doen waarvoor ik me zou moeten schamen.

Bent u monogaam? Ik ben celibatair, dus dit is een domme vraag, want aan een pastoor stel je die vraag ook niet. Seks doe ik op mijn manier, daar schaad ik niemand mee; ik heb video's en dvd's in huis.

Wanneer heeft u voor het laatst gehuild? Ik ben vrij sentimenteel. Als ik dierenleed zie, schiet ik vol. Echt huilen heb ik voor het laatst gedaan toen mijn kat overleed.

Hoe moedig bent u? Ik ben niet bang. Bij een auto-ongeluk is mijn vader verdronken. De auto kwam onder het ijs. Ik was zestien, zat naast hem, heb een raampje ingetrapt en heb het leven van mijn zusje en van mijzelf gered. Dat verlaat je niet meer; maar of het moedig is, weet ik niet, want op zo'n moment ben je uitsluitend aan het handelen.

Van wie houdt u het meest? Mijn twee katten. Natuurlijk houd ik van mensen, maar er is geen *significant other*.

Wat is uw grootste ondeugd? Mijn pedanterie: ik wil altijd laten zien dat ik gelijk heb, met het idee dat mensen er iets aan hebben. Ik ben niet arrogant, want ik accepteer het wel als iemand het echt beter weet.

Wanneer was u het gelukkigst? Halverwege de jaren zeventig, toen ik een paar jaar alleen in de Pyreneeën heb gewoond.

Welke eigenschap waardeert u in een man? Dezelfde als in een vrouw: intelligentie en waarachtigheid.

Als u iets aan uzelf zou kunnen veranderen, wat zou dat dan zijn? Medische onvolmaaktheden: mijn gebroken middenrif, suikerziekte, bloeddruk. Van mijn depressies heb ik niet zoveel last meer. Ik heb medicijnen en psychologie gestudeerd en heb mezelf genezen. Ik ben na korte tijd gestopt met Prozac, hoewel het wel exalterend werkte. Ik heb het Emma Brunt geadviseerd, en die is er depressiekoningin van Nederland mee geworden. Dat is nu iets waarvoor ik me schaam.

Hoe ontspant u zich? Voor een mooie, platte breedbeeldtelevisie naar *The Lord of the Rings* kijken: geluid uit en de landschappen langs zien komen.

Wat is uw grootste mislukking? Dat ik ooit een vertaling van een boek van Paul Bowles door depressies niet heb kunnen afmaken. Vertalen is een deprimerende bezigheid.

Gelooft u in God? Nee, er is geen God. Godzijdank. En er is geen hiernamaals. Godzijdank.

Welk leed heeft u anderen berokkend? Ik heb waarschijnlijk sommige restaurateurs op hun ziel getrapt, maar dat was onvermijdelijk. Het is mijn taak om in de Nederlandse gastronomie onkruid te wieden, en als ik het onkruid weghaal, is dat goed voor de rest van de tuin.

Waaraan bent u het meest gehecht? Mijn zakmes. Daar kan ik niet zonder. Je verbazing verbaast me. Nog niet eens zo lang geleden was het heel normaal dat iedereen een mes bij zich had – vaders gaven hun zoon bij het volwassen worden een zakmes.

Wie hoopt u nooit meer terug te zien? Mijn vorige huisarts. Hij miscalculeerde de ernst van mijn suikerziekte, verhinderde dat ik naar een internist zou gaan, verzon dat het bij mij tussen de oren zat en ging daar bovendien verhalen over vertellen aan derden. Schandelijk. Ik heb overwogen hem voor de tuchtraad te slepen.

Hoe is ongeluk te vermijden? Eerst links kijken, dan rechts en dan weer links.

Wat is uw devies? Een schadelijke waarheid is beter dan een nuttige leugen.

Arnon Grunberg

'Mijn bestaan berokkent anderen leed'

6 augustus 2004

Wat is uw huidige gemoedstoestand? Ik geef niet op.

Wie zijn uw helden? Oorlogshelden, bedoelt u? Ik ben niet zo van de blinde verering van de medemens. Wat ook niet betekent dat ik ze allemaal over een kam scheer.

Aan wie ergert u zich? Ergernis komt voort uit verwachtingen die niet blijken te stroken met de realiteit. Ergernis is een zwakte. Ik kan mij ergeren aan zwakte, maar alleen bij mensen die ik mijn huis heb binnengelaten.

Lijkt u op uw moeder? Mijn moeder heeft een gezonde levenslust die ook mij niet vreemd is. Overigens ben ik een voorstander van de ontmythologisering van de identiteit.

Wat zijn uw dagdromen? Een dagdroom heeft een aangename connotatie. Ik heb weleens een dagdroom over een zwembad. De verdrinkingsdood is nooit ver weg in die dagdroom.

Wat is uw grootste angst? Dat ik een deadline mis. En dat ik mijn e-mail niet kan lezen.

Bidt u weleens? Ik doe niet anders. Hoewel wij ongetwijfeld eindeloos kunnen praten over de exacte definitie van bidden.

Heeft u ooit een mystieke ervaring gehad? Al die momenten dat ik meende reeds dood te zijn, kunnen mystieke ervaringen worden genoemd.

Bent u aantrekkelijk? Voor wie? Voor mijzelf? Er zijn avonden dat ik denk: er zit vooruitgang in. Verder heeft aantrekkelijkheid natuurlijk niet alleen met uiterlijk te maken maar ook met belichting en nagellak. Charmant ben ik wel, vooral tegenover hen die ik uit het diepst van mijn hart veracht. Nodeloos te zeggen dat ik ook mijzelf uit het diepst van mijn hart veracht.

Wat is uw definitie van geluk? Als je de ander, laten we hem de tegenstander noemen, hebt overtuigd dat de pijn die je hem (of haar) zult bezorgen in zijn voordeel is; dat die pijn hem een beter, mooier en gelukkiger mens zal maken.

Waar schaamt u zich voor? Voor mijzelf.

Bent u monogaam? Als ik het niet zou zijn, zou het u niets aangaan. Maar ik ben het. Ik ben te vertrouwen.

Wanneer heeft u voor het laatst gehuild? In de maand juli.

Lijkt u op uw vrienden? Ik heb niet veel vrienden, en ik ben blij dat ik niet op ze lijk. Dan zou ik me ook voor hen moeten schamen.

Hoe moedig bent u? Mijn lafheid is groot.

Van wie heeft u het meest geleerd? Eva Mehl.

Wat is uw grootste ondeugd? Mijn eerlijkheid.

Wanneer was u het gelukkigst? In Villa Luppis, de zomer van 2001.

Welke eigenschap waardeert u in een man? Dezelfde eigenschappen die ik in een vrouw waardeer.

Welke eigenschap waardeert u in een vrouw? Idem.

Als u iets aan uzelf kon veranderen, wat zou dat dan zijn? Ik zou ervoor zorgen dat mijn *Wille zur Macht* driftiger was.

Hoe ontspant u zich? Werken is zeer ontspannend. Maar ik heb niets tegen slapen.

Wie is uw grootste liefde? Wilt u namen? Daar begin ik niet aan.

Van wie houdt u het meest? Ik houd veel van mijn petekind, maar de goede man is zes weken oud, dus dat is makkelijk. Hij stribbelt niet tegen als ik zijn voeten in mijn mond neem. Dat kun je van mijn volwassen petekinderen niet altijd zeggen.

Wat beschouwt u als uw grootste mislukking? Die moet nog komen. Ik zal u ervoor uitnodigen. Maar geeft u me nog een paar jaar tijd. Mijn grootste mislukking vergt enige voorbereiding.

Gelooft u in God? God heeft mijn geloof niet nodig.

Welk leed heeft u anderen berokkend? Mijn bestaan berokkent anderen leed. Hoeveel mensen precies, kan ik u niet zeggen. Ik reken erop dat het velen zijn.

Waaraan bent u het meest gehecht? Aan dingen, of aan mensen? Ik ben gehecht aan mijn laptop, maar die is vervangbaar. Ik ben gehecht aan sommige van mijn lichaamsdelen. Het idee een hand te moeten verliezen lijkt me onaangenaam. Of mijn neus. Aan mensen ben ik zeer gehecht. Ik houd er niet van als ze verdwijnen. Dat stemt me weemoedig. Maar het woordje 'waaraan' suggereert dat u het over dingen had, of plekken. Een dode plant is ook onaangenaam.

Wat is de beste plek om te wonen? Een fatsoenlijk hotel is altijd een goede plek om te wonen.

Wie hoopt u nooit meer terug te zien? Ik hoop iedereen terug te zien. Op de meeste mensen hoef je geen wraak te nemen. Dat doen ze zelf. Je moet ze alleen nog een keer terugzien.

Hoe is ongeluk te vermijden? Te vermijden is het niet. Maar een onderzoekende geest kan veel onnodige ellende voorkomen. Veel hangt af van definities, om het ellendige woord concepten te vermijden.

Wat is uw devies? Het ergste moet nog komen. Vrij naar Schopenhauer.

Renate Dorrestein

'Hans Dorrestijn heeft eens geschreven dat ik een omelettenkop heb'

5 november 2004

Wat is uw huidige gemoedstoestand? Ongelukkig. Als ik een boek af heb, is het een kale boel in mijn hoofd.

Wie zijn uw helden? De engelen die in verzorgingstehuizen demente bejaarden uit hun poep trekken zonder daarvoor behoorlijk betaald te worden.

Aan wie ergert u zich? Aan de fundamentalistische idioten die vinden dat hun vrouwen in tenten moeten lopen en hun dochters besneden moeten worden. Maar meer nog aan de onnozele halzen die roepen dat we andermans cultuur en religie moeten respecteren.

Lijkt u op uw vader? Mijn vader kon, als hij ervoor ging zitten, geweldig leuteren. Ik vermoed dat ik de gave van het woord van hem heb.

Wat zijn uw dagdromen? Scrabbelen met Maarten, en samen een score behalen van 965 punten. Laatst is dat gelukt. Jullie krijgen binnenkort ingezonden brieven dat zo'n score helemaal niet kan, maar wij zijn nu eenmaal bovenmenselijke scrabbelaars.

Wat is uw grootste angst? Mijn verstand verliezen. Want daar heb je toch in aardig wat situaties veel plezier van.

Bidt u weleens? Ja. Ik ben zo'n obsessieve dankzegger. Het kan nooit kwaad even te slijmen bij het opperwezen.

Heeft u ooit een mystieke ervaring gehad? Wekelijks. Het gebeurt zó vaak dat ik iets opschrijf en denk: dit is zó mooi, dit kan niet van mij zijn. Ergens in de kosmos hing dit verhaal als een ongeboren kinderziel te wachten totdat ik het zou vertellen.

Bent u aantrekkelijk? Hans Dorrestijn heeft eens geschreven dat ik een omelettenkop heb. Als je als vrouw in de openbaarheid treedt, helpt het erg als je meer dan gemiddeld aantrekkelijk bent. Ik moet dat met andere middelen compenseren.

Wat is uw definitie van geluk? Een gezonde bast.

Waar schaamt u zich voor? Mijn fenomenale vermogen tot het koesteren van wrok.

Bent u monogaam? Als je eenmaal de 49 voorbij bent, word je vanzelf monogaam.

Wanneer heeft u voor het laatst gehuild? Ik huil elke zondagmiddag als ik bij mijn moeder vandaan kom. Mijn moeder heeft een herseninfarct gehad en dat vormde het einde van haar zelfstandige leven.

Hoe moedig bent u? Ik durf in het openbaar flink van me af te spreken, maar onder dierbaren ben ik een muis.

Van wie heeft u het meest geleerd? Van Kurt Vonnegut. Hij leerde mij dat je op een heel lichtvoetige manier over loodzware onderwerpen kunt schrijven. Dat je als schrijver hilarisch, baldadig en hardhandig kunt zijn zonder respectloos te worden.

Wat is uw grootste ondeugd? Zware Brandaris en jonge jenever.

Wanneer was u het gelukkigst? Bij het verschijnen van mijn eerste boek. Niets overtreft de vreugde van het voor het eerst gepubliceerd worden. De eerste worp is de meest grandioze.

Welke eigenschap waardeert u in een man? Lekker kunnen zoenen?

Welke eigenschap waardeert u in een vrouw? Een beetje doorpakken.

Als u iets aan uzelf kon veranderen, wat zou dat dan zijn? Als kind wilde ik altijd lang haar. Tijdens mijn eerste communie zat ik achter Didi Braat met haar lange, glanzende vlecht. In plaats van vrome gevoelens te koesteren, viel ik ten prooi aan wilde jaloezie.

Hoe ontspant u zich? Dat doen we later nog weleens. Als schrijfster ben ik altijd in de ban van die heerlijke vraag: hoe zou het verder gaan? Daarom snel ik 's ochtends met rode wangen van opwinding naar mijn schrijftafel.

Wie is uw grootste liefde? Maarten.

Van wie houdt u het meest? Van de kinderen om mij heen.

Wat beschouwt u als uw grootste mislukking? De opheffing van het ME Fonds. Tien jaar lang hebben we ons zeven slagen in de rondte gebedeld en veel wetenschappelijk onderzoek van de grond getrokken. Door bureaucratische fouten zijn we 6,7 miljoen gulden misgelopen die de regering ter beschikking had gesteld. Toen was de structurele bodem uit het Fonds. Dertigduizend Nederlanders hebben ME, en geen journalist heeft op de opheffing van ons fonds gereageerd.

Gelooft u in God? Ja. Ik heb het voorrecht van een katholieke jeugd genoten. Ik vond het heerlijk bij de nonnen. Het besef dat ergens een macht met onvoorwaardelijke liefde naar je kijkt, is troostrijk. Jammer alleen dat hij nooit ingrijpt.

Welk leed heeft u anderen berokkend? Ik kom tot op de dag van vandaag mannen tegen die mij dingen voor de voeten werpen die ik twintig jaar geleden in *Opzij* heb geschreven en mij aankijken alsof ik hen persoonlijk impotent heb gemaakt. Heel bijzonder.

Waaraan bent u het meest gehecht? Aan m'n goede humeur. Als ik een dag chagrijnig ben, raak ik helemaal van slag.

Wie hoopt u nooit meer terug te zien? Joep de Graaf, mijn leraar Nederlands, die het manuscript heeft kwijt gemaakt van een boek dat ik op mijn zestiende had geschreven. Maar hij is gestraft, want als hij het had bewaard, had hij er nu stil van kunnen leven.

Hoe is ongeluk te vermijden? Je kunt beter kijken naar de wonderbaarlijke wijze waarop de meeste dingen goed gaan.

Wat is uw devies? Altijd voorwaarts.

Annejet van der Zijl

'Ik vind het enorm gênant mezelf in de media te zien'

31 december 2004

Wat is uw huidige gemoedstoestand? Opgelucht dat *Sonny Boy* goed de wereld is ingegaan, maar ook moe. Dit boek was een enorm waagstuk, iets wat ik zelf heel graag wilde doen, terwijl iedereen zei: 'Waar ben jij nou mee bezig?'

Wie zijn uw helden? Mensen die alleen durven te staan. In grote en kleine dingen.

Aan wie ergert u zich? Ik erger me aan alles wat neigt naar groepshysterie en aan de mensen die dat aanwakkeren.

Lijkt u op uw vader? Ja. Ik ben, net als hij, emotioneel en heb ook zijn neiging om te kijken of er een andere mening mogelijk is buiten de gevestigde.

Wat zijn uw dagdromen? Een heel dikke historische familieroman schrijven, misschien wel in vier delen.

Wat is uw grootste angst? Alleen dood te gaan. Niemand te hebben die mijn hand vasthoudt en zegt: 'Leuk dat je er was.'

Bidt u weleens? Ja. Steeds vaker naarmate ik ouder word. Misschien komt dat door mijn katholieke Zuid-Limburgse schoonfamilie.

Heeft u ooit een mystieke ervaring gehad? Ik voel soms aan of de sterren goed staan voor dingen die ik wil ondernemen. Dat heeft wel wat mystieks.

Bent u aantrekkelijk? Als ik iemand heel leuk vind, wel. Enthousiasme in de ogen maakt mensen aantrekkelijk.

Wat is uw definitie van geluk? Te zijn op de plek waar je hoort. Er is niets ergers dan het gevoel te hebben dat je in de verkeerde film zit.

Waar schaamt u zich voor? Ik vind het enorm gênant mezelf in de media te zien. Ik kijk of luister nooit naar interviews met mezelf, en foto's moffel ik weg. Na het uitkomen van mijn vorige boek durfde ik niet eens de boekwinkel in. Voor je het weet herkennen ze je.

Bent u monogaam? Ja. Omdat het het waard is. Als je vreemdgaat, kom je toch thuis met een andere blik in je ogen.

Wanneer heeft u voor het laatst gehuild? Echt hartverscheurend heb ik gehuild toen mijn vader een hartinfarct kreeg en we niet wisten of hij het zou redden. Hij heeft het gered, anders had ik nog harder gehuild: op zijn begrafenis.

Lijkt u op uw vrienden? Ik hoop van wel.

Hoe moedig bent u? Ik ben het type dat, als het water koud is, er meteen in springt. Maar in hotels check ik alle deuren en kasten – ik kijk nog net niet onder het bed.

Van wie heeft u het meest geleerd? Van mijn rijinstructeur en van mijn sportleraar. Zij leerden me dat je ook dingen kunt waarvoor je geen aanleg denkt te hebben, en dat overwinningen op je eigen angsten en luiheid de beste zijn. Ik ben beide mannen innig dankbaar.

Wat is uw grootste ondeugd? Tassen. Ik ben totaal verslingerd aan het kopen van tassen. Vooral tijdens de uitverkoop zou ik tegen mezelf in bescherming moeten worden genomen.

Wanneer was u het gelukkigst? Geluk overvalt je. Het zijn momenten dat alles klopt. Die heb ik vaker sinds mijn veertigste.

Welke eigenschap waardeert u in een man? Aan de buitenkant stevig en stoer, van binnen zacht en onbevangen.

Welke eigenschap waardeert u in een vrouw? Het tegenovergestelde.

Als u iets aan uzelf kon veranderen, wat zou dat dan zijn? Beter slapen. Er hoeft maar iets te zijn en ik lig wakker. En de wereld is nooit zo zwart als om vier uur 's nachts.

Wie is uw grootste liefde? Dat weet hij wel.

Van wie houdt u het meest? Van het kleine groepje mensen dat al heel lang bij me hoort.

Wat beschouwt u als uw grootste mislukking? Relaties die in welke zin dan ook niet meer goed kwamen. Ooit stond je achter elkaar, en dat is voorgoed over.

Gelooft u in God? Ik geloof in ieder geval in beschermengelen. En misschien is God wel de directeur van die firma.

Welk leed heeft u anderen berokkend? Ik heb weleens een huis, een baan en zelfs een man gekregen waarop anderen meenden meer rechten te kunnen doen gelden. Die waren dan niet blij met mijn bestaan.

Waaraan bent u het meest gehecht? Aan mijn nieuwe Fiat Panda. Een symbool van vrijheid en het feit dat ik na acht jaar eindelijk mijn rijangst heb overwonnen.

Wat is de beste plek om te wonen? Een zolder in de oude binnenstad van Amsterdam, gecombineerd met iets buiten, bij voorkeur aan zee.

Wie hoopt u nooit meer terug te zien? Op elke ruzie zit een houdbaarheidsdatum. En ik ben sowieso te lui voor eeuwigdurende vetes.

Hoe is ongeluk te vermijden? Niet, maar veel hangt af van hoe je dealt met de kaarten die je worden toebedeeld.

Wat is uw devies? *Nosce te ipsum*. Ken uzelve.

Linda de Mol

'Ik schaam me voor mijn rijkdom'

27 mei 2005

Wat is uw huidige gemoedstoestand? Onrustig. Ik heb graag de zaken op een rijtje, maar door alles wat er gebeurt rond de nieuwe zender van mijn broer (de zender Talpa van John de Mol – red.), weet ik nog niet wat ik in het nieuwe seizoen ga doen. Dan denk ik al gauw: het gaat niet lukken.

Wie zijn uw helden? Vrouwen die topposities bekleden zonder dat ze halve kerels worden. En daarvan zie je er steeds meer.

Aan wie ergert u zich? Aan mensen die eindeloos zeuren over dingen die ze zelf kunnen veranderen. En aan de grachtengordelmentaliteit: laatdunkend doen over alles wat commercieel is, maar toch graag een graantje meepikken.

Lijkt u op uw vader? Ja. Ik heb zijn steile haar, zijn drive en ongeduld.

Wat zijn uw dagdromen? Sinds ik met mijn gezin een wereldreis heb gemaakt, denk ik in drukke tijden aan een lege weg in Australië waar ik in een huurauto rijd zonder te weten waar ik naartoe ga.

Wat is uw grootste angst? Neerstorten met een vliegtuig. Ik heb veel rotvluchten gehad, drie keer een noodlanding meegemaakt, en de enige keer dat ik met een Concorde vloog, moesten we wegens technische mankementen halverwege terug.

Bidt u weleens? Ja, voor iedere vlucht. En elke avond als ik bij mijn slapende kinderen ga kijken, sla ik een kruisje.

Heeft u ooit een mystieke ervaring gehad? Ja. Drie jaar geleden is mijn nichtje, met wie ik heel close was, overleden. Met kerst zijn we met de hele familie naar Davos gegaan, waar ze altijd ging skiën. We gingen naar de nachtmis waar zij ook elk jaar heen ging. En toen zag ik haar haarscherp voor me.

Bent u aantrekkelijk? Ik voel me vooral aantrekkelijk als ik ergens succes mee heb of verliefd ben. Het heeft dus niets met uiterlijk te maken. Een paar jaar geleden heb ik de wallen onder mijn ogen laten verwijderen, maar daardoor voel ik me niet aantrekkelijker.

Wat is uw definitie van geluk? Een lange tafel met lekker eten en allemaal mensen van wie ik houd.

Waar schaamt u zich voor? Voor mijn rijkdom en voor het feit dat ik zo vaak mazzel heb.

Bent u monogaam? Nu wel. Ik ben het niet altijd geweest. Ik vind verliefd zijn erg leuk, dus dat was altijd verleidelijk.

Wanneer heeft u voor het laatst gehuild? Onlangs, toen mijn broer zijn vijftigste verjaardag vierde. Ik schiet makkelijk vol. Ik huil bij elk aanzoek in *Love Letters.*

Lijkt u op uw vrienden? Helemaal niet. En mijn vriendinnen lijken ook totaal niet op elkaar.

Hoe moedig bent u? Ik vind mezelf best moedig. Ik heb in Duitsland een show gepresenteerd terwijl ik maar beperkt Duits sprak. Ik ben een blad begonnen waar niemand in geloofde. En ik heb als niet-actrice een hoofdrol gespeeld in een film waar alleen topacteurs in rondliepen.

Van wie heeft u het meest geleerd? Op televisiegebied van mijn broer. Over bladen maken van Rozemarijn de Witte. Over acteren van Monique van de Ven. En qua opvoeden van mijn ouders. Ik doe als moeder exact dezelfde dingen waar ik vroeger als meisje zo'n pesthekel aan had.

Wat is uw grootste ondeugd? Eten. Mijn ijskast en voorraadkasten zien eruit alsof er elk moment een legioen soldaten kan binnenvallen.

Wanneer was u het gelukkigst? Op wereldreis met mijn gezin.

Welke eigenschap waardeert u in een man? Beschermingsdrang, ambitie en oprechtheid.

Welke eigenschap waardeert u in een vrouw? Zelfstandigheid en zelfspot.

Als u iets aan uzelf kon veranderen, wat zou dat dan zijn? Mijn doodvermoeiende drang naar perfectie. Ik kan nooit even snel een mailtje tikken zonder de spelling te checken, en als ik in het gras ga liggen denk ik: dat mag wel weer eens gemaaid.

Hoe ontspant u zich? Door te sporten. Ik haat het, maar het maakt mijn hoofd leeg. En in mijn huis in Portugal, dat de wonderbaarlijke eigenschap heeft dat ik me nergens meer druk over maak zodra ik de sleutel in het slot steek.

Wie is uw grootste liefde? Sander.

Van wie houdt u het meest? Van mijn kinderen.

Wat beschouwt u als uw grootste mislukking? Mijn huwelijk. Ik was gewoon te jong en zag niet dat we niet bij elkaar pasten. Maar ik heb geen vinger uitgestoken om het wel te laten werken.

Gelooft u in God? Jawel, maar niet in de man met de baard. Wel in de kracht van het goede en in een of ander leven na de dood.

Welk leed heeft u anderen berokkend? Voor mijn ex-man moet het niet zo leuk zijn geweest overal te lezen hoe snel ik gelukkig was met een ander.

Waaraan bent u het meest gehecht? Aan ons mooie, oude huis. Het onderhoud kost handenvol geld, maar ik vind het een voorrecht zoiets moois in stand te houden.

Wat is de beste plek om te wonen? Nederland. Er klopt heel veel niet, maar ook zoveel wel.

Hoe is ongeluk te vermijden? Zo min mogelijk stomme beslissingen nemen.

Wat is uw devies? De Nike-slogan. *Just do it!*

Wende Snijders

'Ik zou weleens een week lang van die heel grote borsten willen hebben. Echte. Om te kijken wat er dan gebeurt'

7 oktober 2005

Wat is uw huidige gemoedstoestand? Onrustig, omdat ik weer aan het touren ben. Onrust is overigens mijn basisgemoedstoestand. Ik werk eraan, maar geef me nog wat tijd.

Wie zijn uw helden? Ik ben meer van momenten dan van helden. Ik zie een documentaire over Valery Gergiev en denk: *fucking hell*! Maar daarmee is hij nog geen held voor mij.

Aan wie ergert u zich? Aan mensen die andermans dromen afpakken omdat ze te laf of te dom zijn om hun eigen dromen te verwezenlijken.

Lijkt u op uw vader? Nee. Mijn vader is kaal en heeft een baard. En hij is ook niet muzikaal.

Wat zijn uw dagdromen? Een groot atelier met een piano en de hele tijd in- en uitlopende muzikanten en schrijvers. En ook een kok die de hele dag lekkere dingen maakt.

Wat is uw grootste angst? Dat ik mijn stem verlies. Mijn stem is kwetsbaar, en ik heb er heel erg voor moeten kiezen om zangeres te worden, want ik moet er veel voor laten. Ik zou zo graag een soort Jacques Brel willen zijn en na een optreden tot vijf uur de kroeg in duiken. Maar ik kan het me echt niet permitteren.

Bidt u weleens? Als zingen onder bidden valt, dan wel.

Heeft u ooit een mystieke ervaring gehad? Nee, maar ik zou het wel heel graag willen. Ik was laatst in het Uffizi in Florence, en als je dan al die schilderijen ziet met die engelen die overal maar op bezoek komen! Het lijkt me heerlijk. Ik heb ze weleens gezegd: 'Ik sta er helemaal voor open, jongens.' Maar ze komen nooit.

Bent u aantrekkelijk? Ik heb zo mijn momenten. Maar ik kan er ook verschrikkelijk uitzien na veel drank, ruzies of door onzekerheid.

Wat is uw definitie van geluk? Die heb ik niet. Geluk overkomt me. Zodra ik daar een definitie van ga geven, is het kapot.

Waar schaamt u zich voor? Als ik dat ga vertellen, is het geen schaamte meer maar aandachttrekkerij. Zo van 'ik schaam me zo dat ik eczeem heb' en dan maar hopen dat iedereen medelijden met je heeft.

Bent u monogaam? Nee. Maar in mijn huidige relatie ga ik niet vreemd.

Wanneer heeft u voor het laatst gehuild? Dat houd ik niet bij, hoor. Ik huil zo vaak. Ik kan zelfs huilen om een boterham met pindakaas. Waarom vraag je niet wanneer ik voor het laatst heb gelachen?

Lijkt u op uw vrienden? Nee... Ja... Nee... Ja...

Hoe moedig bent u? Dat zullen we nog weleens zien.

Van wie heeft u het meest geleerd? Van heel veel mensen, en van het leven zelf.

Wat is uw grootste ondeugd? Mateloosheid. Het moet bij mij altijd alles zijn. Veel eten, veel drinken en nooit eens een pakje koekjes aanbreken en weer rustig in de kast zetten. Nee, het moet op. En daarna moet er nog een open.

Wanneer was u het gelukkigst? Nu.

Welke eigenschap waardeert u in een man? Humor, zachtheid, doorzettingsvermogen en oprechtheid.

Welke eigenschap waardeert u in een vrouw? Precies hetzelfde.

Als u iets aan uzelf kon veranderen, wat zou dat dan zijn? Ik zou weleens een week een man willen zijn. Lijkt me leuk, tegen een boom pissen. Of een week lang van die heel grote borsten hebben. Echte. Om te kijken wat er dan gebeurt. Of je leven dan echt totaal anders is.

Hoe ontspant u zich? Nauwelijks.

Wie is uw grootste liefde? Mijn vriend. Hij maakt de lekkerste kipkluifjes van het westelijk halfrond.

Van wie houdt u het meest? Van mijn ouders en mijn broer en diens vriendin en mijn piano en mijn stem. Ik heb een groot hart.

Wat beschouwt u als uw grootste mislukking? Ik denk dat die nog moet komen.

Gelooft u in God? Nee. Ik ben daar niet mee opgevoed en het is dus niet in mijn tere kinderziel ingeprent. Ik heb nu de Bijbel gekocht, met als gevolg dat ik er nog minder in ben gaan geloven. Maar de rituelen eromheen vind ik wel mooi.

Welk leed heeft u anderen berokkend? Ik mis een bepaald gen voor attentheid en daar worden anderen niet goed van. En het ergste is dat ik me er niet schuldig over voel.

Waaraan bent u het meest gehecht? Aan mijn stem. Zowel de hoorbare als de onhoorbare.

Wat is de beste plek om te wonen? Waar je de vrijheid hebt om te doen wat je wilt.

Wie hoopt u nooit meer terug te zien? Ik wil iedereen terugzien. Dat kan ik wel aan.

Hoe is ongeluk te vermijden? Door dood te gaan.

Wat is uw devies? Wantrouw levenswijsheden die zich in één zin laten samenvatten.

Sylvia Witteman

'Mijn vader is een egocentrische oude zuiplap die aan zijn derde huwelijk bezig is'

6 januari 2006

Wat is uw huidige gemoedstoestand? Beetje brak en breekbaar, want je treft me tijdens de feestdagen en ik zit hier al twee dagen met de hele familie te zuipen.

Wie zijn uw helden? Reve, Elsschot en Carmiggelt.

Aan wie ergert u zich? Aan de Nederlandse televisie. Toen ik terugkwam nadat ik een tijd in Berlijn had gewoond, was het eerste wat ik zag de klisma-show van Patty Brard. Ik dacht dat het een parodie was.

Lijkt u op uw vader? Tot mijn spijt wel, want hij is een egocentrische oude zuiplap die aan zijn derde huwelijk bezig is. Nee, hij vindt het niet erg dat ik dit zeg, want hij heeft wel gevoel voor humor.

Wat zijn uw dagdromen? Buiten wonen met een moestuin, een varken en kippen. Een echte dagdroom, want ik peins er natuurlijk niet over echt zo te gaan leven.

Wat is uw grootste angst? Dat ik kanker krijg.

Bidt u weleens? Onder het motto 'baat het niet, dan schaadt het niet' brand ik soms kaarsjes in kerken.

Heeft u ooit een mystieke ervaring gehad? Ik heb in Kirgizië een bevroren waterval gezien, en dat was zo mooi dat ik dacht dat het niet echt was.

Bent u aantrekkelijk? Zoals Reve zou zeggen: voor de liefhebber van de soort ben ik nog steeds een buitenkansje.

Wat is uw definitie van geluk? Dat weet ik niet. Maar het zou wel fijn zijn als ik even niet zo zenuwachtig was. Ik zit nooit stil. Ik drentel voortdurend rond.

Waar schaamt u zich voor? Daar schaam ik me dus voor. Ik kan nooit eens rustig in een restaurant zitten zonder dat ik gek word en moet opstaan.

Bent u monogaam? Meestal wel.

Wanneer heeft u voor het laatst gehuild? Vorige week tijdens de kerstviering van de kinderen op school. Er speelde een koperharmonie. Wel gênant natuurlijk dat ik volschoot bij een stel ordinaire koperblazers en niet bij een klavecimbel.

Hoe moedig bent u? Ik ben best moedig. In Rusland ben ik aan een oude, kapotte sovjetparachute uit een oud, kapot sovjetvliegtuig gesprongen. Volgens de beproefde sovjetmethode: ter voorbereiding sprong je een keer van een muurtje en als je dan je enkel niet brak, mocht je gaan.

Van wie heeft u het meest geleerd? Van Simon Carmiggelt. Ik heb me altijd erg verwant aan hem gevoeld, behalve toen ik erachter kwam dat hij het met Renate Rubinstein deed.

Wat is uw grootste ondeugd? De drank. Ik probeer het op vier glazen per dag te houden, dat vind ik nog wel kunnen.

Wanneer was u het gelukkigst? In mijn vroege jeugd, voor ik naar school ging. Maar nu gaat het ook wel, hoor.

Welke eigenschap waardeert u in een man? Ik vrees dat ik toch vooral van die mannelijke dingen als daadkracht en doorzettingsvermogen waardeer.

Welke eigenschap waardeert u in een vrouw? Dat je gezellig slap met haar kunt ouwehoeren. Dat kun je zelden met een man.

Als u iets aan uzelf kon veranderen, wat zou dat dan zijn? Ik wou dat ik niet zo'n groot, dik, roze hoofd had. Zo'n hoofd draag je altijd met je mee en mensen nemen je daardoor zelden serieus. Als ze mij zien, denken ze onwillekeurig: daar heb je dat fuifnummer weer. Ook als ik zelf in een grafstemming verkeer.

Hoe ontspant u zich? In bed met heel veel boeken om me heen. Ik lees ontzettend veel, ook omdat ik 's nachts vaak wakker lig.

Wie is uw grootste liefde? Toch mijn man, vrees ik. Het klinkt ontzettend slap, alsof ik dat moet zeggen omdat ik straks anders ruzie met hem krijg.

Van wie houdt u het meest? Van mijn drie kinderen.

Wat beschouwt u als uw grootste mislukking? Mijn carrière als radioverslaggeefster. Toen ik in Moskou woonde, deed ik verslag voor de TROS en de EO. Maar als ze me dan vragen gingen stellen over de toestand in Tsjetsjenië of iets dergelijks, ging het steevast fout. Ik wist daar niets van, want dat interesseerde me helemaal niet.

Gelooft u in God? Ach, wie weet... Het zal wel niet, maar stel dat er toch een hemel is. Dan krijg ik daar, als ik altijd onaardig over God heb gepraat, toch op mijn donder.

Welk leed heeft u anderen berokkend? Ik had vroeger een scherpe tong. Ik heb heel veel mensen diep beledigd.

Waaraan bent u het meest gehecht? Aan vers brood. Nederlanders eten altijd oud brood. Ik gooi brood weg als het een dag oud is. Dat vindt mijn man heel erg.

Hoe is ongeluk te vermijden? Door voorzichtig te zijn. Ik let altijd goed op of mijn kinderen hun vingers niet in stopcontacten steken. Dat scheelt.

Wat is uw devies? Zonder zout smaakt alles naar niets. Die zin schijn ik ooit in een stukje te hebben geschreven en tot mijn stomme verbazing trof ik hem later aan als spreuk in een Succes-agenda.

Bram Moszkowicz

'Ik heb mooie, droevige, blauwe ogen
en mijn haardos mag er ook zijn'

2 februari 2007

Wat is uw huidige gemoedstoestand? Vechtlustig.

Wie zijn uw helden? Simon Wiesenthal en David Ben-Gurion; vechters, ze roeiden tegen de stroom op, kwamen op voor de underdog.

Aan wie ergert u zich? Marianne Thieme; zij is geen politica maar een actievoerster.

Lijkt u op uw vader? Ja, we zijn zowel gesloten als spontaan, en rechtdoorzee.

Wat is uw grootste angst? Ik ken zelf weinig angst en ben alleen bang voor donkere tunnels.

Wat zijn uw dagdromen? Liggend op het strand van Cannes of Curaçao; bezig met het schrijven van een boek.

Bidt u weleens? Nee, het zou wel moeten, maar het lukt me niet me te richten op iets wat onzichtbaar is.

Bent u aantrekkelijk? Ik heb mooie, droevige, blauwe ogen en mijn haardos mag er ook zijn, zegt men. Minder aantrekkelijk is mijn neus, die wat rechter had mogen zijn.

Wat is uw definitie van geluk? Luisteren – in de wetenschap dat mijn kinderen in goede gezondheid verkeren – naar de Partita's voor cello van Bach, gespeeld door Pablo Casals.

Waar schaamt u zich voor? Nergens voor; ik ben niet *narrow minded.*

Bent u monogaam? Nu wel. Maar ik moet bekennen dat ik het niet altijd geweest ben.

Wanneer heeft u voor het laatst gehuild? Een paar maanden geleden, toen een van mijn kinderen ernstig ziek was.

Lijkt u op uw vrienden? Nee, ik kruis graag de degens met mijn vrienden; daar worden vriendschappen ook alleen maar beter van.

Als u iets aan uzelf zou kunnen veranderen, wat zou dat dan zijn? Minder zwart-wit denken.

Hoe moedig bent u? Als het er echt om gaat, ben ik moedig. Ik ben ooit in Parijs uit een auto gestapt toen een vrouw in elkaar werd geslagen.

Van wie heeft u het meest geleerd? Van mijn vader (zorg dat je elke ochtend in de spiegel kunt kijken zonder over je nek te gaan) en mijn beste vriend Arnoud Comans (dat zaken genuanceerder zijn dan je in eerste instantie denkt).

Wanneer was u het gelukkigst? Echt geluk: tijdens de geboorte van mijn kinderen. En na elk goed pleidooi kan geluk mij raken.

Wat is uw grootste mislukking? Dat ik met mijn vioollessen ben gestopt.

Andere mislukkingen? Nee, nee, die kan ik me echt niet herinneren.

Welke eigenschap waardeert u in een man? Recht door zee.

Welke eigenschap waardeert in een vrouw? Slim, mooi, zacht, standvastig, gevoelig, sexy.

Wat is uw grootste ondeugd? Ik heb vroeger te veel naar de dames gekeken.

Hoe ontspant u zich? Ik heb geen hobby's. Ik lees wel veel, alles van Leon de Winter en ik houd van Amos Oz.

Gelooft u in God? Ik denk van wel.

Welk leed heeft u anderen berokkend? Tijdens een zedenzaak, waarvan ik de verdachte bijstond, moest ik eens een meisje ondervragen die zichtbaar onder mijn vragen leed.

Waaraan bent u het meest gehecht? Aan mijn familie uiteraard en aan mijn Aston Martin, een auto met ingehouden schoonheid en onderkoelde kracht.

Wat is de beste plek om te leven? Aan de Rivièra; zee en rust.

Wie hoopt u nooit meer terug te zien? Gretta Duisenberg. Ik heb haar nooit ontmoet, maar als ik aan haar denk dan komt de gedachte bij me op: die wil ik op straat niet tegen het lijf lopen. Jort Kelder is lucht voor mij en die kan ik dus ook niet tegenkomen.

Hoe is ongeluk te vermijden? Niet. Alleen door je stappen, zowel overdrachtelijk als letterlijk, te overdenken, is het iets te sturen.

Wat is uw devies? Beter rechtop sterven dan op je knieën leven.

Rita Verdonk

'Elke keer bij de film *Annie* moet ik huilen'

27 april 2007

Wat is uw huidige gemoedstoestand? Zonnig. Ik sta iedere ochtend fluitend op.

Wie zijn uw helden? Frits Bolkestein en Ans Markus; beiden zijn authentiek, weten welke richting ze op willen en staan voor hun mening.

Aan wie ergert u zich? Aan politici die naar buiten zeggen het publieke belang te dienen, maar louter met hun eigen ego bezig zijn. Nee, geen namen.

Lijkt u op uw vader? Jazeker; hard werken en geven en nemen. In mijn moeder herken ik mijn zorgzame en gastvrije instelling.

Wat is uw grootste angst? Een terroristische aanslag. En zweefmolens op de kermis. Vroeger een genot, tegenwoordig een verschrikking.

Bidt u weleens? Bijna nooit. Ik spreek alleen weleens wensen uit.

Heeft u ooit een mystieke ervaring gehad? Ja, ik heb weleens een tafel van de grond los zien komen toen ik jaren geleden zo nodig geesten moest oproepen.

Lijkt u op uw vrienden? Die zijn zo verschillend. Gelukkig, dat houdt de spanning er een beetje in.

Bent u aantrekkelijk? Dat moet u aan mijn 620.555 voorkeurstemmers vragen. Ik zal vast een bepaalde aantrekkingskracht hebben.

Wat is uw definitie van geluk? Een zonnige dag, buiten ontbijten met het gezin, op de achtergrond het nummer 'Perfect Day'.

Waar schaamt u zich voor? Ik schaam mij eigenlijk nergens voor. Zou ik mij daarvoor moeten schamen, denkt u?

Bent u monogaam? Ik ben het, maar we leven in een vrij land, dus dat moet ieder voor zich uitmaken.

Wanneer heeft u voor het laatst gehuild? Elke keer bij de film *Annie*, over het weesmeisje dat op zoek gaat naar haar ouders. Onlangs nog: we hebben de videoband thuis liggen.

Hoe moedig bent u? Als ik kijk naar wat ik de afgelopen jaren heb bereikt terwijl ik toch fors tegen de stroom in moest zwemmen – dat doe je niet als je een watje bent.

Wat is uw grootste ondeugd? Chocola.

Welke eigenschap waardeert u in een man? Zorgzaamheid.

Welke eigenschap waardeert u in een vrouw? Moed. Onbaatzuchtigheid. En ik waardeer vrouwen die het vermogen hebben om machtsspelletjes (van vooral mannen) te doorzien.

Als u iets aan uzelf zou kunnen veranderen, wat zou dat dan zijn? Lekker eten zonder ook maar een gram aan te komen.

Hoe ontspant u zich? In totale stilte. Zelfs geen muziekje.

Wat is uw grootste mislukking? Dat ik de verkiezing om het lijsttrekkerschap van de VVD niet gewonnen heb.

Van wie heeft u het meest geleerd? Sybilla Dekker; rustig boven de partijen blijven staan. En doorzetten. Zij is ondanks veel verdriet in haar persoonlijk leven gewoon doorgegaan als minister. Diep respect.

Gelooft u in God? Ik geloof niet in een man met een baard op de rand van een wolk. Maar ik geloof zeker dat er meer is dan u en ik nu kunnen waarnemen.

Welk leed heeft u anderen berokkend? Mijn naasten. Door mijn veelvuldige afwezigheid en de voortdurende beveiliging was het de laatste jaren geen pleziertje voor hen.

Waaraan bent u het meest gehecht? Mijn (t)huis.

Wat is de beste plek om te wonen? Umbrië; het eten, de zon, de wijnen en vooral: de geuren.

Wie hoopt u nooit meer terug te zien? Lebbis en Jansen wil ik in elk geval voorlopig niet meer terugzien. Die hebben een beeld van mij geschetst waarin ik mezelf totaal niet herken.

Hoe is ongeluk te vermijden? Door in je bed te blijven liggen. Maar dat was ik niet van plan.

Wat is uw devies? *Carpe diem.*

Frans Timmermans

'Ik ben op mijn twaalfde misbruikt door een priester, die nu in Amerika leeft'

19 oktober 2007

Wat is uw huidige gemoedstoestand? Prima.

Wie zijn uw helden? Albert Camus, Jean Jaurès en Willy Brandt.

Aan wie ergert u zich? Geer en Goor. En politici die zich slecht voorbereiden. Om met Jacques Delors te spreken: er is zo weinig aandacht voor het doen van degelijk werk.

Lijkt u op uw vader? Uiterlijk ben ik een kopie. En we zijn beiden emotionele kerels. Hij is wel vrolijker dan ik.

Wat is uw grootste angst? Mijn verstand verliezen.

Wat zijn uw dagdromen? Fietsen naar Rome en daar een boek schrijven.

Bidt u weleens? Niet op mijn knieën, maar als het dreigt mis te gaan, verval ik in de reflex van mijn kinderjaren.

Heeft u ooit een mystieke ervaring gehad? Bij de geboorte van mijn jongste dochter kreeg mijn vrouw een hersenbloeding. Zij heeft het overleefd, maar heeft een maand op de intensive care gelegen. In mijn diepste wanhoop vraag ik dan om steun en dan voel ik ook dat die er is. Dat is voor mij mystiek.

Bent u aantrekkelijk? Nee, ook niet buitengewoon onaantrekkelijk, maar ik moet het van mijn kletsen hebben.

Wat is uw definitie van geluk? Op de fiets. Mijn jongste zoon achterop, jongste dochter voor, de twee andere kinderen ernaast, geamuseerd luisterend naar het gemopper dat die heuvels zo zwaar zijn.

Waar schaamt u zich voor? Angst om te falen. Voordat ik opga, ben ik voor mijn medewerkers geen prettig mens.

Bent u monogaam? Ja, sinds ik bij mijn vrouw ben, ben ik monogaam. Ik ben gezegend met een rustig libido.

Wanneer heeft u voor het laatst gehuild? Onlangs, toen een dierbare vriend vertelde dat zijn zoon nog maar een paar dagen te leven had.

Lijkt u op uw vrienden? Gelukkig niet. Ik kan wel erg met ze lachen. Samen sketches opzeggen van *Van Kooten en De Bie*, *Blackadder* en *Fawlty Towers*.

Hoe moedig bent u? Ik spring altijd overal tussen en heb ook klappen gekregen. Maar dat is geen moed, want dat is in extreme situaties boven jezelf uitstijgen.

Van wie heeft u het meest geleerd? Max van der Stoel; hij leeft volgens de drijfveren van Camus.

Wat is uw grootste ondeugd? Lekker eten; ik ben aan het lijnen, maar pasta alla Norma kan ik echt niet laten staan.

Wanneer was u het gelukkigst? Toen Irene thuiskwam en wij met vier kinderen op de bank zaten en wisten dat het allemaal goed zou komen.

Welke eigenschap waardeert u in een man? Dezelfde als in een vrouw: standvastigheid, oprechtheid, zich kunnen inleven in de ander; een zeldzame combinatie.

Hoe ontspant u zich? Fietsen, lezen (Céline, Louis Paul Boon, Shakespeare) en films (Truffaut, Godard, Kubrick, Visconti).

Gelooft u in God? Ja, ik geloof niet in het radicale atheïsme.

Welk leed heeft u anderen berokkend? Mensen aan wie mijn ironie verloren gaat. Sommigen vermoedden bij mijn opmerking over Donner (dat de minister zo flexibel is als een loden deur bij min 20 graden – red.) een complot. Kom nou. Het leven is toch vreselijk saai zonder ironie.

Waaraan bent u het meest gehecht? Mijn boeken. Het is op het randje van fetisjisme.

Wat is de beste plek om te wonen? Rome en Zuid-Limburg.

Wie hoopt u nooit meer terug te zien? Zo denk ik niet. Ik ben op mijn twaalfde misbruikt door een priester, die nu in Amerika leeft. Het klinkt gek, maar ik denk er weleens over om hem op te zoeken.

Hoe is ongeluk te vermijden? Juist niet vermijden, dan gebeurt het misschien niet.

Wat is uw devies? Door naar de zee te stromen, blijft de rivier trouw aan zijn bron. (Jaurès)

Antonie Kamerling

'"Mensch durf te leven", zeg ik vooral tegen mezelf'

5 november 2007

Wat is uw huidige gemoedstoestand? Lichte paniek; ik weet wat voor vragen gaan komen.

Wie zijn uw helden? Mick Jagger, Al Pacino en Marco van Basten.

Aan wie ergert u zich? Balkenende, Wilders, Verdonk, Bos, Rutte, Marijnissen. Bij hen is het spel, het gaat louter om macht; ik ben van waarheidsvinding.

Lijkt u op uw vader? Ja, hij is artistiek, amateur-cellist en ook een performer. Ik ben wel reëler dan hij.

Wat is uw grootste angst? De controle verliezen.

Wat zijn uw dagdromen? David Bowie spelen als er een film over hem wordt gemaakt.

Bidt u weleens? Ja, ik ben geen klassieke theïst, maar bid soms uit wanhoop.

Heeft u ooit een mystieke ervaring gehad? Ja, maar ik vertel niet wat, dat is te persoonlijk. Ik ben er wel van overtuigd dat er vorige en volgende levens zijn.

Bent u aantrekkelijk? Ik hou niet makkelijk van mezelf.

Wat is uw definitie van geluk? Jezelf vergeten.

Waar schaamt u zich voor? Soms voor mijn eigen aanwezigheid. Als ik me niet goed voel, ben ik zoekende: wie ik echt ben. Dan ben ik liever van deze wereld.

Bent u monogaam? De laatste jaren wel. Het blijft een gevecht. Ik denk dat 95 procent van de mannen niet makkelijk monogaam is. Sinds ik heb toegegeven dat ik daar niets aan kan doen, is het wel makkelijker voor me geworden.

Wanneer heeft u voor het laatst gehuild? Gisteren toevallig – want ik huil niet vaak –, ik voelde me eenzaam en wanhopig. Dan trek ik de deken over me heen en huil, kort en hevig; het lucht op.

Lijkt u op uw vrienden? Ja, we zijn allen non-conformisten en, zoals ik het noem, vrijheidsstrijders.

Hoe moedig bent u? Elke keer als ik het podium op moet, sterf ik duizend doden. Maar ik doe het.

Van wie heeft u het meest geleerd? Van mijn zangleraar Jimmy Hutchinson, die mij ook leerde acteren, en van Ivana Chubbuck. Ik acteerde vooral op gevoel, maar zij gaf me concrete handvatten.

Wanneer was u het gelukkigst? Privé: vele momenten. Vak: tien jaar geleden had ik een nummer 1-hit en zong ik voor een uitverkocht Ahoy. Het publiek was zo uitzinnig, zo positief echt, dat vergeet ik nooit meer.

Welke eigenschap waardeert u in een man? Zijn alle mannen hetzelfde dan? Dit is eigenlijk een non-vraag. Maar goed, ik waardeer hun consequent zijn, hun rechtlijnigheid. Ik begrijp de grilligheid van vrouwen niet.

Welke eigenschap waardeert u in een vrouw? Dat ze aandacht hebben.

Hoe ontspant u zich? Muziek maken, massage krijgen, golfen.

Wat is uw grootste mislukking? Isa (Kamerling is getrouwd met actrice Isa Hoes – red.) moest eens 's ochtends om zeven uur in een radioprogramma zingen. Zij was nerveus en vroeg of ik meeging. Dat heb ik niet gedaan. Toen ik op de radio hoorde hoe zenuwachtig ze was, dacht ik: grote lul, daar had je bij moeten zijn.

Gelooft u in God? Ja, maar wat God is, weet ik niet precies.

Waaraan bent u het meest gehecht? Mijn vleugel. Gekregen van mijn grootmoeder; ik heb er altijd les op gehad.

Wat is de beste plek om te wonen? Nederland en Corsica.

Hoe is ongeluk te vermijden? Moeilijk, maar als ik vanuit mezelf durf te leven, is er minder ongeluk. En dan bedoel ik vanuit mijn diepere kern, niet vanuit mijn ego, want dat betekent onherroepelijk ongeluk.

Wat is uw devies? 'Mensch durf te leven', zeg ik vooral tegen mezelf.

Youp van 't Hek

'Ik zie veel mensen gelukkig op een manier
waar ik diep droef van word'

1 december 2007

Wat is uw huidige gemoedstoestand? Vrolijk. Heel erg vrolijk zelfs. En verkouden.

Wie zijn uw helden? Toon Hermans omdat hij deed waar hij goed in was, Nelson Mandela omdat hij niet wraakzuchtig is en Piet Keizer omdat hij zo schitterend kon scharen.

Aan wie ergert u zich? Aan bijna iedereen, maar dat is mijn tweede natuur en ook mijn manier van leven.

Lijkt u op uw vader? Mensen die mijn vader goed gekend hebben, zeggen dat ik op het toneel steeds meer op hem begin te lijken. Innerlijk heb ik meer van mijn moeder.

Wat is uw grootste angst? Dat ik op het moment dat ik door mijn eigen schuld geen publiek meer heb, net zo zuur ga zeiken als een oudere collega van me.

Bidt u weleens? Ja. Maar ik heb een eigen god geschapen die niemand heeft. Een god met één gelovige. Dus ik bepaal de regels. Je zou ook kunnen zeggen dat ik mijn eigen god ben.

Heeft u ooit een mystieke ervaring gehad? Op 21 januari 1994 keek ik om tien voor twee op een klok en besloot spontaan om naar mijn oude moeder in het verpleeghuis te gaan. Toen ik binnenkwam, werd ik gecondoleerd omdat mijn moeder was overleden. De receptioniste wist niet dat ik dat nog niet wist. Ze dacht dat ik juist daarom kwam. Toen ik later aan de verpleegster vroeg hoe laat ze was overleden, was het antwoord: tien voor twee.

Lijkt u op uw vrienden? Gelukkig niet.

Bent u aantrekkelijk? Voor de bank, de uitgeverij, de VARA, de NRC en het publiek wel. En mijn eigen vrouw vindt me nog leuk genoeg. Meer heb ik niet nodig.

Wat is uw definitie van geluk? Geen idee. Ik weet alleen dat er een kleine duizend vormen van zijn. Ik zie veel mensen gelukkig op een manier waar ik diep droef van word.

Bent u monogaam? Thuis altijd.

Wanneer heeft u voor het laatst gehuild? Twee weken geleden bij de film *The Diving Bell and the Butterfly*. Vlak voor het eind hield ik het niet droog. Is bij mij geen kunst. Mijn tranen biggelen ook bij *Kruimeltje*.

Hoe moedig bent u? Moedig genoeg om mijn grote bek open te trekken, en als er klappen vallen, ben ik weg. Als eerste.

Wat is uw grootste ondeugd? Dropjes, dames, alcohol.

Welke eigenschap waardeert u in een man? Humor en zelfspot.

Welke eigenschap waardeert u in een vrouw? Dat ze ons bijna altijd doorhebben.

Als u iets aan uzelf zou kunnen veranderen, wat zou dat dan zijn? Iets meer geduld. Ik verveel me zo gauw. Op feestjes, etentjes, verjaardagen, vergaderingen. Mijn geest gaat vrij snel geeuwen, en dat is ronduit onaardig.

Wie is uw grootste liefde? Debby.

Van wie heeft u het meest geleerd? Joop Koopman. Dat elke grap duidelijk verteld moet worden. Dat je de juiste afstand moet bewaren om niet te botsen, dat je vooral op het rechte eind vaart moet maken en in de bocht moet remmen. En dat je met humor meer zegt dan met dikke rapporten of lange betogen.

Gelooft u in God? Ja, want ik geloof in mezelf.

Wat is de beste plek om te wonen? Amsterdam, omdat ik hier werk. Maar ik vrees dat ik ook nog weleens een jaar in Parijs ga wonen.

Wie hoopt u nooit meer terug te zien? Ik wil iedereen terugzien. Ruzie is een momentopname. Er langer mee zitten is zonde van je tijd en kleinzielig.

Hoe is ongeluk te vermijden? Door niet te leven.

Wat is uw devies? Neem jezelf niet te serieus en anderen helemaal niet.

Ilja Leonard Pfeijffer

'Gesnorkel in andermans watertjes is niets voor mij'

9 mei 2008

Wat is uw huidige gemoedstoestand? Vrolijk, rustig, ik heb een prettige dag.

Wie zijn uw helden? Pindarus, Lucebert, Nabokov en Morihei Ueshiba (grondlegger van Aikido); ze zijn allen compromisloos.

Lijkt u op uw vader? Ja, ik ben net zo lui als hij.

Wat is uw grootste angst? Ik ben bang voor dieren; vooral om ze aan te raken.

Aan wie ergert u zich? Aan botteriken: Rita Verdonk, zo dom als het achtereind van een varken. Aan alle presentatoren van talkshows, Pauw en Witteman in het bijzonder. Ze zijn het tegengestelde van mijn helden: verre van compromisloos. Wat eerst scherpe interviewers waren, zijn nu glimlachende hosts geworden met schoongewassen gezichtjes, gecapituleerd voor de oppervlakkigheid.

Bidt u weleens? Nee, hoewel ik geen atheïst ben; ik ben boeddhist.

Heeft u ooit een mystieke ervaring gehad? Ik zat eens in de trein, was op weg naar een voordracht. Ik mediteerde en werd totaal één met de omgeving; ik wist hoe iedereen zich voelde in de trein, merkte zelfs dat ik op de hoogte was hoe de sloot langs het treintraject zich voelde.

Wat zijn uw dagdromen? Leven in volledige vrijheid. Ik lig al aardig op schema en ben bezig het te optimaliseren.

Wat is uw definitie van geluk? Volledig thuis zijn in het hier-en-nu.

Bent u aantrekkelijk? Nee. Er schijnen mensen te zijn die dat wel vinden, maar die geloof ik niet. Aantrekkelijk in mij is wel dat ik oprechte interesse te bieden heb.

Bent u monogaam? Ja, gesnorkel in andermans watertjes is niets voor mij. Ik vind het prettig toewijding te hebben voor de ander.

Wanneer heeft u voor het laatst gehuild? Ik kan alleen huilen op papier. Verdriet ken ik wel, maar tranen komen niet. Een paar jaar geleden voelde ik me ellendig, omdat mijn vriendin mij had verlaten. Ik zat in een café, pakte pen en papier en pas toen ik het opschreef moest ik opeens huilen.

Lijkt u op uw vrienden? Ja, we houden van bier drinken, van gedichten en kijken op dezelfde wijze naar de wereld.

Hoe moedig bent u? Fysiek niet. Sociaal-intellectueel: erg moedig.

Van wie heeft u het meest geleerd? Van mijn vriendin: mezelf zijn.

Als u iets aan uzelf zou kunnen veranderen, wat zou dat dan zijn? Niks. Ik vind dat ik moet zijn zoals ik ben.

Wanneer was u het gelukkigst? Nu. Ik ben rustig, verkeer zowaar in het hier-en-nu.

Welke eigenschap waardeert u in een man? Dezelfde als in een vrouw: een zekere mate van zelfironie.

Gelooft u in God? God bestaat niet, dat weet ik zeker, en als hij wel bestaat is hij wreed.

Hoe ontspant u zich? De vraag zou bij mij moeten zijn: hoe komt u ertoe zich in te spannen?

Wat is uw grootste mislukking? Dat ik ooit lid ben geworden van een atletiekvereniging.

Welk leed heeft u anderen berokkend? Als recensent van poëzie heb ik dichters leed berokkend. Rutger Kopland en Robert Anker vatten mijn kritiek heel persoonlijk op, maar zo is het niet bedoeld. Ze vragen er wel zelf om: dan hadden ze betere gedichten moeten schrijven.

Waaraan bent u het meest gehecht? Aan mijn espressoapparaat; ik merk 's ochtends al aan zijn gepruttel of hij een slechte dag heeft. Ik heb hem onlangs schoongemaakt; hij liep te kirren van plezier.

Wat is de beste plek om te wonen? Als je niet gelooft dat Leiden het is, is het Rome.

Hoe is ongeluk te vermijden? Door er niet bang voor te zijn.

Wat is uw devies? Probeer te worden wie je bent.

Aat Veldhoen

'Geluk is samen met mijn vrouw klaarkomen'

16 mei 2008

Wat is uw huidige gemoedstoestand? Ik voel me prima.

Wie zijn uw helden? Rembrandt van Rijn en Isaac Newton.

Aan wie ergert u zich? Aan Rita Verdonk. Dat hoort u wel meer? Dat is mooi, hoe meer mensen zich aan haar ergeren, des te groter de kans dat het niets wordt met die beweging van haar.

Lijkt u op uw vader? Ja, hij was ook schilder.

Wat is uw grootste angst? Dat ik mijn penselen niet meer kan gebruiken.

Wat zijn uw dagdromen? In Rome wonen.

Bidt u weleens? Op 7 mei 1945, twee dagen na de Bevrijding was er op de Dam een schietpartij. Er vielen 22 doden. Ik stond er als kind bovenop, sindsdien heb ik nooit meer gebeden.

Heeft u ooit een mystieke ervaring gehad? Nee. Daar geloof ik niet in.

Bent u aantrekkelijk? Ja, ik vind mijn haar mooi.

Wat is uw definitie van geluk? Samen met mijn vrouw klaarkomen.

Waar schaamt u zich voor? Dat ik op mijn 29ste mijn gezin in de steek heb gelaten.

Bent u monogaam? Momenteel wel. Maar ik ben het niet altijd geweest.

Wanneer heeft u voor het laatst gehuild? Drieënhalf jaar geleden, toen ik een herseninfarct kreeg.

Lijkt u op uw vrienden? Ja, we lachen en huilen om dezelfde zaken.

Als u iets aan uzelf zou kunnen veranderen, wat zou dat dan zijn? Mijn rechterhand doet het niet meer. Praten gaat moeizaam. Dat zou ik graag anders willen.

Wat is uw grootste liefde? Schilderen, tekenen, beeldhouwen, etsen.

Van wie houdt u het meest? Hedy (Veldhoen leeft samen met oud-politica Hedy d'Ancona – red.).

Van wie heeft u het meest geleerd? Mijn moeder: rechtvaardigheid.

Wat is uw grootste ondeugd? Vrouwen beïnvloeden mijn karakter, ze nemen besluiten voor me. Soms ben ik daar niet toe in staat, het is niet anders.

Wanneer was u het gelukkigst? Toen een paar jaar geleden het Rembrandthuis alle prenten van mij wilde opnemen.

Hoe ontspant u zich? 's Avonds. Jointje, Mozart op de achtergrond, mijn geliefde op de bank.

Wat is uw grootste mislukking? Ik wilde ooit door goedkope prenten op de markt te brengen de kunstmarkt een kopje kleiner maken. Nou, dat is me niet gelukt.

Gelooft u in God? Nee, we gaan nu eenmaal allemaal dood. Het is een gegeven, ik zie anderen worstelen: ik heb er geen moeite mee.

Welk leed heeft u anderen berokkend? Ik heb mijn kinderen verwaarloosd.

Waaraan bent u het meest gehecht? Mijn atelier in huis.

Wie hoopt u nooit meer terug te zien? Ach, inmiddels heb ik alles en iedereen vergeven.

Hoe is ongeluk te vermijden? Door *caute*. Dat was het parool van Benedict de Spinoza: voorzichtigheid. Hij moest wel omdat hij zo radicaal anders dacht in zijn tijd. Een goed advies; het voorkomt veel ellende.

Wat is uw devies? Met een Veldhoen aan de muur, gaat het beter op den duur.

Jan Cremer

'Het leven is een eenmansguerrilla'

16 juni 2008

Wat is uw huidige gemoedstoestand? Een locomotief op stoom. Ik bruis van energie, omdat ik straks weer onderweg ben.

Wie zijn uw helden? Mijn vader, de schrijver, journalist en fotograaf Jan Cremer senior. En verder Pablo Picasso, Amedeo Modigliani, Curzio Malaparte, Willem de Kooning en Elvis Presley. Prachtig: 'Heartbreak Hotel' – voor mij een openbaring.

Aan wie ergert u zich? Aan zuinige mensen. Dat geldt internationaal. En ik reageer erop door flink uit te delen. Ik heb nog nooit van mijn leven een portemonnee gehad.

Lijkt u op uw moeder? Ik lijk op mijn moeders zuster, mijn tante Babusz. Ze was prima ballerina maar moest vervolgens worden omgeschoold tot staalarbeidster in Hongarije. Een stoot van een meid. Ze reed motor en had schijt aan het communisme.

Wat zijn uw dagdromen? Russische ballerina's. En de benen van een Belgische journaliste die mij laatst interviewde.

Wat is uw grootste angst? Op dit moment dat er bij de Gotthardtunnel enorme rotsblokken naar beneden sodemieteren, want ik kom er ongeveer twaalf keer per jaar langs.

Bidt u weleens? Ja, elke dag, voor het slapen gaan. Tot God en Maria natuurlijk; ik ben Hongaars-katholiek opgevoed, en dit heb ik eraan overgehouden.

Heeft u ooit een mystieke ervaring gehad? Ik ben min of meer telepathisch aangelegd. Ik voorzie vaak dingen. Da's heel handig in casino's. Met pokeren bijvoorbeeld. In tijden van grote armoe was mijn bijnaam in Den Haag Poker Jantje.

Bent u aantrekkelijk? Ik schijn een uitstraling te hebben van een hongerige wolf, verloren in een schaapskooi.

Bent u monogaam? Ik persoonlijk wel, maar mijn alter ego Jan Cremer is altijd en eeuwig op zoek naar de ideale vrouw.

Van wie heeft u het meest geleerd? Van mijn Hongaarse moeder. Op tweejarige leeftijd raakte ik mijn vader kwijt. Mijn moeder, met wie ik de oorlog doorbracht, heeft mij alles in het leven geleerd.

Wat is uw grootste ondeugd? Dat ik door mijn enthousiasme en overredingskracht mensen meesleep. Vaak over hoge bergen, maar ook vaak door diepe dalen.

Welke eigenschap waardeert u in een man? Vooral oprechtheid. Absoluut ook onwankelbare trouw.

Welke eigenschap waardeert u in een vrouw? Erotische uitstraling, lingerie, goed gekleed en schoon op het lichaam.

Als u iets aan uzelf kon veranderen, wat zou dat dan zijn? Daar kan ik je geen antwoord op geven. Ik doe wat ik altijd heb willen doen.

Wie is uw grootste liefde? Mijn Babette natuurlijk, met wie ik al dertig jaar ben, zowat van topfotomodel tot nog steeds een ravissante schoonheid.

Van wie houdt u het meest? Ik trek niemand voor.

Wat beschouwt u als uw grootste mislukking? Normaal ken ik geen mislukkingen, maar ik heb in 1986 een keer een zuurdesembrood gebakken. Het deeg was niet goed gerezen en het kwam als een baksteen uit de oven.

Welk leed heeft u anderen berokkend? Door een wereldwijde bestseller te schrijven en door prachtige schilderijen te maken.

Waaraan bent u het meest gehecht? Aan mijn zes Triumph Gabriele's en mijn draagbare Olivetti Valentine. Daar zit mijn leven in. Die heb ik op alle plekken waar ik kom: altijd dezelfde letter en dezelfde aanslag.

Wat is de beste plek om te wonen? Op de hoogste top van een Alpenberg, boven de wolken, omringd door adelaars, en met beren en wolven als poortwachters. Waarom ik daar dan niet woon? Omdat geen vrouw mee wil.

Wie hoopt u nooit meer terug te zien? Die oester in Bar des Artistes in Saint-Tropez waardoor ik drie weken doodziek ben geweest.

Hoe is ongeluk te vermijden? Door te leven als een vos in de nacht.

Wat is uw devies? Het leven is een eenmansguerrilla.

Simon Vinkenoog

'Nadat ik lsd had genomen,
wilde ik nooit meer iemand kwetsen'

16 juli 2008

Wat is uw huidige gemoedstoestand? Enthousiast en vol verwachting.

Wie zijn uw helden? Antonin Artaud (Franse dichter), Walt Whitman (Amerikaanse dichter), Jiddu Krishnamurti (Indiase denker).

Aan wie ergert u zich? Aan eenieder met stereotypen en vooroordelen in het hoofd. Daar wil ik het bij laten.

Lijkt u op uw vader? Nee. Hij was op zijn dertigste kaal; ik heb mooie blonde haren.

Wat is uw grootste angst? Ooit bang worden.

Wat zijn uw dagdromen? Ik maak ze waar.

Bidt u weleens? Nee, en ik doe ook niet aan yoga en ben geen vegetariër.

Heeft u ooit een mystieke ervaring gehad? Meerdere malen. Ik ga ze niet met de lezers van HP/*De Tijd* delen; die kunnen mijn boeken lezen.

Bent u aantrekkelijk? Ja. Ik heb nooit klachten gehad.

Wat is uw definitie van geluk? Huid aan huid.

Waar schaamt u zich voor? Ik ben te lang met mezelf bezig geweest.

Bent u monogaam? Jawel, na zes huwelijken ben ik in verbintenis en erg gelukkig met mijn vrouw.

Wanneer heeft u voor het laatst gehuild? Vorige week. Mijn vrouw en ik hebben een tuin in Amsterdam-Noord. Doordat de IJ-tunnel dicht was, moesten we voor het eerst over de Schellingwouderbrug naar huis. Op de brug voelde ik het water. Toen ik tegelijkertijd Amsterdam links en rechts zag liggen, tijdloos, als een middeleeuwse prent, moest ik opeens huilen.

Lijkt u op uw vrienden? Ze zijn allemaal anders, maar ze zijn óók onafhankelijk en creatief.

Als u iets aan uzelf zou kunnen veranderen, wat zou dat dan zijn? Mijn loslippigheid.

Wie is uw grootste liefde? Edith Ringnalda.

Hoe moedig bent u? Volgens de Duitse essayist Hans Magnus Enzensberger is moed goed burgerschap, en dat is bij mij zeker het geval.

Van wie heeft u het meest geleerd? Dr. S.H. Grof, psychoanalyticus. Hij doorzag mij en leerde mij door mezelf heen te zien.

Wat is uw grootste ondeugd? Gulzigheid: mijn ogen zijn te groot voor mijn maag.

Wanneer was u het gelukkigst? Februari 1959. Nadat ik lsd had genomen, ontdekte ik een andere wereld; die waar hel en hemel samengaan.

Welke eigenschap waardeert u in een man? Ik waardeer het (voor vrouwen geldt hetzelfde) als ik een grondslag van verstandhouding herken. Over een aantal decennia bestaat het huidige traditionele patroon tussen mannen en vrouwen niet meer. Ze zijn egaal en zullen egaal samen leven.

Hoe ontspant u zich? Scrabbelen. Drie, vier keer per dag doen mijn vrouw en ik het: zij wint meestal. En door te fröbelen: collages en plakboeken maken.

Wat is uw grootste mislukking? Het vaderschap.

Gelooft u in God? Ja, ik heb een directe verbinding met hem.

Welk leed heeft u anderen berokkend? Nadat ik lsd had genomen, wilde ik nooit meer iemand kwetsen. Het lukte: geen gedraai meer, geen huichelarij en geen geroddel; slechts de waarheid deed en doet ertoe.

Wat is de beste plek om te wonen? Amsterdam. Ik ben er geboren, getogen en zal er doodgaan.

Wie hoopt u nooit meer terug te zien? Ik heb geen nagels aan mijn doodskist.

Hoe is ongeluk te vermijden? Door het onverwachte te verwachten en door op je qui-vive te zijn.

Wat is uw devies? *Post tenebras lux* (Na duisternis komt het licht).

Henk Schiffmacher

'Ik ben een vrouwenman; ze zijn een betere vriend'

21 november 2008

Wat is uw huidige gemoedstoestand? Uitstekend; zolang ik maar niet verzink in eentonigheid.

Wie zijn uw helden? Michiel de Ruyter, Jackson Pollock, Ed Kienholz.

Aan wie ergert u zich? Aan Rita Verdonk, Geert Wilders, Gerard Joling, Jantje Smit; de amechtige benauwdheid van het Nederlandse gevoel.

Lijkt u op uw vader? Ja. Zijn interesse in geschiedenis; hij wist van elke boerderij in Harderwijk wat ermee was gebeurd. Door de oorlog was hij achterdochtig; ik dacht dat niet te hebben, maar ik kom er steeds meer achter dat ik het ook ben.

Wat is uw grootste angst? Dat ik de drank moet laten staan en dat de huisarts zegt: 'U moet maar eens gaan hardlopen.'

Wat zijn uw dagdromen? Een groot, dik boek met al mijn verzamelingen.

Bidt u weleens? Nee, als ik in mijn kist lig, is het gebeurd. Dat beangstigt me niet. Ik heb nooit nagedacht over de dood. Onlangs is mijn broertje overleden aan darmkanker en toen is de cirkel doorbroken. Hé, shit, dat kan ook gebeuren.

Heeft u ooit een mystieke ervaring gehad? Nee, daar ben ik te nuchter voor, hoewel ik ooit op een Indonesisch eiland een sjamaan een geest heb zien oproepen.

Bent u aantrekkelijk? Ik kijk nooit in de spiegel.

Wat is uw definitie van geluk? In de tropen zijn.

Bent u monogaam? Daar is de wereld veel te mooi voor.

Wanneer heeft u voor het laatst gehuild? Ik huil vrijwel nooit. Alleen toen mijn broertje overleed en ik zag dat mijn andere broer brak, schoot ik vol.

Lijkt u op uw vrienden? Nee, ze zijn divers, maar ik ben niet zo vrienderig.

Als u iets aan uzelf zou kunnen veranderen, wat zou dat dan zijn? Dertig kilo eraf.

Wie is uw grootste liefde? Louise. Een verschrikking, ze geeft me tegengas. Is maar goed ook, anders wals ik eroverheen.

Hoe moedig bent u? Ik ben een held op sokken.

Van wie heeft u het meest geleerd? Van Gustave Flaubert en Jan Cremer, maar het meest van mezelf.

Wat is uw grootste ondeugd? *Wein, Weib und Gesang.*

Wanneer was u het gelukkigst? Oud en nieuw 1998; samen met Louise op een plat dakje in het Indiase dorp Hampi; met de aapjes in de boom naast ons.

Welke eigenschap waardeert u in een man? Ik ben niet zo van de mannen, maar ik waardeer wel harde werkers: vissers, boeren; lijden zonder te klagen.

Welke eigenschap waardeert u in een vrouw? Ik ben een vrouwenman; ze zijn een betere vriend.

Hoe ontspant u zich? Als ik slaap.

Wat is uw grootste mislukking? Ik ben dyslectisch en heb diverse spelfouten gemaakt tijdens het tatoeëren.

Gelooft u in God? Nee, maar ik ben wel geïnteresseerd in de Heer. Hoe bombastischer hoe beter; ik ben zelf ook een lawaaiig type.

Waaraan bent u het meest gehecht? Aan het boek van A. Soep uit 1946: *Alles over de besnijdenis.*

Wat is de beste plek om te wonen? India.

Wie hoopt u nooit meer terug te zien? Genoeg, maar ik weiger ook maar iemand te noemen; te veel eer.

Hoe is ongeluk te vermijden? Eerst naar links kijken en dan naar rechts.

Wat is uw devies? Niet lullen, maar poetsen.

Paulien Cornelisse

'Ik fantaseer soms dat ik werk in een crèche voor babytijgers'

28 augustus 2009

Wat is uw huidige gemoedstoestand? Koortsig; ik heb een oorontsteking.

Wie zijn uw helden? Eddie Izzard (Britse komiek), David Sedaris (Amerikaanse schrijver) en Renate Rubinstein; ze zijn grappig, slim en persoonlijk.

Aan wie ergert u zich? Aan mensen die mij voortdurend bij mijn naam noemen terwijl ze me niet kennen. Het roept intimiteit op die ik niet voel en zij ook niet. 'Nou Paulien, heel leuk dat je meedoet Paulien, zullen we dan maar beginnen Paulien?'

Lijkt u op uw moeder? Ja, we zijn beiden 'vogelachtig' en we zijn geen flapuiten; we proberen eerst na te denken voordat we iets zeggen.

Wat is uw grootste angst? Een hersentumor.

Wat zijn uw dagdromen? Ik fantaseer soms dat ik werk in een crèche voor babytijgers, want er is niets liever dan een babytijger. Ik heb hier een ansichtkaart uit de jaren vijftig hangen van een dierentuin-oppasser in uniform, die wordt beklommen door vier babytijgers.

Bidt u weleens? Nee.

Heeft u ooit een mystieke ervaring gehad? Ik ben ooit in zee een waterschoen verloren. De volgende dag heeft mijn moeder die schoen op een totáál andere plaats op een rots in zee gevonden. Maar om dat nou mystiek te noemen, nee. De god van de waterschoenen wilde me iets vertellen.

Bent u aantrekkelijk? Ja. Dat zal niet iedereen met me eens zijn, maar genoeg mensen wel.

Wat is uw definitie van geluk? Dat het licht voelt.

Waar schaamt u zich voor? Mijn slordigheid; als ik bezoek krijg, moet ik altijd checken of er niet ergens onderbroeken van mij liggen.

Bent u monogaam? Ik ben alleen.

Wanneer heeft u voor het laatst gehuild? Gisteren. Ik stootte keihard mijn kleine teen, moest huilen en ben maar even doorgegaan.

Lijkt u op uw vrienden? Ja. We kunnen samen lachen.

Als u iets aan uzelf zou kunnen veranderen, wat zou dat dan zijn? Niet meer nagelbijten. Ik doe het niet eens omdat ik nerveus ben, het is meer uit verveling.

Wie is uw grootste liefde? Dat kan ik niet zeggen; ik weet niet hoe die dingen werken.

Hoe moedig bent u? Ik durf op het podium grappen te maken, maar is dat moedig? Ik vind het namelijk niet eng om te doen. Hoewel ik als klein meisje niet hardop durfde te praten in winkels. Dus misschien heb ik toch wat overwonnen.

Van wie heeft u het meest geleerd? Karel van het Reve; heldere gedachten helder opschrijven. *Uren met Henk Broekhuis* heb ik vaak gelezen.

Wat is uw grootste ondeugd? Ik lieg weleens.

Wanneer was u het gelukkigst? Dat weet ik niet. Een heel gelukkige dag uit mijn leven was toen mijn oudste nicht ging trouwen en ik mezelf tot bruidsmeisje bombardeerde. Ik was tien jaar; net voordat de ironie inslaat.

Welke eigenschap waardeert u in een man? Dezelfde als in een vrouw: lief, grappig, groothartig. Ik zie de laatste jaren wel dat verschillen, zeker in vergelijking met de jaren zeventig, weer meer worden benadrukt. Maar ik geloof niet zo dat vrouwen bijvoorbeeld socialer zijn. Terug naar de jaren zeventig wil ik trouwens ook niet, om verschillende redenen. De belangrijkste: de tuinbroek.

Hoe ontspant u zich? Slapen, lopen (wandelen vind ik een stom woord) en lezen (onlangs Nick Hornby, *The Complete Polysyllabic Spree* en *The New Yorker*; ik dacht altijd dat mensen dat blad alleen maar lazen om interessant gevonden te worden, maar het is echt heel goed).

Wat is uw grootste mislukking? Ik heb een keer een try-out gedaan. Geen enkel contact met de zaal, totdat ik een kat nadeed. In de zaal reageerde een blindengeleidehond.

Waaraan bent u het meest gehecht? Waar ik om kan lachen. Ik heb een keer in de trein de slappe lach gehad toen ik *Het blijft toch familie* van Theodor Holman las. Ik kon niet meer stoppen en moest het wegleggen omdat ik anderen stoorde. Aan zulk soort ervaringen ben ik gehecht.

Welk leed heeft u anderen berokkend? Ik heb vroeger weleens mijn beste vriendinnetje geslagen.

Wie hoopt u nooit meer terug te zien? Als iemand stom doet, denk ik: ik kan niet in die ander z'n hoofd kijken. Misschien heeft hij wel net gehoord dat hij een hersentumor heeft en doet hij daarom zo. Maar onlangs reed ik op de fiets een man tegemoet die met zijn vuist uithaalde naar mijn gezicht. Hij trok op het laatste moment terug. Toen riep ik wel 'klootzak'. Want ik denk niet dat hij dat deed omdat hij een hersentumor had.

Wat is de beste plek om te wonen? Amsterdam. Of Terschelling: omdat het nergens lekkerder ruikt dan daar.

Hoe is ongeluk te vermijden? Ongeluk niet. Ongelukkigheid een beetje; door goed voor jezelf te zorgen. Lekker eten, koffie drinken, niet te streng zijn voor jezelf.

Wat is uw devies? Maak iets.

Dries Roelvink

'Ik ben bang voor kermisattracties'

23 oktober 2009

Wat is uw huidige gemoedstoestand? Als voor een wedstrijd voetballen, een gezonde spanning. De afgelopen tijd heb ik flink wat meegemaakt en toch ben ik relaxed. Ik heb Harry Mulisch, toch de maestro, laatst een stukje uit mijn autobiografie laten lezen. Hij zei: 'Niets meer aan doen.' Daar word ik blij van.

Wie zijn uw helden? Ben Cramer, Tom Jones, Engelbert Humperdinck en een klein beetje Rex Gildo.

Aan wie ergert u zich? Minister Ter Horst, die pleit voor een blaastest voor voetgangers. Moeten we soms in het café blijven slapen? En parkeren in Amsterdam. Dat is veel te duur.

Wat is uw grootste angst? Ernstig ziek worden, dat er iets gebeurt met mijn kinderen en de dood. Ik heb een doodsangst, ben bang voor de eeuwige slaap. Daar kan ik soms echt somber van worden. Dan ga ik gauw iets leuks doen.

Lijkt u op uw vader? Ja, in eerste instantie ben ik in zijn voetsporen getreden. Hij was enige tijd betaald voetballer. Daarna ben ik echter meer de kant van mijn moeder opgegaan. Zij was zangeres en heeft nog opgetreden met Johnny Jordaan, Tante Leen en Willy Alberti. Zij heeft in 1956 een gouden plaat gekregen. Daar heeft ze mij veel mee gepest: 'Waarom ik wel en jij niet?'

Wat zijn uw dagdromen? Een mooie theatertour met een groot orkest.

Bidt u weleens? Regelmatig, maar ik ga niet naar de kerk. Wij zijn thuis niet gelovig opgevoed. Op moeilijke maar ook gelukkige momenten sla ik de handen desondanks ineen. Dan kijk ik naar boven en vraag om een goede afloop voor het een of ander of zeg: bedankt. Aan wie of wat ik dat vraag? Daar heb ik geen duidelijk beeld bij.

Heeft u ooit een mystieke ervaring gehad? Het is net alsof ik met een glazen bol ben geboren; ik zie soms dingen aankomen.

Bent u aantrekkelijk? Dat kan ik niet beoordelen, ik doe er wel alles aan om er gezond uit te zien.

Wat is uw definitie van geluk? Het klinkt als een cliché, maar gezond zijn en genieten van de mensen die ik graag om me heen heb. Het meeste geluk haal ik uit mijn werk.

Bent u monogaam? Nee, niet zolang ik de ware nog niet heb gevonden.

Wanneer heeft u voor het laatst gehuild? Enkele dagen geleden, bij het bekijken van de videoband van de tachtigste verjaardag van mijn vader. Hij is vorig jaar overleden, kort daarna mijn moeder. Ik had een feest voor hem gegeven. Zijn grote held Lee Towers kwam als verrassing optreden. Daar was hij zó gelukkig mee. Ik had trouwens een enveloppe voor Leen met vijfduizend euro. Die wilde hij niet aannemen. Heel ongebruikelijk in ons vak.

Lijkt u op uw vrienden? Voor geen meter. Behalve op mijn gabber Sjoerd Tuininga, de oud-bokskampioen. Wij sporten samen en zijn wel van het gesoigneerd rondparaderen. Sjoerd kan alleen niet zingen.

Wie is uw grootste liefde? Mijn kinderen Peggy, Davey en Donny. Daar komt niemand tussen.

Als u iets aan uzelf zou kunnen veranderen, wat zou dat dan zijn? Ik ben tevreden met mijzelf. Ik had het vroeger alleen zakelijk anders moeten regelen.

Van wie heeft u het meest geleerd? Ben Cramer. Als jochie draaide ik zijn platen. Hij was voor mij de inspiratie om te gaan zingen. Bij een talentenjacht werd ik naar zijn kleedkamer geroepen. Bleek ik met een concerttape te zingen die van hem gestolen was. Wist ik niet. Daarna ben ik bij hem thuis geweest en we zijn nu ruim twintig jaar vrienden. Hij helpt mij met mijn zangtechniek. Ben is mijn muzikale mentor.

Wat is uw grootste ondeugd? Ik hou van alle vrouwen en heb een gat in mijn hand.

Hoe moedig bent u? Ik ben voor alles bang. Noem maar op: insecten, kermisattracties. Mijn zoons staan mij uit te lachen in het pretpark, ik durf nergens in. Vroeger rende ik de hele camping over als er een wesp in mijn glas zat.

Wanneer was u het gelukkigst? Tijdens mijn show in het Amsterdamse Concertgebouw. Ik heb ook opgetreden in Carré, maar dit was het meest bijzonder. Hazes heeft daar gestaan, Lee Towers en ik nu dus ook.

Welke eigenschap waardeert u in een man? Loyaliteit en onvoorwaardelijke vriendschap, in voor- en tegenspoed.

Welke eigenschap waardeert u in een vrouw? Ik waardeer elke vrouw die met mij kan leven. Dat is voldoende.

Hoe ontspant u zich? Tijdens het hardlopen en in de sportschool. Het verstand even op nul en knallen.

Wat is uw grootste mislukking? Mijn Engelstalige cd in 1996 heeft 100.000 gulden gekost en dat hele project is compleet mislukt. Ik raakte die plaat aan de straatstenen niet kwijt. Daarna was ik even het spoor bijster, ging geforceerd de publiciteit zoeken. Dat ben ik nu nog steeds aan het repareren. Gelukkig heb ik in Jan Vis een goede manager gevonden.

Welk leed heeft u anderen berokkend? Het verplicht luisteren naar mijn muziekhits. Haha!

Wie hoopt u nooit meer terug te zien? Ik ben nu op een leeftijd dat ik juist iedereen met wie ik discussie heb gehad wel terug wil zien.

Waaraan bent u het meest gehecht? Mijn mobiele telefoon; ik word echt ongelukkig als ik zonder mijn Nokia op pad ga.

Wat is de beste plek om te wonen? Voor een echte Amsterdammer is er maar één plek: hartje Amsterdam.

Wat is uw devies? Geloof in je dromen.

Tjitske Reidinga

'Van kleins af aan zou ik willen zingen, maar ik kan niet goed zingen'

22 januari 2010

Wat is uw huidige gemoedstoestand? Gespannen vlak voor een première. Verder ben ik erg gelukkig. Ik heb net twee maanden met mijn man en twee zoontjes door Brazilië en Suriname gereisd. Dat was helemaal geweldig.

Wie zijn uw helden? Dolly Parton. Ik ben grootgebracht met die stem, dat hoofd en die borsten. Ze is echt een icoon.

Aan wie ergert u zich? Aan Bekende Nederlanders die hun privéleven zo ontzettend tentoonspreiden. Het wordt steeds erger. Het gaat niet meer om wat ze kunnen maar om hun scheidingen, seksleven en depressies. Vanwaar die deeldrift?

Lijkt u op uw vader? Ik ben echt een kruising van mijn ouders maar ik heb het creatieve, eigenwijze en dwarse van mijn vader. Hij leest en weet vreselijk veel. Maar zijn onstilbare honger naar kennis heb ik helaas iets minder.

Wat is uw grootste angst? Dat mijn familie en dierbaren iets ergs overkomt.

Bent u aantrekkelijk? Heel soms, als ik een paar glazen port op heb en in het toilet voor de spiegel sta. Daar blijft het bij.

Bent u monogaam? Oost west, thuis best. Scheelt een hoop gesodemieter.

Wat is uw definitie van geluk? Zo veel mogelijk in het nu leven en daar tevreden mee zijn. Ik ben het gelukkigst op heel simpele momenten. Bijvoorbeeld als ik over de markt loop, of met mijn tweelingzoons lekker aan het kletsen ben.

Waar schaamt u zich voor? Dat ik licht dyslectisch ben. Daarom ben ik ook altijd erg kort in mijn mailcontact.

Wanneer heeft u voor het laatst gehuild? Vlak voor Kerstmis, maar ik zeg niet waarom.

Lijkt u op uw vrienden? Op sommige. Ik heb uiteenlopende vrienden. Belangrijke bindende factoren zijn humor en relativeringsvermogen.

Wat zijn uw dagdromen? Dat ik optreed met een bigband of een groot countryconcert geef. Van kleins af aan zie ik mezelf al fantastisch zingen in een prachtige jurk, met een groot orkest achter me. En dan zijn de mensen stomverbaasd dat ze mijn stem niet eerder hebben ontdekt. Maar ik kan niet goed zingen.

Als u iets aan uzelf zou kunnen veranderen, wat zou dat dan zijn? Ik zou mooie rechte schouders willen hebben. Als ik moe ben, loop ik helemaal krom en dat ziet er afschuwelijk uit.

Wie is uw grootste liefde? Mijn man Vincent en mijn kinderen.

Wat is uw grootste ondeugd? Ik ben een roker.

Hoe moedig bent u? Ik heb niets met moed op sportief gebied. Maar ik sta vaak op het toneel voor een groot publiek. Dat vind ik ook best moedig.

Van wie heeft u het meest geleerd? Van mijn ouders. Zij leerden mij onder andere om dicht bij mezelf te blijven. Om een passie te zoeken en die na te jagen zonder overambitieus te zijn. Ze hebben mij geleerd om mijn intuïtie te volgen.

Wanneer was u het gelukkigst? Tijdens mijn laatste vakantie. Vooral toen mijn ouders ons in Suriname kwamen opzoeken en we daar allemaal bij elkaar waren in een resort aan een rivier in de jungle.

Welke eigenschap waardeert u in een man? Eigenheid en geestigheid. Ik hou van een bepaalde vrouwelijkheid in mannen, zoals lekker kunnen kletsen. Liever Woody Allen-achtige types dan haantjes.

Wat is uw dierbaarste materiële bezit? De teddybeer die ik op mijn achtste van mijn oma heb gekregen. Zij is vorig jaar overleden en ik was erg dol op haar. De beer nam ik mijn leven lang overal mee naartoe. Laatst dus ook op vakantie naar Brazilië. Helaas is op dag drie een van onze koffers verdwenen. Daar zat mijn beer in. Vermoedelijk ligt hij nu ergens op een Braziliaanse vuilnisbelt.

Hoe ontspant u zich? Door te koken en lekker te eten met mensen.

Wat is uw grootste prestatie? Dat ik er een tweeling uit heb gekregen.

Wat is uw grootste mislukking? Ik ben slecht in het onderhouden van contacten. Ik heb telefoonangst en neem vaak niet op. Daar ergeren mensen zich terecht aan. Ik bel wel terug, maar soms heel lang daarna.

Gelooft u in God? Nee.

Welk leed heeft u anderen berokkend? In mijn studententijd deelde ik een huis met een meisje. Ze had een hart van goud. Ik heb haar eens een onbetrouwbare hoer genoemd. Zij had een dominante moeder die mij het huis uit werkte zodat haar andere dochter er kon wonen. Mijn woede richtte ik toen op die poeslieve huisgenote. Suzanne, sorry nog daarvoor...

Wat is de beste plek om te wonen? Amsterdam.

Wie hoopt u nooit meer terug te zien? De moeder van Suzanne.

Hoe is ongeluk te vermijden? Dat kan niet.

Wat is uw devies? Laten we allemaal doen wat we willen, zonder te schreeuwen en zonder te gillen.

Frank Lammers

'Ik reed vroeger gerust met 190 kilometer per uur op een motor door de regen'

21 september 2011

Wat is uw huidige gemoedstoestand? Prettig gespannen. Ik heb net vijf weken vakantie gehad en het seizoen begint weer. Dat is altijd even wennen. Er komen twee premières aan en ik moet nog een toneelstuk instuderen. Na zo lang niks doen kriebelt het, anderzijds zie ik ertegen op.

Wie zijn uw helden? Naast mijn ouders zijn dat vooral voetballers en schrijvers. Bij voorkeur types die hun nek durven uitsteken en hun mening durven te verkondigen. Ik denk in eerste instantie aan Romano, Hermann Hesse en Michel Houellebecq, maar ook aan acteur Javier Bardem.

Aan wie ergert u zich? Momenteel aan zo'n beetje iedereen in de regering. Men spreekt zich nog wel uit, maar is niet meer eerlijk. De hele PVV kun je natuurlijk zo wegzetten. Kwalijker vind ik dat mensen van het CDA en de VVD hun ziel verkwanselen voor een beetje macht.

Wat is uw grootste ondeugd? Gaat je geen zak aan.

Lijkt u op uw moeder? Ja. We zijn allebei erg emotionele types. Als ik drie dagen bij haar op bezoek ben geweest, moet ze bij mijn vertrek altijd huilen. Zelf doe ik dat niet, maar ik weet zeker dat het mij later ook gebeurt met mijn eigen kinderen.

Hoe ontspant u zich? Bij voorkeur voetbal kijken en spelletjes doen als pokeren of klaverjassen.

Bent u aantrekkelijk? Dat denk ik wel. Maar niet op de meest gangbare manier. Ik ben geen covermodel en moet het vooral van mijn uitstraling hebben. Ik ben een gedreven mens, en ik denk dat dat voor anderen aantrekkelijk is.

Bent u monogaam? Ik doe mijn best, dus ja.

Wat is uw grootste angst? Dat heeft alles met mijn kinderen te maken. Ze zijn nu zes en elf. Ik was vroeger nergens bang voor en reed gerust met 190 kilometer per uur op een motor door de regen. Dat is voorgoed voorbij.

Wat is uw definitie van geluk? Het belangrijkst is dat er steeds iets nieuws in het verschiet ligt. lk zou moeilijk kunnen leven met een voorspelbaar bestaan. Ik wil niet weten wat er komen gaat en doe ook niet aan carrièreplanning.

Waar schaamt u zich voor? Dat ik soms tekortschiet. Bijvoorbeeld wanneer ik korzelig ben tegen mijn kinderen of mijn vrouw. Ik kan in het algemeen niet zo goed tegen tekortschieten.

Lijkt u op uw vrienden? Zoals baasjes hondjes uitzoeken die op hen lijken, denk ik dat je ook vrienden kiest die dicht bij jezelf staan. Ik zoek naar eerlijke, gedreven en getalenteerde mensen. Dat hoeven niet per se acteurs te zijn. Een van mijn beste vrienden is chirurg.

Wanneer heeft u voor het laatst gehuild? Vorige week tijdens het kijken naar *E.T.*

Hoe moedig bent u? Op mijn zestiende ging ik naar de bekerfinale PSV-Vitesse en werd met mijn beste vriend in elkaar geslagen door Feyenoordhooligans. Hij lag op de grond en werd geschopt door vijf man. Ik kon niks doen en ben weggerend. Sindsdien is van mijn oorspronkelijke gedachte – dat ik de moedigste man op aarde ben – weinig over.

Van wie heeft u het meest geleerd? Van mijn ouders heb ik een algehele mentaliteit meegekregen: je best doen, doorzetten en niet te veel zeuren.

Welke eigenschap waardeert u in een man? Eerlijkheid, onbevangenheid en onbevooroordeeldheid.

Welke eigenschap waardeert u in een vrouw? Zachtheid, tederheid en zorgzaamheid. Zoals de natuur het bedoeld heeft.

Wat is uw dierbaarste bezit? Heb ik niet. Het interesseert me helemaal niks. Ik koop eigenlijk nooit iets voor mezelf, komt niet eens bij me op. Mijn vrouw koopt daarentegen juist heel veel.

Als u iets aan uzelf zou kunnen veranderen, wat zou dat dan zijn? Iets minder lui zijn. Wanneer ik teksten moet leren, stel ik dat vaak tot het laatste moment uit. Ik vind mezelf soms nog steeds niet gedreven genoeg in mijn voorbereidingen. Ik zou ook best harder kunnen trainen zodat ik minder dik opsta dan nu het geval is.

Gelooft u in God? Ingegeven door mijn katholieke opvoeding moest ik op mijn dertiende zeggen: ‘Door mijn schuld, door mijn schuld, door mijn grote, grote schuld.’ Terwijl ik echt helemaal niks had gedaan. Toen ben ik afgehaakt.

Wat is uw grootste prestatie? Dat ik toch een hoop mensen om me heen verzameld heb die ik mijn vrienden mag noemen. Volgens mij is dat het enige waar het echt om draait.

Wat is uw grootste mislukking? *De meeuw*, van Tsjechov. Ik begrijp dat stuk nog steeds niet, dus ik kon het eigenlijk ook niet spelen. Mijn excuses aan de mensen die het hebben gezien.

Welk leed heeft u anderen berokkend? Ik liet vroeger mensen pesten. Dan zei ik tegen klasgenootjes: 'Kom we gaan hém pesten!' En dan ging ik zelf achter een boom staan toekijken.

Wie hoopt u nooit meer terug te zien? Ik voel me sterk genoeg om iedereen onder ogen te komen.

Wat is de beste plek om te wonen? Pal aan zee in een warm land. Want om nu Amsterdam te noemen, daar ben ik te veel Brabander voor.

Hoe is ongeluk te vermijden? Door optimistisch te zijn. Maar dat werkt niet voor de volle honderd procent.

Wat is uw devies? De weg is bijna altijd mooier dan het doel.

Naschrift 2022: De moeder van Frank Lammers en zijn vriend de chirurg zijn inmiddels overleden.

Jessica Villerius

'Ik bewonder vrouwen die over zichzelf zeggen dat ze mooi zijn'

3 maart 2012

Wat is uw huidige gemoedstoestand? Te druk. Mijn goede voornemen is om het iets rustiger aan te doen, maar ik weet nu al dat dat niet gaat lukken.

Wie zijn uw helden? Gandhi en Mandela. Van hen heb ik geleerd om altijd stil te staan bij de basisrechten van mensen. Daardoor kijk je onbevooroordeeld naar degenen die je ontmoet.

Aan wie ergert u zich? Aan mensen zonder doel of visie. Mensen die zeggen: 'Ik zie wel.' En ik vind dat de uitdrukking 'doe maar gewoon, dan doe je al gek genoeg' verboden moet worden.

Lijkt u op uw vader? Ik heb dezelfde ogen en dezelfde lach. Maar innerlijk lijk ik op geen van beide ouders. Ze zeggen weleens: 'Jes is van de melkboer.' Ik neem altijd risico's, terwijl de rest van de familie voor veiligheid kiest.

Wat zijn uw dagdromen? Ik leef mijn dagdroom. Ik ben onafhankelijk en mensen gunnen me dat ik mooie dingen mag maken. En dat tijdens een recessie.

Wat is uw grootste angst? Falen als mens en als dochter. Dat anderen over mij zeggen dat ik niet goed in elkaar steek. Dat ik niet aan de verwachtingen voldoe. Daarom ben ik waarschijnlijk ook zo perfectionistisch.

Bidt u weleens? Nee. Tot groot verdriet van mijn ouders, want die hebben me wel christelijk opgevoed.

Heeft u ooit een mystieke ervaring gehad? Ik heb wel momenten dat ik word overweldigd door dankbaarheid. Dat ik mijn eetstoornis heb overwonnen, dat dingen lukken en dat ik kan doen waar mijn hart naar uitgaat.

Bent u aantrekkelijk? Ik bewonder vrouwen die over zichzelf zeggen dat ze mooi zijn. Ik kan dat niet. Het is voor mij nooit goed. Als ik wakker zou worden in het lijf van Beyoncé zou het nog niet goed zijn.

Wat is uw definitie van geluk? Als je geen druk voelt om te presteren, als je mensen om je heen hebt die je liefhebt en als je je hart kunt volgen.

Waar schaamt u zich voor? Voor de documentaire *Gooische mannen*. Ik ging daarin op zoek naar 'de Gooise man'. Daarbij deed ik me niet zo slim voor, waardoor die gasten helemaal leegliepen. Als ik het nu terug zie, denk ik: *not one of my finest moments.*

Bent u monogaam? Ik ben nog nooit vreemdgegaan, maar ik heb ook maar één lange relatie gehad.

Hoe moedig bent u? Mensen vragen me vaak: ben je niet bang? Ik heb documentaires gemaakt over Marc Dutroux, over vrouwen die een moord hebben gepleegd en ik ben nu met een tbs'er bezig. Ik ben nooit bang, maar ik weet niet of dat moed is. Misschien is het domheid, dat ik het gevaar gewoon niet zie.

Wat is uw grootste ondeugd? Ik rijd altijd te hard en door rood en als ik dan boetes krijg, vergeet ik ze te betalen, waardoor ze enorm oplopen.

Wanneer was u het gelukkigst? Toen ik als kind met mijn ouders door de Efteling liep. Ik dacht: zo moet het leven altijd zijn. Eén groot pretpark. Alles veilig en iedereen lief.

Welke eigenschap waardeert u in een vrouw? Zorgzaamheid.

Welke eigenschap waardeert u in een man? Doortastendheid.

Als u iets aan uzelf kon veranderen, wat zou dat dan zijn? Ik zou graag genoegen willen nemen met iets minder. De lat omlaag.

Hoe ontspant u zich? Niet. Ik werk, zo lang ik me kan herinneren, zeven dagen per week. Ik ben altijd onderweg.

Wie is uw grootste liefde? Dat weet hij zelf wel.

Wat beschouwt u als uw grootste mislukking? Afgelopen zomer besloot ik rust te nemen en toen heb ik een reis naar de Malediven geboekt. Zat ik daar in mijn eentje op een tropisch eiland tussen de pasgetrouwde stelletjes. lk kon geen kant op. Twee dagen later ben ik teruggevlogen.

Gelooft u in God? Nee. Toen ik twaalf was, kwam een klasgenootje bij een auto-ongeluk om het leven. Daarna werd een meisje van mijn school vermoord. Vervolgens overleed een klasgenootje aan kanker. Toen wist ik: God bestaat niet.

Welk leed heeft u anderen berokkend? Bij het maken van de documentaireserie *Moordvrouwen* liet ik mensen aan het woord die een moord hadden gepleegd. Ik wist: dit kan pijnlijk zijn voor de nabestaanden, die hebben misschien helemaal geen behoefte aan het verhaal van de dader. Daar heb ik last van gehad.

Waaraan bent u het meest gehecht? Aan mijn laptop. Daar staat alles op. Ik zou stuk gaan als die uit mijn handen werd gegrist.

Wat is de beste plek om te wonen? Ondanks alle vooroordelen toch het Gooi. Ik voel me daar veilig en anoniem. Omdat iedereen daar uitbundig en over de top is, val ik niet op.

Wie hoopt u nooit meer terug te zien? Marc Dutroux. Ik heb hem niet in levenden lijve ontmoet, maar wel aan de telefoon gehad. Ik hoop dat hij nooit meer buiten komt.

Hoe is ongeluk te vermijden? Niet. Maar als je intenties zuiver zijn, maakt het niet uit wat er op je pad komt, want dan kun je alles aan.

Wat is uw devies? Een uitspraak van Mandela, die ook op mijn visitekaartje staat: 'It always seems impossible until it's done.'

Armand

'Ik heb een flinke bos haar en een groot lid'

1 juni 2014

Wat is uw huidige gemoedstoestand? Een jubelstemming. Ik ben 68, maar ik speel nog altijd. De jeugd zoekt me weer op. Ali B. is met zijn programma *Op volle toeren* bij me langs geweest, en ik heb een nummer gemaakt met The Kik en Lucky Fonz III.

Wie zijn uw helden? Dankzij Jules de Corte heb ik kennis gemaakt met liedjes over vrede. De chansons van Georges Brassens gingen over seks, terwijl je hier toen niet eens 'blote tiet' op tv kon zeggen. Ook Bob Dylan heeft grote invloed op me gehad.

Lijkt u op uw vader? Ja. Ik ben net zo gedisciplineerd. Mijn vader was machinebankwerker, een echte arbeider. Hij vond het maar niks dat ik artiest was. Pas toen hij tachtig was, zag hij in een televisieshow hoe iedereen 'Ben ik te min' meezong. 'Kijk nou Marie, die mensen zingen allemaal mee,' zei hij. 'Je bent de laatste die daar achterkomt,' zei mijn moeder.

Lijkt u op uw moeder? Dat was een guit. Ze hield ervan om de boel voor de gek te houden, dat heb ik met haar gemeen.

Wat zijn uw dagdromen? Soms droom ik van optreden in Parijs of een bezoek aan de modelspoorbeurs in Hamburg. Ik ben dol op modeltreinen.

Bidt u weleens? Nee. Ik ben godzijdank een atheïst.

Bent u aantrekkelijk? Ja. Ik heb een flinke bos haar en een groot lid.

Wat is uw definitie van geluk? Beschikken over een goede gezondheid en een slecht geheugen. Ik heb een akelig goed geheugen, daarom blow ik regelmatig. Heerlijk de vergetelheid zoeken.

Bent u monogaam? Ik ben alleen. Als getrouwd man was ik zo trouw als een hond maar zo geil als een beer. In mijn jonge jaren, voor mijn drie mislukte huwelijken, hield ik van iedereen. Het was het leven van een muzikant: op donderdag om één uur 's middags opstaan, een hoop speed in mijn lijf gooien en pas maandagochtend om negen uur naar bed gaan. Ze zeiden dat mijn gezicht eruitzag als grof bruinbrood. Ik ben ermee gekapt toen Jimi Hendrix en Janis Joplin stierven.

Wanneer heeft u voor het laatst gehuild? Ik was een paar jaar terug op Folkwoods, een festival in Eindhoven. Ik besloot een tripje te nemen. Dan moet ik altijd lachen. Op een scherm was Leningrad Cowboys te zien, een Finse band die optrad met een koor. En bij koren moet ik altijd huilen. Ik stond daar lachend en huilend tegelijk.

Hoe moedig bent u? Ik heb vliegende achtervolgingen meegemaakt met de *Deutsche Polizei*. In 1970 laadde ik vijf kilo shit in de auto en tweeduizend speedpilletjes onder het dashboard; die verkocht ik aan Amerikaanse militairen in Bitburg. Als ik gepakt werd, zou ik zes jaar cel krijgen. Daar ben ik trots op, want door mijn bijdrage is de Vietnamoorlog bekort.

Wat is uw grootste prestatie? In 2012 heb ik voor twintigduizend mensen gespeeld in het Gelredome op het Mega Piraten Festijn. Ik was zo moe, ik kon net één liedje zingen. Bleek dat ik een longaandoening had. Ik heb ook pancreatitis, een ontsteking van de alvleesklier. Dat doet erg zeer tijdens optredens, soms ga ik kapot van de pijn. Toch speel ik altijd door.

Wat is uw grootste mislukking? Geen.

Wanneer was u het gelukkigst? Nu.

Wat is de beste eigenschap in een man? Een man een man, een woord een woord.

Wat is de beste eigenschap in een vrouw? Ze spreken me vooral visueel aan. Maar ze bieden ook warmte en gezelligheid. Ik vind het vervelend zonder vrouw. Ik ben druk met optredens en schrijven en heb geen tijd om de boel hier op te ruimen. Shit, man, ik moet alles zelf doen. Gelukkig ben ik een uitstekende kok.

Als u iets aan uzelf kon veranderen, wat zou dat dan zijn? Ik zou rustiger willen zijn, want ik ga als een trein. Daarom blow ik ook. Ik kan vijf jaar lang iets opbouwen, het in drie minuten kapotslaan en in de vierde minuut tegen mezelf zeggen: wat ben je toch een lul. Bel mij dus nooit voor de eerste pijp.

Hoe ontspant u zich? Dan neem ik een blow. Zingen helpt ook, net als autorijden. In het holst van de nacht ga ik naar De Peel, dan wandel ik naar de eendenkooi waar ik, zolang ik zachtjes doe, van boswachter Frank mag zitten. Daar eet ik een boterhammetje en ga ik lekker schrijven. Helemaal alleen.

Wie is uw grootste liefde? Ik heb één hondstrouwe maîtresse. Ik heb er veel gehad, maar ze hebben me allemaal verlaten vanwege mijn eerste schat: de muziek.

Waaraan bent u het meest gehecht? Mijn hasjpijp, mijn chillum. Ze worden in Nederland bijna niet verkocht. In mijn tijd als dealer verkocht ik ze heel goed. Ik pakte toen met de verkoop van hasjiesj elke avond meer dan duizend gulden, terwijl een optreden slechts vierhonderd gulden opbracht. Toch trad ik vaak op, als een filantroop!

Wat is uw ultieme droom? Vrede natuurlijk.

Wie hoopt u nooit meer terug te zien? Richard Wagner. De grootste antisemiet die ooit bestaan heeft. Met dat soort mafkezen wil ik niets te maken hebben.

Hoe is ongeluk te vermijden? Door niets te doen. Maar als je niks doet, dan gebeurt er ook niks magisch.

Wat is uw devies? We blijven altijd leerling.

Inez Weski

'Ik ben niet snel bang'

30 oktober 2014

Wat is uw huidige gemoedstoestand? Ik ben zoals altijd alert, maar nu start ik in sluimerstand op voor het maken van een pleitnota. Per minuut trekt de halve wereld in associaties door je brein.

Wie zijn uw helden? Ik ben te beschouwelijk om personen als helden te zien. Maar zowel bij groot als klein leed zijn er altijd mensen die hun eigen belangen overstijgen en zich tegen de meute in inspannen voor het redden van de menselijkheid en de rede. Elke generatie heeft toch steeds weer roependen die in het vacuüm van de haat recht blijven staan.

Aan wie ergert u zich? Aan mensen die zich laten leiden door redeloosheid en kortzichtigheid, en vooral aan de hysterische meute die soms helaas wetten mag maken.

Wat is de beste plek om te wonen? Waar uitzicht is op schoonheid, waar het warm is als het buiten koud is en koel als het buiten warm is en waar niemand je belaagt.

Lijkt u op uw vader? Voor een deel, maar welk deel dat is en in welke mate vertel ik niet. Dat geldt ook voor mijn moeder. Wel kan ik zeggen dat die overeenkomsten mij deugd doen.

Wat is uw grootste angst? Ik ben niet snel bang. Het lijkt mij bovendien niet handig om angst te tonen. Je moet nooit het wit van de ogen laten zien als je wilt overleven.

Bidt u weleens? Ik denk dat men vooral op eigen kracht vooruit zal moeten. Er is een oud gezegde: uw angel, noch uw honing. Je wenst niet het kwade, maar moet ook geen gunsten schuldig zijn.

Bent u aantrekkelijk? Dat is vooral *in the eye of the beholder*. Ik vind dat aantrekkelijkheid meer in de sfeer van biologische feromonen ligt dan in vluchtige tweedimensionaliteit. Hoewel sommige tv-programma's lijken te zeggen dat als het lichaam nog ademt en het zich in oranje opgespoten versie aanbiedt, de daad geconsummeerd moet worden.

Wat is uw definitie van geluk? Dat is lastig te definiëren. Men verkeert slechts bij vlagen in een dergelijke toestand. Vooral op momenten van besef van vrijheid, van eenheid met het leven in al zijn variatie.

Waar schaamt u zich voor? Nergens voor.

Bent u monogaam? Ja. De pretentie van trouw maakt van ontrouw een subtiele vorm van verraad en wellicht vooral van lafheid. Heb dan ook de moed er een punt achter te zetten.

Wanneer heeft u voor het laatst gehuild? Dat onthul ik niet. Maar niemand, behalve degenen die lijden aan volstrekte gevoelloosheid of een mankement aan de traanbuizen, ontkomt aan huilen.

Hoe moedig bent u? Mij is altijd meegegeven dat moed en rechtvaardigheid als voorwaarden voor overleving en menselijkheid moeten worden gezien. Moed in het licht van onrecht dus. Ik meen dat ik dat nog redelijk weet vol te houden.

Wanneer was u het gelukkigst? Geluk is vluchtig. Ik leef vooral niet in het verleden. Ik ben een groot voorstander van de voortgang, de volgende ronde, de jacht op het volgende geluk.

Wat is uw grootste prestatie? Een prestatie veronderstelt iets wat je persoonlijk tot stand hebt gebracht, en ik zou kunnen zeggen dat ik toch geregeld bij andermans geluk en rechtsbesef heb geholpen.

Hoe ontspant u zich? Door het energieniveau wat lager te zetten.

Wie is uw grootste liefde? Deze vraag veronderstelt dat de mens slechts één enkel persoon met een bepaalde hoogste gradatie kan liefhebben. Indien men kinderen heeft, lijkt mij die vlieger al niet op te gaan. Ik vrees dat de vraagsteller hier buiten de realiteit verkeert.

Welk leed heeft u anderen berokkend? Ik tracht dat tot een minimum te beperken, maar er zal ongetwijfeld leed bestaan. Ik heb immers te maken met cliënten die op verdenking van moord terechtstaan, en onvermijdelijk zijn er dan nabestaanden voor wie elk woord ter verdediging pijnlijk kan zijn.

Wat is uw grootste mislukking? Een mislukking is een verschijnsel dat bij mij geen associaties oproept.

Wat is uw grootste ondeugd? Om die te kunnen noemen, moet ik analyseren wat een ander bij mij als ondeugd identificeert. Mijn grootste ondeugd zal dan ook verschillen per persoon. Dus kort samengevat: die heb ik niet. Ha!

Wat is de beste eigenschap in een man? Een flexibele relativerende, erudiete, moedige en humorvolle geest. Er is dus niet een enkele eigenschap, het is altijd de gehele man – of vrouw – als communicerend vat.

Als u iets aan uzelf kon veranderen, wat zou dat dan zijn? Ik ben te fatalistisch om een dergelijke zelfstudie te ondernemen. Het is wat het is. Ik zeg altijd in mijn cursussen aan advocaten: probeer niet iemand anders te worden, groei alleen naar een verbeterde vorm van jezelf.

Waaraan bent u het meest gehecht? Aan mensen die dichtbij mij staan, en in brede zin het idee van de rechtsstaat.

Wie hoopt u nooit meer terug te zien? De aanstichters van haat, oorlogen, blinde slachtpartijen, stil, onberedeneerd toegebracht leed, willekeur en discriminatie.

Hoe is ongeluk te vermijden? Door vooruit te denken.

Wat is uw devies? Laat elkaar leven!

Dimitri Verhulst

'Het is aan God om in de mens te geloven,
niet andersom'

28 maart 2015

Wat is uw huidige gemoedstoestand? Ik sta aan het begin van een immens drukke periode, waarin er veel van mij verwacht wordt. Ik hoop dat mijn humeur het volhoudt, want ik kan zeer korzelig worden wanneer mijn eenzaamheid niet gegarandeerd is en ik niet aan schrijven toekom.

Wie zijn uw helden? Zij die belangeloos vechten op het scherp van de snede voor het welzijn van een ander. Zij die stroomopwaarts zwemmen. De vrolijke gekken met een missie. De vrolijken zonder missie ook.

Aan wie ergert u zich? Aan mezelf, soms.

Wat is de beste plek om te wonen? Het doet deugd om mij na veertien jaar van omzwervingen weer in Gent te hebben neergeplant, een stad op mijn maat.

Lijkt u op uw moeder? Ik heb die vrouw maar gekend tot mijn twaalfde levensjaar, mijn herinneringen aan haar zijn volkomen afgebladderd. Ik zou het niet weten.

Wat is uw grootste angst? Dat ik door mijn dokter voor voldongen feiten word gesteld en dat mijn uren geteld zijn, ook al heb ik nog een hoop op mijn verlanglijst staan.

Bidt u weleens? Nee, het is aan God om in de mens te geloven, niet andersom.

Bent u aantrekkelijk? Voor de een wel en voor de ander niet, neem ik aan. Narcisme is niet aan mij besteed, maar ik heb vrede met mijn smoel. De plastisch chirurg hoeft voor mij zijn messen niet te slijpen.

Wat is uw definitie van geluk? Heb ik niet. Overigens heb ik allang de zinloosheid ingezien van het jagen op geluk. Ik ben nogal lui in die dingen en laat het geluk gewoon op mij jagen.

Wat is uw grootste prestatie? Hoe ik uiteindelijk wist te slagen voor mijn examen wiskunde zonder ook maar een gram benul te hebben van de betekenis van een asymptoot of een integraal, is een mysterie.

Waar schaamt u zich voor? Dat mensen allerlei lekkernijen over mij kunnen opdissen, over die ene avond die ik mij natuurlijk in de verste verte niet herinner, omdat ik dan een gat in mijn memorie had gezopen.

Bent u monogaam? Ja.

Wanneer was u het gelukkigst? In alle eerlijkheid kan ik mij geen enkel hoogtepunt voor de geest halen; waarschijnlijk de tol van een al bij al wreed gelukkig leven.

Hoe moedig bent u? Zelfs de wanhoop krijgt mij niet moedig. U zou mij eens moeten ruiken in de stoel van de tandarts.

Wat is uw grootste mislukking? De speculoos die ik ooit probeerde te bakken was niet al te fraai, maar eigenlijk denk ik dat mijn vaderschap en rol als familiemens nog een tikkeltje mislukter is.

Wat is uw grootste ondeugd? Het liederlijke zuipen heeft een sterke aantrekkingskracht op mij. Ik geef er graag aan toe, ter verdediging van de levenspoëzie, maar in het besef dat een lekkende lever ook geen pretje is.

Als u iets aan uzelf kon veranderen, wat zou dat dan zijn? Mijn IQ en mijn concentratievermogen zouden gerust de hoogte in mogen. En ik zou graag ad rem zijn, al heeft het een hier wellicht met het ander te maken.

Hoe ontspant u zich? Soms sukkelt mijn pen met een inktklonter en dan waai ik gaarne uit op mijn fiets. 140 kilometer, op m'n eentje, in een goddelijk belachelijk pak, op een bochtig en bij voorkeur heuvelachtig parcours, daar lust ik wel pap van. De snelheid waarmee je op een fiets door het landschap scheurt staat mij aan: het is de traagste manier om snel te gaan.

Wie is uw grootste liefde? Het zijn jullie affaires niet, maar maakt u zich geen zorgen: ik ben een bofkont.

Welk leed heeft u anderen berokkend? Je breekt af en toe een hart onderweg. Liefde maakt soms een smeerlap van een mens.

Waaraan bent u het meest gehecht? Als ik de laatste jaren iets voor mezelf bewezen heb, dan wel dat ik niet gehecht ben aan materiële zaken. Al mijn bezittingen passen in een kofferbak.

Wat is uw ultieme droom? Dat een zestienjarige jongen ooit ietwat stuntelig indruk probeert te maken op zijn vriendinnetje door haar gewichtig een paar lijnen Dimitri Verhulst te citeren; dat lijkt me een charmant concept van een geslaagd schrijversleven.

Hoe is ongeluk te vermijden? Ongeluk is niet te vermijden. Het zou anders geen ongeluk zijn. Maar voor wie het wenst te proberen, kan ik alvast deze wijze raad meegeven: wees matig met cola!

Wat is uw devies? Combineer nooit rode sokken met een groene broek.

Özcan Akyol

'Ik heb mijn vaders zucht naar drank en vrouwen'

15 maart 2016

Wat is uw huidige gemoedstoestand? Gestrest, onrustig, angstig. Er komt een boek en ik krijg een kind, het is veel tegelijk. Ik ben iemand die nogal graag de controle heeft, maar dat gaat op het moment moeizaam.

Wie zijn uw helden? Heldenstatus baseer je meestal op iemands werk, maar als de persoon erachter een gezicht krijgt, valt het bijna altijd tegen. Ik bewonder bijvoorbeeld Herman Finkers al jaren, ook omdat hij net als ik uit het oosten komt, maar hij kan beter geen interviews geven.

Aan wie ergert u zich? Aan collega's die zich chronisch verongelijkt opstellen en blind zijn voor hun eigen falen.

Lijkt u op uw moeder? Van mijn moeder heb ik de angst voor alles geërfd. Angst voor de liefde, angst om van huis te gaan, om door een drukke straat te lopen, nieuwe dingen te ondernemen.

Lijkt u op uw vader? Ik ben een mix van de hinderlijke eigenschappen van mijn ouders. Ik heb mijn vaders zucht naar drank en vrouwen. Zijn botheid en antisociale houding jegens alles en iedereen. Ik kan hem niet uitstaan; we spreken elkaar al tien jaar niet meer.

Wat zijn uw dagdromen? Ik dagdroom nooit over nieuwe dingen want ik houd niet van nieuwe dingen, maar ik ben in gedachten altijd bezig met mijn schrijverschap. Met erkenning en succes. Gezien en begrepen worden. Misschien hoop ik wel dat er wat dat betreft verzadiging optreedt.

Wat is uw grootste angst? Om na mijn dood geen sporen achtergelaten te hebben die minimaal een eeuw blijven liggen. Dat ik als een nummertje geleefd heb, kleurloos, en dat er na tien jaar niemand meer over me praat. Ik reken weleens uit hoeveel mensen zich me zullen herinneren als ik precies op dat moment doodga.

Bidt u weleens? Ik ben niet gelovig maar ik heb het vier of vijf keer gedaan op momenten dat ik echt radeloos was. Dan bid ik tot drie goden in verschillende talen.

Wanneer was u het gelukkigst? Ik denk als baby.

Bent u aantrekkelijk? Ik kan het zijn, maar ben het denk ik over het algemeen niet. Ik heb een duistere, negatieve uitstraling en verwaarloos mezelf de laatste tijd een beetje. En als je het puur over schoonheid hebt, denk ik niet dat ik het gemiddelde overstijg.

Waar schaamt u zich voor? Mijn onderontwikkeldheid.

Bent u monogaam? Ja, sinds ik met mijn huidige vriendin ben wel. Het is voor het eerst dat ik samenwoon en echt een serieuze poging doe om monogaam te zijn.

Lijkt u op uw vrienden? Totaal niet. Ik heb drie vrienden die niks met elkaar gemeen hebben, en eigenlijk ook niet met mij. De een is een geslaagd ondernemer met veel geld, de ander is een crimineel, en ook mijn uitgever (Mai Spijkers – red.) is de afgelopen jaren een van mijn beste vrienden geworden.

Welke eigenschap waardeert u in een man? Hoffelijkheid, verzorgdheid en niet gierig zijn.

Welke eigenschap waardeert u in een vrouw? Ik houd van dominante, non-conformistische vrouwen die niet bij een groepje hoeven te horen. En ondanks de feministische golf die er nu is, houd ik van klassieke vrouwen met een zorgzaam karakter. Het maakt me niet uit of ze meer verdient dan ik, maar ik vind het onaantrekkelijk als een vrouw niet eens een ei kan bakken.

Als u iets aan uzelf kon veranderen, wat zou dat dan zijn? Ik zou willen dat ik geen slaapstoornis had. Gemiddeld slaap ik vier uur per nacht.

Van wie houdt u het meest? Van mezelf. Volgens mij leven we in een tijd dat iedereen als puntje bij paaltje komt voor zichzelf kiest.

Wat is uw grootste mislukking? Dat ik in Amsterdam heb proberen te wonen. De drukte, de mensen, de viezigheid; alles waarvan ik het van tevoren vermoedde, bleek me inderdaad tegen te staan. Uiteindelijk ben ik gewoon een provinciaal met een dorpsmentaliteit.

Welk leed heeft u anderen berokkend? Als tiener was ik een klootzakje, vechten in de kroeg en zo. En ik heb veel ex-vriendinnetjes pijn gedaan door ze te bedriegen.

Waaraan bent u het meest gehecht? Aan mijn kluizenaarsbestaan. Ik ga alleen voor het noodzakelijke naar buiten.

Wie hoopt u nooit meer terug te zien? Mijn vader. Ik zie hem heel soms lopen in Deventer maar hij herkent mij niet meer.

Hoe is ongeluk te vermijden? Ik zie ongeluk niet als iets slechts. Het is een inspiratiebron. Ik wil juist meer ongeluk in mijn leven.

Wat is uw devies? Hard werken loont.

Mies Bouwman

'Toen mijn man nog leefde, was mijn leven vol toekomst'

31 mei 2017

Wat is uw huidige gemoedstoestand? Rustig. Alle opwinding – alle vreugde, alle verdriet – heb ik achter de rug. En dat is goed.

Wie zijn uw helden? Ik hou niet van helden. Ik heb bewondering voor mensen die iets fantastisch hebben gedaan, maar ik vereer ze niet.

Aan wie ergert u zich? Aan overdreven mensen. En dan met name: mensen die overdreven hun bewondering voor je uitspreken. Die moet ik niet.

Lijkt u op uw moeder? De babbel heb ik van mijn moeder, de humor denk ik ook. Verder lijken we niet erg op elkaar. Ik ben net als mijn vader rechttoe rechtaan. Als er iets is met iemand, dan zeg ik dat gewoon. Mijn moeder kende allerlei sluipwegen om dat soort confrontaties te omzeilen. Maar ja, mijn moeder was rooms, mijn vader katholiek.

Wat zijn uw dagdromen? Vroeger, toen mijn man er nog was, dagdroomde ik weleens over wat we morgen zouden kunnen gaan doen, of volgende week, of volgend jaar. Het was een leven vol toekomst. Na zijn dood is dat in één klap weggevaagd. Eigenlijk wil ik nu het liefst helemaal niets meer.

Wat is uw grootste angst? Dat er iets vreselijks gebeurt met mijn kinderen, kleinkinderen of achterkleinkinderen.

Bidt u weleens? Ik ben katholiek opgevoed, maar ik heb na mijn 21ste nooit meer gebeden.

Bent u aantrekkelijk? Vroeger zeiden mensen weleens dat ik 'iets' had, maar wat dat dan was, weet ik niet. Ik heb er ook nooit bij stilgestaan of ik aantrekkelijk ben. Mijn man vond van wel.

Wat is uw definitie van geluk? Een kus van een kind.

Bent u monogaam? Ja.

Wanneer heeft u voor het laatst gehuild? Ik huil geregeld in bed. Of wanneer ik 's avonds voor de televisie zit en ik op de een of andere manier denk dat hij door de gang loopt.

Wat is uw grootste ondeugd? Mijn optimisme. Daar word je gek van. Wat er ook gebeurt, ik roep altijd: 'Het komt wel goed.' Tegenwoordig is dat anders, maar toch.

Van wie heeft u het meest geleerd? Van mijn man. Die kalmeerde me als ik me te veel opwond en hij porde me op als ik dreigde in te slapen. Hij heeft me geweldig aangemoedigd om te doen wat ik heb gedaan. Als ik dacht: dat programma doe ik niet, dan was hij er altijd met een goed argument om het wel te doen, en meestal had hij dan gelijk.

Welke eigenschap waardeert u in een vrouw? Ik moet eerlijk zeggen dat ik niet zo van de vriendinnen ben. Vrouwen kijken vaak tegen me op. Dan is contact eigenlijk al niet meer mogelijk. In een vriendschap moet je gelijkwaardig aan elkaar zijn. Mannen zijn wat dat betreft zakelijker.

Welke eigenschap waardeert u in een man? Humor in ieder geval en gevoel.

Als u iets aan uzelf kon veranderen, wat zou dat dan zijn? Ik zou de tijd dertig jaar willen terugdraaien en die fase van mijn leven opnieuw willen beleven.

Hoe ontspant u zich? Ik loop iedere dag minstens een of twee keer door de tuin en snoei dan hier en daar wat; heerlijk vind ik dat. De televisie – die altijd aan staat, omdat het anders zo stil is in huis – geeft ook rust. En de kranten. Die lees ik ontzettend goed. Ik verheug me altijd op de zaterdagedities, want die zijn zo lekker dik. Daar kan ik de helft van de zaterdag en de helft van de zondag mee door.

Gelooft u in God? Het zou lekker zijn als ik dat deed.

Waaraan bent u het meest gehecht? Aan mijn familie. En in materiële zin is dat aan deze plek. Het huis, de tuin, de rivier die bijna door onze tuin stroomt – prachtig.

Welk leed heeft u anderen berokkend? Ik heb mijn ouders veel verdriet gedaan door buiten de kerk om te trouwen met een gescheiden man die niet-katholiek was. Vooral mijn vader heeft daar geweldig verdriet van gehad.

Wat beschouwt u als uw grootste mislukking? Een miskraam. Niet dat ik daar iets aan kon doen, maar toch.

Wanneer was u het gelukkigst? In de bijna zestig jaar dat ik samen was met mijn man. Het was ook weer niet zo dat we de hele dag liepen te stralen – ook wij kenden pieken en dalen, maar over het algemeen waren we ontzettend gelukkig.

Wie hoopt u nooit meer terug te zien? Er zijn een paar mensen die zich aan me opdringen, mensen die je ontmoet en niet meer kwijtraakt. Het zijn geen kwade geesten hoor, ze bedoelen het goed, maar ik word bloednerveus van ze.

Wat is uw devies? Geluk is een besluit.

Hafid Bouazza

'Vertrouw nooit op Allah maar bind je kameel wel vast'

24 september 2017

Wat is uw huidige gemoedstoestand? Ik woon inmiddels negen maanden op een bungalowpark in Flevoland om te werken aan mijn nieuwe boek, en ik mis Amsterdam. Op het nieuws zag ik laatst een journalist op een brug over een van de grachten staan. De grachtenpanden waren in mist gehuld. Ik kon wel huilen van de heimwee.

Wie zijn uw helden? Ik heb geen helden, wel mensen wier werk ik bewonder, zoals Shirin Musa van Femmes for Freedom (vrouwenrechtenorganisatie – red). En ik bewonder vrijwel iedereen die tegen de tirannie van de islam ingaat. In Nederland was dat Ayaan Hirsi Ali. Tegenwoordig heb je Annabel Nanninga van ThePostOnline.

Aan wie ergert u zich? Ik erger me aan cultuurrelativisten, zij die het woord 'verbinding' steeds weer in de mond nemen. En ik erger me aan sentimentelen, zij die na een bomaanslag door terroristen in collectief rouwvertoon vervallen en 'liefde overwint alles' roepen.

Lijkt u op uw moeder? Ik hoop van wel. Ze is vorig jaar plotseling overleden. Het gemis voel ik elke dag. Ik denk dat ik mijn gevoel voor humor van haar heb. Ze was een heel vrolijke vrouw en kende veel spot en zelfspot.

Lijkt u op uw vader? Ja, in mijn koppigheid. En ik begin qua postuur op hem te lijken, waardoor ik me uiteindelijk verzoend heb met mijn veranderende vormen. Of nou ja, veranderde vormen... Ik ben gewoon dik.

Wat is uw grootste angst? Dat ik dit boek niet af krijg.

Bidt u weleens? Dertig jaar geleden liet ik de islam achter me en ik heb sindsdien nooit meer gebeden.

Heeft u weleens een mystieke ervaring gehad? Nee. Een mystieke ervaring is niets meer dan een biochemische ervaring. Al zou ik dolgraag mijn moeder eens willen zien.

Bent u aantrekkelijk? Moeilijk te zeggen, omdat ik nooit over mijn verlegenheid heen ben gekomen. Ik hoorde vaak dat ik aantrekkelijk was, en als je zoiets vaak hoort, ga je erin geloven. Op m'n veertigste, dertig kilo geleden, werd het minder. Er werd cirrose geconstateerd en ik kwam aan.

Wat is uw definitie van geluk? Een verleden zonder pijn.

Waar schaamt u zich voor? Ik ben vaak starnakel op televisie verschenen. Geen goed idee, vond ik achteraf. Ik dronk om de zenuwen te bedwingen en dan sloeg ik te ver door. Maar televisie is zo efemeer, niemand herinnert zich dat nog.

Bent u monogaam? Ik ben al vijf jaar vrijgezel. Daarvoor was ik niet monogaam.

Hoe moedig bent u? Ik heb geen fysieke moed, maar wel intellectuele. Ik neem geen blad voor de mond. In een land als Nederland was zoiets overigens niet moedig, tot de moord op Theo van Gogh.

Wanneer heeft u voor het laatst gehuild? Vorig jaar, na de dood van mijn moeder. Ik heb gejankt als een kind.

Van wie heeft u het meest geleerd? Van mijn moeder, mijn vrienden, mijn vorige uitgever Mai Spijkers en de verslavingsarts Pieter Bodewits.

Wat is uw grootste ondeugd? De drank, al ben ik niet meer zo onmatig als vroeger.

Wanneer was u het gelukkigst? Dat moment komt nog, hoop ik.

Welke eigenschap waardeert u in een man? Een gevoel voor humor, intelligentie, luiheid, een lichte mate van hysterie, en een gebrek aan navelstaarderij en zelfanalyse.

Welke eigenschap waardeert u in een vrouw? Een gevoel voor humor, intelligentie, daadkracht en een zelfverzekerde seksualiteit.

Als u iets aan uzelf kon veranderen, wat zou dat dan zijn? Niks. Ik ben nu eenmaal zoals ik ben.

Wie is uw grootste liefde? In de liefde kan het altijd groter.

Wat is uw grootste mislukking? Dat ik geen dochter heb kunnen verwekken.

Welk leed heeft u anderen berokkend? Ik had ooit een vriendin en ik brak haar hart. Daar treur ik wel om. Zij hoopte op een vaste verhouding en ik heb haar duidelijk gemaakt dat ik daar niets voor voelde.

Wat is de beste plek om te wonen? Amsterdam, zonder toeristen.

Wie hoopt u nooit meer terug te zien? Ik hoop nooit meer een deurwaarder voor m'n deur te zien.

Hoe is ongeluk te vermijden? Niet, natuurlijk.

Wat is uw devies? Een bekend Arabisch gezegde luidt: vertrouw op Allah en bind je kameel vast. Daarvan maak ik: vertrouw nooit op Allah maar bind je kameel wel vast.

Anna Drijver

‘Hoe durven vaders iets te zeggen over een vagina?’

2 juli 2019

Wat is uw huidige gemoedstoestand? Ongedurig, en vanmorgen was ik chagrijnig. Ik ben zwanger en ze zeggen weleens dat je makkelijker voor jezelf kiest als je zwanger bent, dat je eigenlijk wat egoïstischer wordt. Dat zou ermee te maken kunnen hebben.

Lijkt u op uw moeder? Ja, ze heeft ook veel energie en werkt hard. Ook kunnen we allebei goed omgaan met mensen die hulp nodig hebben in een moeilijke situatie.

Lijkt u op uw vader? Mijn vader is best activistisch, net als mijn moeder overigens. Ze zaten vroeger allebei bij de CPN en zijn nog steeds erg betrokken bij wat er om hen heen gebeurt. Dat herken ik wel in mezelf, als bestuursvoorzitter van de acteursbelangenvereniging, maar ook in de vanzelfsprekendheid die ik voel als ik me uitspreek.

Wanneer heeft u voor het laatst gehuild? Net nog, toen we het even hadden over de nieuwe abortuswet in Amerika. Ik word daar erg door geraakt. Al ging ik niet helemaal los. Dat gebeurde wel toen ik laatst een radioreportage hoorde over vrouwenbesnijdenis in Nederland. Dat gebeurt niet meer in ziekenhuizen, maar nog wel in privéklinieken. Hoe kunnen vaders, ooms iets te zeggen hebben over een vagina? Hoe durven ze? We zijn heel lang vooruitgegaan, maar ik zie dat de vrijheid van vrouwen steeds meer wordt ingeperkt.

Waaraan bent u het meest gehecht? Aan mijn eigen vrijheid en onafhankelijkheid en die van vrouwen. Als ik die even niet voel, word ik ongelukkig en boos.

Wat is de beste plek om te wonen? Amsterdam. Ik ben blij dat mijn dochter het Amsterdam van de mogelijkheden leert kennen en opgroeit met allerlei talen en kleuren op de crèche. Nederland is een geweldig land en dat moeten we ons realiseren.

Wat is uw grootste angst? Dat mijn dierbaren ziek worden en ik ze verlies.

Gelooft u in God? Nee. Ik heb wel een tijd last gehad van magisch denken. Dan denk je dat er wel iets is wat je tevreden moet stellen, dat je het noodlot kunt beïnvloeden door bepaalde dingen te doen. Daarvan kreeg ik dwangneuroses waarmee ik de hele dag bezig was, zoals altijd om putdeksels heen moeten fietsen. Ik ben ervoor in therapie geweest en heb veel arbeid moeten verrichten om er weer van af te komen. Nu ik erover praat, merk ik dat ik al die handelingen meteen weer wil uitvoeren. Ik kan het me dus eigenlijk niet meer veroorloven om te denken dat er iets is.

Wat is uw definitie van geluk? Zorgeloosheid. Geluk zit in momenten waarop je niet bezig bent met wat beter kan of wat er in de toekomst gaat gebeuren.

Wanneer was u het gelukkigst? De eerste twee dagen nadat ik was bevallen van mijn dochtertje.

Bent u aantrekkelijk? Ja, maar ik ben vaak druk en onrustig, ik wil graag veel meemaken. Dat wordt soms intens en vermoeiend gevonden, en dus onaantrekkelijk.

Bent u monogaam? Altijd geweest. Ik maak heel zwart-witte keuzes voor mezelf, anders vind ik het ingewikkeld worden om te begrijpen wie ik ben.

Van wie houdt u het meest? Mijn vriend.

Aan wie ergert u zich? Mensen die hun verantwoordelijkheid niet nemen. Dat bijvoorbeeld Shell te weinig belasting betaalt in Nederland, vind ik onbegrijpelijk. Alsof ze het zich niet kunnen permitteren.

Waar schaamt u zich voor? Ik eet al meer dan twintig jaar geen vlees, maar laatst las ik in een krantenartikel dat kaas net zo slecht is voor het milieu. Ik houd enorm van kaas en kan me geen leven zonder voorstellen, hooguit een week. Daar kan ik me erg voor schamen.

Wat is uw grootste ondeugd? Gierigheid.

Welke eigenschap waardeert u in een man? Humor en intelligentie.

Welke eigenschap waardeert u in een vrouw? Humor en zelfrelativering. En ik vind het belangrijk dat een vrouw weet wat ze wil.

Wie hoopt u nooit meer terug te zien? Ik heb twaalf jaar geleden met iemand uit de filmwereld samengewerkt die me op een avond zomaar probeerde te zoenen. Ik dacht hem te kunnen vertrouwen. Ik wil hem nooit meer tegenkomen en heb nul respect voor hem. Al gun ik hem wel dat-ie een ander mens is geworden.

Hoe is ongeluk te vermijden? Niet. Je kunt er wel voor kiezen om ongeluk je leven niet te laten verpesten door stil te staan bij wat wel goed gaat.

Wat is uw devies? Wie goed doet, goed ontmoet.

Gerard Cox

'Ik erger me aan de vertrutting van Nederland'

19 februari 2020

Wat is uw huidige gemoedstoestand? Ik ben tevreden. We hebben een nieuwe show opgezet en dat is goed gelukt: goede pers en volle zalen. Dat is heel materieel eigenlijk, maar ja, daar draait het allemaal wel om.

Hoe ontspant u zich? Door veel te lezen. Tegenwoordig lees ik boeken uit mijn boekenkast waarvan ik helemaal niet meer weet waar ze over gingen. Dat is een ontzettend aangename herkenning. Dan denk ik aan iets anders dan mijn programma. Wim Kan heeft ooit gezegd: 'Als je leeft voor je programma, dan heb je geen leven, maar als je niet leeft voor je programma, dan heb je geen programma.'

Wie zijn uw helden? Mijn buitenlandse helden zijn Frank Sinatra en Danny Kaye. Mijn binnenlandse helden zaten natuurlijk allemaal in mijn vak: Toon Hermans, Wim Kan en ook Wim Sonneveld, dat waren de grootheden. Van de schrijvers is John Irving mijn held.

Aan wie ergert u zich? Ik erger me aan de vertrutting van Nederland, qua bloot en dingen waarvan men zegt dat ze 'echt niet meer kunnen tegenwoordig'. Verder erger ik mij nergens aan, want het is allemaal verloren tijd.

Wat is uw grootste angst? Het zou zijn geweest om straatarm oud te worden, maar dat is niet gelukt! Verder hoop ik dat mijn kinderen en kleinkinderen niets overkomt.

Gelooft u in God? Nee. Ik ben wel van katholieken huize en ik vond het best een aardig geloof, maar op een gegeven moment heb ik dat als een jas aan de kapstok gehangen. Als je aan die dingen gaat beginnen, dan geef je je lot uit handen.

Bent u aantrekkelijk? Ha! Ik heb altijd tamelijk veel succes gehad met de vrouwen, dus ik ben niet afstotelijk. Maar dat moet je eigenlijk van anderen horen. Ik heb in ieder geval leuke vrouwen gekend en gehad. En zij mij hoor, ik zie dat niet als Harvey Weinstein.

Wat is uw definitie van geluk? Dat je in evenwicht bent met je eigen gedachten, gevoelsleven en de mensen om je heen. Ik denk dat je dan een heel eind bent.

Bent u monogaam? Nee, nooit geweest. Waarom niet? Geilheid. Nu ben ik trouwens wel heel monogaam want ik woon op mijzelf. Ik ben graag alleen, dat is een eigenaardige eigenschap van me.

Wanneer heeft u voor het laatst gehuild? Een kleine twintig jaar geleden raakte ik een hele leuke vriendin kwijt. Diezelfde dag sloeg ik bij de kapper de krant open, en toen zag ik een overlijdensadvertentie van een hele goede vriend van mij van wie ik helemaal niet wist dat-ie ziek was! Toen betrapte ik mijzelf op een paar snikken.

Van wie heeft u het meest geleerd? Ik heb veel geleerd van de boeken van W.F. Hermans. *Onder professoren* kwam bij mij binnen als een lichtstraal. Hij stak daarin de draak met de democratisering van de universiteiten in de jaren zeventig. Toen dacht ik: als dat links is, waar die mensen voor staan, dan ben ik niet links.

Wat is uw grootste ondeugd? Ik kan heel slecht tegen mijn verlies. Dat is aan de ene kant slecht, want ik krijg er een slecht humeur van, maar aan de andere kant is het een drijfveer. Van: ik lig nu op de grond, maar wacht maar, ik kom overeind.

Welke eigenschap waardeert u in een vrouw? Ik vind het belangrijk – ik zeg het met een verontschuldigend gebaar – dat een vrouw goed in bed is. Verder vind ik het heel prettig als ze zelfstandig en zorgzaam is. Dat laatste staat tegenwoordig niet meer in hoog aanzien.

Welke eigenschap waardeert u in een man? Het allerbelangrijkste is eerlijkheid. Eerlijk duurt het langst.

Wat is uw grootste mislukking? Begin jaren zeventig speelde ik in een toneelstuk, *Liebelei* van Schnitzler, en terwijl ik bezig was, dacht ik: dit kan ik niet. Het was een flop. We werden vernietigd in de pers. Het is heel erg om in een flop te staan. Dat doet lichamelijk en geestelijk zeer.

Hoe moedig bent u? Toen ik 22 was, ben ik met mijn gitaar de deur uit gegaan, en ik heb er altijd van kunnen leven. Dat vind ik wel moedig.

Hoe is ongeluk te vermijden? Door voorzichtig te zijn, maar soms zit het ongeluk op je staart. Dan moet je maar proberen het van je af te trappen.

Wat is uw devies? Je moet niet liegen, want dan moet je al die leugens onthouden.

Fidan Ekiz

'Sinds ik moeder ben geworden,
sta ik vaker stil bij mijn geluk'

1 december 2020

Wat is uw huidige gemoedstoestand? Ik voel me fijn. Na twee maanden uitzendingen kan ik nu even meer tijd met mijn kind doorbrengen. (Ekiz was destijds samen met Renze Klamer presentator van televisieprogramma *De Vooravond* – red.) Zo'n dagelijkse show is als een marathon rennen. Ik stond lang 'aan', maar nu kan ik even de balans opmaken, rustig aan doen. Moeilijk is dat niet met corona! Verder maken we nu een podcast met Renze, en ben ik aan het schrijven.

Wat is de beste plek om te wonen? Rotterdam. Ik ben er ook echt reclame voor aan het maken. Ik heb lang in Istanbul gewoond, en die sfeer, het saamhorigheidsgevoel en de ziel van de stad voel ik ook in Rotterdam. In Amsterdam kan je anoniemer wonen, maar ik houd van het dorpsgevoel om me heen.

Wie zijn uw helden? Mijn moeder en vader, door hun kracht en offers om ons het leven te geven dat ze ons hebben gegeven. En Sonja Barend. Ik houd van alles aan die vrouw. Ze is gewoon geweldig: uitgesproken, sterk, en mooi. Datzelfde heb ik met Khadija Arib, en de Italiaanse journaliste Oriana Fallaci. Veel vrouwen!

Aan wie ergert u zich? Mensen die zichzelf als progressief zien, maar je niet steunen wanneer het gaat om zaken als vrijheid van meningsuiting. Ik wil geen namen noemen, maar het zijn mensen die een podium kunnen pakken, maar je in plaats daarvan gaan tegenwerken, framen en demoniseren. Daar heb ik een gruwelijke hekel aan. Als ik in gesprek ga, ben ik op zoek naar verbindingspunten, maar die *social justice warriors* zijn niet bereid naar je te luisteren.

Lijkt u op uw moeder? Zeker. Mijn moeder is voor de duivel niet bang. Ze liep op haar vijftiende al met een geweer naar de waterbron om haar tantes te beschermen. Die is echt onverschrokken, passievol en vurig, dat ben ik ook.

Lijkt u op uw vader? Ook. Van mijn vader heb ik meer de ratio: het debatteren, de discipline en verantwoordelijkheid. Nou, zijn dat wel alleen de goede dingen die ik noem! Ik heb ook het korte lontje van mijn vader.

Gelooft u in God? Als die vraag mij wordt gesteld, zie ik de gezichten van mijn ouders voor me, haha! Ik geloof wel dat er iets is. Ik vind het misplaatst en arrogant om te beweren dat wij de enigen zijn.

Heeft u weleens een mystieke ervaring gehad? Nee. Dat vind ik wel heel jammer. Ik sta ervoor open. Ik zou wel iets van een teken van mijn vader willen ontvangen. Maar Jezus hoef ik niet te zien. Ik zou me kapot schrikken!

Bent u monogaam? Ja, dat vind ik heel belangrijk. Misschien ben ik een romanticus. Ik heb helemaal geen zin om te delen. Ik vind dat trouwens ook onhygiënisch.

Wat is uw definitie van geluk? Alles wat liefde geeft en neemt. Mijn kind, familie en gevoel van vrijheid maken mij gelukkig. Het is onaantastbaar. Sinds ik moeder ben geworden, sta ik vaker stil bij mijn geluk. Ik ben dankbaar.

Hoe moedig bent u? Ik schrik niet snel terug. Ik kan heel slecht tegen onrecht, en als ik daarvoor wil staan, dan is het geen kwestie van: 'Durf ik deze strijd aan?' Soms ben ik bang dat ik mijn omgeving daarmee in gevaar breng.

Welke eigenschap waardeert u in een man? Eerlijkheid, nieuwsgierigheid en betrouwbaarheid. Hetzelfde geldt voor vrouwen hoor. Ik waardeer in mannen dat zij dingen makkelijker los kunnen laten, en sneller de humor van dingen inzien. Ik heb een zwak voor mannelijke humor. Ik kan er ook slecht mee omgaan als mannen niet van voetbal houden.

Welke eigenschap waardeert u in een vrouw? Ik kan heel slecht tegen ellebogenwerk en roddelen. Daar hebben vrouwen een handje van. Je hoeft niet alles aan mij te vertellen, maar als je niet eerlijk bent, dan moet je niet met mij omgaan.

Wie is uw grootste liefde? Nu niemand. In *The English Patient* zegt het karakter van Juliette Binoche: 'I'm in love with ghosts.' Die zin trok mij altijd heel erg. Het is het verliefd zijn op de liefde, omdat die in je hoofd anders is dan in de realiteit.

Van wie houdt u het meest? Van mijn familie en mijn kind.

Wat is uw grootste mislukking? Tot nog toe zei ik mijn huwelijk, omdat dat niet gelukt is. Maar ik zie dat niet meer zo. Als je zegt dat je hebt gefaald, dan suddert het maar door. Dit is een nieuw level, waarin ik berust in wat er is gebeurd, en vooruitkijk, de wijde toekomst in.

Hoe is ongeluk te vermijden? Ik denk dat het belangrijk is dat je van jezelf houdt. Daar heb ik soms nog moeite mee. Alles – vriendschappen, relaties, familie, werk – zal sowieso beter gaan wanneer je blij durft te zijn met jezelf. Dat stabiliseert en kanaliseert zo veel.

Wat is uw devies? Blijf gezond, wees lief voor elkaar, en zeg zo vaak als je kan dat je om elkaar geeft.

Dries van Agt

'Moed is geen hoog te waarderen kwaliteit'

26 januari 2021

Wat is uw huidige gemoedstoestand? Droefenis om de teloorgang van kwaliteiten die ik vóór mijn hersenbloeding anderhalf jaar geleden nog had.

Wie zijn uw helden? De veelal naamlozen die als arts of verpleegkundige hulp verlenen in arme gebieden die worden geteisterd door enig levensbedreigend virus of bacterie.

Aan wie ergert u zich? Ergerniswekkend vind ik al diegenen die steeds maar proberen elke kritiek op het gedrag van het Israëlische leger in bezet Palestijns gebied te smoren door die kritiek te bestempelen als antisemitisch.

Lijkt u op uw vader? Mijn vader was een bijzonder blijmoedig mens, ondanks tegenslagen in zaken en in zijn gezondheid. Ik ben daarentegen wat zwaartillend.

Lijkt u op uw moeder? Mijn moeder was psychisch labiel. Dat heb ik in mezelf niet teruggevonden. Verder gezocht: mag ik mijn verknochtheid aan het recht relateren aan haar vader die rechter was?

Wat zijn uw dagdromen? Die heb ik niet. De vrije tijd is piekeren of verglijden in slaap.

Wat is uw grootste angst? Dat mijn vrouw, die al geruime tijd negentig jaar is, eerder zal overlijden dan ik en dat ik dan hulpeloos zal achterblijven.

Bidt u weleens? Heel zelden maar. Gaat het mij nietswaardige aan om aandacht te vragen van de Allerhoogste?

Heeft u ooit een mystieke ervaring gehad? Nee. Wel heb ik intense herinneringen aan de rituele luister van liturgische vieringen, zoals die op de dagen voorafgaand aan Pasen. Maar het aangrijpendst zijn voor mij de paasvieringen geweest die ik heb meegemaakt op de berg Athos en in een orthodox klooster in Rusland.

Bent u aantrekkelijk? Dat is mij tot dusver niet gebleken.

Wat is uw definitie van geluk? Aanvaarding in dankbaarheid van hoe je jezelf hebt aangetroffen.

Waar schaamt u zich voor? Dat ik om optimaal in Den Haag te kunnen functioneren de zorg en opvoeding van mijn kinderen bijna twaalf jaar lang heb overgelaten aan mijn vrouw.

Bent u monogaam? Ja. Voor iemand van mijn leeftijd is dit al helemaal geen probleem meer.

Wanneer heeft u voor het laatst gehuild? Schreien of wenen heb ik al heel lang niet meer gedaan. Maar veel vaker dan voorheen ben ik in tranen, want toegenomen emotionaliteit is een nog naijlend gevolg van mijn hersenbloeding anderhalf jaar geleden.

Hoe moedig bent u? Moed is geen hoog te waarderen kwaliteit. Godfried Bomans heeft moed ooit gekwalificeerd als een 'tekort aan fantasie'.

Van wie heeft u het meest geleerd? Mijn destijdse leraar Frans heeft mij idolaat gemaakt van de door hem gedoceerde taal, de voorwaar allermooiste van de talen onder de zon.

Als u iets aan uzelf kon veranderen, wat zou dat dan zijn? Ik zou graag toegerust willen worden met een onstuitbare passie voor het maken van muziek.

Hoe ontspant u zich? Met meditatie en literatuur.

Van wie houdt u het meest? Van de grootmoeder van mijn kleinkinderen.

Gelooft u in God? Ja. Zonder dit geloof zou het besef van de onmetelijkheid van het heelal waarin de aarde waarop ik leef als een pluisje ronddwarrelt, mij de adem benemen.

Waaraan bent u het meest gehecht? Bij de herinneringen die zich steeds vaker bij mij aandienen komen mijn jaren op de lagere school in Geldrop en het gymnasium in Eindhoven steeds vaker op. Zo merk ik steeds duidelijker dat ik een heel gelukkige jeugd heb gehad. Maar het dierbaarst is mij mijn gezin.

Welk leed heeft u anderen berokkend? Van juli 1971 tot in november 1982 ben ik op diverse posten minister geweest. Al die tijd heb ik gewoond in Den Haag, terwijl mijn gezin in Nijmegen bleef. Met mijn vrouw belde ik bijna elke avond. Alleen in het weekend stak ik mijn neus om de deur, tenzij internationale conferenties of gijzelingen me daarvan weerhielden. Toen ik vertrok zaten mijn kinderen in het basisonderwijs, later vond ik ze als adolescenten terug. Dus ik heb mijn vrouw en hen lelijk tekortgedaan.

Wat beschouwt u als uw grootste mislukking? Mijn vruchteloos gebleven poging om een proces van wetgeving in gang te zetten dat zou uitlopen op algehele decriminalisering van cannabis.

Wanneer was u het gelukkigst? Toen mijn zoontje werd geboren, dat ik kon vernoemen naar mijn vader.

Wat is de beste plek om te wonen? Ik heb gewoond op een steenworp afstand van de Heilig Landstichting in Groesbeek, nabij Nijmegen; een bosrijke locatie met een verrukkelijke biodiversiteit waarvan de naam verwijst naar de oorsprong van het christendom. Op het prachtige kerkhof aldaar zullen mijn vrouw en ik begraven worden.

Wie hoopt u nooit meer terug te zien? Mij houdt veeleer de vraag bezig wie ik juist wél terug zou willen zien. Dan verschijnt mijn vader het eerst.

Hoe is ongeluk te vermijden? Daarvoor heb ik geen middel ter beschikking.

Wat is uw devies? Onderzoek alles en behoud het goede. In deze lijfspreuk gaat ontvankelijkheid van geest voorop.

Hugo de Jonge

'Tijd is mijn grootste vijand'

23 februari 2021

Wat is uw huidige gemoedstoestand? Ik sta 'aan'. Ik vind het prachtig leiding te mogen geven aan de aanpak van de crisis. Het coronavirus is letterlijk en figuurlijk ongekend. Het zijn hele lange dagen en hele korte nachtjes, maar ik houd het vol door me compleet te focussen op mijn werk. En gelukkig heb ik een strenge – en lieve! – vrouw thuis, die mij net op tijd afremt!

Wat is de beste plek om te wonen? Sinds ik op mijzelf woon, woon ik in Rotterdam. Dat was liefde op het eerste gezicht. Rotterdam is rauw, maar de sfeer van mouwen opstropen en dingen tot stand brengen is geweldig. Wij wonen hartje stad en als je het raam opendoet hoor je altijd heien. Altijd wordt er gebouwd aan de toekomst.

Wat zijn uw dagdromen? Ik ben niet zo'n dromer. Ik ben wel iemand die altijd plannen maakt voor wat we daadwerkelijk kunnen doen.

Wie zijn uw grootste helden? Nou, ik heb geen poster aan de muur, als je dat bedoelt. Voor mij zijn het mensen uit mijn leven: bijvoorbeeld mijn leraren van vroeger, die mij net dat extra zetje gaven. Over het algemeen vind ik helden de mensen die in het leven van alledag het verschil maken. Nu zijn het de mensen die in de frontlinie van de coronacrisis staan. De mensen in de zorg, die al zeven maanden lang in crisisstand staan.

Aan wie ergert u zich? Ik erger me aan mensen die cynisch en onverschillig zijn. Daarmee is nog nooit iets tot stand gebracht. Het maakt alleen kapot. Politiek haalt niet alleen mooie dingen in mensen naar boven, maar ook hele nare eigenschappen.

Lijkt u op uw vader? Mijn vader is dominee en mijn moeder verpleegkundige. Ik leerde van ze dat je niet voor jezelf op aarde bent, maar om betekenisvol te zijn voor anderen. Dat is altijd mijn drijfveer geweest. Ik begon als leraar in de Millinxbuurt – destijds met stip de slechtste wijk van Nederland. Dan ben je als leraar een veilige haven voor de leerlingen die aan jou zijn toevertrouwd.

Wat is uw grootste angst? Ik ben erg angstig voor nieuwe dingen. Maar je kent het liedje van Daniël Lohues: 'Angst is mar veur eben, spiet is veur altied'. Je moet erdoorheen.

Gelooft u in God? Ja. Ik ben op die manier opgevoed en wij voeden onze kinderen ook zo op. Natuurlijk, net als iedereen heb ik tal van vragen, en zeker niet altijd alle antwoorden. Maar of er een God is die het beste met ons voor heeft? Daar twijfel ik nooit aan.

Bidt u weleens? Zeker. Elke dag.

Bent u aantrekkelijk? Mijn dochter zou zeggen dat ik 'kapot oud' ben. Ik denk dat ik haar daarin maar gelijk moet geven.

Bent u monogaam? Ja. Altijd geweest. Ik vind dat dat hoort. Het is voor iedere relatie het beste.

Wat is uw definitie van geluk? Het gevoel dat je ertoe doet. Dat je betekenisvol kunt zijn in het leven van anderen. Dat je het gevoel hebt dat anderen op je rekenen, en dat je die verwachtingen waar kunt maken.

Hoe moedig bent u? Niet moediger dan anderen. Maar monter ben ik wel.

Welke eigenschap waardeert u in een vrouw? In een mens! Doorzettingsvermogen, creativiteit, positivisme en standvastigheid.

Van wie houdt u het meest? Mijn vrouw en kinderen. Dat vind ik geen moeilijke vraag. We leiden een heel intensief leven, maar thuis, in mijn kleinste clubje, voelt het goed. Daar kan ik altijd helemaal mijzelf zijn.

Wat is uw grootste ondeugd? Ik kom vaak te laat, daar ergeren mensen zich aan. Tijd is mijn grootste vijand. Ik loop al vanaf de tweede afspraak op een dag uit. Het is nog erger dan bij de huisarts.

Wie hoopt u nooit meer te zien? Zo kijk ik nooit naar mensen. Ook al heb ik af en toe knetterende ruzie met iemand, het is altijd met een paar dagen helemaal over.

Wat is uw grootste mislukking? Mislukking is een groot woord, maar natuurlijk gaan er weleens dingen fout. Zeker in een crisis van deze omvang. Waar gehakt wordt, vallen spaanders. Ik ben dan uiteindelijk verantwoordelijk.

Als u iets aan uzelf zou kunnen veranderen, wat zou dat dan zijn? Iets minder ongedurigheid en iets minder gretigheid om alles tegelijkertijd aan te willen pakken. Dat zou een hoop rust geven.

Hoe is ongeluk te vermijden? Niet. Als je bezig bent ongeluk te vermijden, eindig je langs de kant met je armen over elkaar, mopperend op de rest. Dat is precies waar ik niet wil zijn. Ik wil op de trappers, niet op de bagagedrager.

Wat is uw devies? Ken je de wapenspreuk van de Zeeuwen? *Luctor et emergo*. Ik worstel en kom boven.

Janine Abbring

'Ik probeer heel bewust alles uit dit leven te slepen wat er mogelijkerwijs in zit'

21 juni 2021

Wat is uw huidige gemoedstoestand? Op dit moment ben ik opgewekt en relaxed. Ik ervaar weinig stress omdat de voorbereidingsperiode van *Zomergasten* bestaat uit thuis boeken lezen en films kijken. Bovendien ben ik net uit het gips na een breuk aan een middenvoetsbeentje, dus ik wandel letterlijk en figuurlijk weer een stuk lichter door het leven.

Aan wie ergert u zich? Aan mensen die op Twitter anderen voortdurend terechtwijzen om te laten zien hoe correct of woke ze zelf zijn. Dat soort mensen is er niet op uit om de wereld daadwerkelijk te verbeteren, maar om hun eigen ego de zoveelste laklaag te geven.

Lijkt u op uw moeder? Mijn moeder was erg van het 'niet zeuren maar doorpakken' en leerde me dat klagen niets oplost. Daar kan ik soms nog te ver in doorslaan. Zo strompelde ik een week over de redactie op mijn gebroken voet voordat ik naar de dokter ging. Dat is niet stoer, dat is gewoon onnozel.

Lijkt u op uw vader? Ogenschijnlijk zijn we elkaars tegenpolen – we clashen nogal eens in discussies over politiek en duurzaamheid – maar in essentie lijken we enorm op elkaar: eigenwijs en nogal overtuigd van ons eigen gelijk. Ik hou heel veel van hem.

Wat zijn uw dagdromen? Als ik specifieke dromen zou hebben, dan zou ik die proberen waar te maken, in plaats van erover te gaan zitten mijmeren. Dat is iets wat ik van mijn moeder heb meegekregen. Zij werd op jonge leeftijd ziek en moest als gevolg daarvan vergaande concessies doen. Ik probeer heel bewust alles uit dit leven te slepen wat er mogelijkerwijs in zit. Als ik een bed and breakfast in Toscane zou willen beginnen, dan zou ik dat doen. Lijkt me trouwens vreselijk, een B&B runnen. En ik spreek geen Italiaans.

Wat is de beste plek om te wonen? De provincie Groningen.

Heeft u weleens een mystieke ervaring gehad? Nee. Ik ben gruwelijk rationeel.

Gelooft u in God? Nee, ondanks mijn hervormde opvoeding en de vele kerkdiensten. Een sleutelmoment was toen ik tijdens de catechisatie zei dat het onzin is om te denken dat Noach in zijn eentje alle landdieren ter wereld in een ark heeft gepropt om zo het leven op aarde te redden. De dominee stuurde me naar huis met een boek over de Ararat, een Turkse berg waar de resten van de ark gevonden zouden zijn. Dat had niet het beoogde effect, want het zaadje van de twijfel was geplant. Niet lang daarna ben ik volledig van mijn geloof gevallen.

Hoe moedig bent u? Op een schaal van 1 tot 10 zou ik mezelf toch wel een 7 geven. Ik ben weleens uit een vliegtuig en van een elf meter hoge waterval gesprongen. Ik heb meer dan eens een ogenschijnlijk goede baan opgezegd zonder iets nieuws in het vooruitzicht. En *Zomergasten* presenteren, drie uur live televisie, getuigt toch ook wel van enige moed.

Wat is uw grootste angst? Zo ziek worden dat ik niet meer normaal kan functioneren en (daardoor) vereenzamen.

Bent u aantrekkelijk? Ik denk dat ik ondanks en niet dankzij mijn uiterlijk op televisie mag. Ik hoop wel dat andere eigenschappen me aantrekkelijk maken. Ik kan bijvoorbeeld goed luisteren en best aardig koken.

Wie is uw grootste liefde? Mijn vriend David, met direct daarna mijn – helaas overleden – hond Loïs.

Bent u monogaam? Ja. Vreemdgaan lijkt me ingewikkeld en rommelig, net als een open relatie.

Waar schaamt u zich voor? Voor het feit dat mijn grootste serieverslaving op dit moment *Little House on the Prairie* is. Bordkartonnen decors en overdreven acteerwerk, zo stichtelijk dat zelfs Andries Knevel zou zeggen dat het wel een tandje minder mag. Toch kan ik er niet mee stoppen.

Welk leed heeft u anderen berokkend? Ik ben één keer in mijn leven te achteloos omgesprongen met iemands hart. Te mijner verdediging: ik was jong, begin twintig. Maar hij was nog jonger en heel erg verliefd. De term 'ghosting' bestond toen nog niet, maar ik denk wel dat het daarop neerkwam. Hij is nu een gerenommeerd journalist. Ik zeg niet wie het is, maar mocht hij dit lezen: weet dat het me spijt.

Wanneer was u het gelukkigst? In 2014 beklom ik voor het televisieprogramma *Vroege Vogels* Mount Scenery op Saba, nadat ik twee jaar daarvoor een ruggenwervel had verbrijzeld en het even de vraag was geweest of ik ooit nog goed zou kunnen lopen. De klim was pittig, vanwege onafgebroken regen en gladheid. Onderweg pakte ik een appel uit mijn rugtas en opeens hing vlak voor mijn gezicht een kolibrie, die verlangend naar mijn appel keek. Eenmaal op de top was de tv-crew teleurgesteld omdat we door de mist nauwelijks iets zagen, maar ik stond te huilen van blijdschap, omdat ik juist weer uitzicht had.

Wat is uw devies? Het zijn doorgaans de minder getalenteerde mensen die tegen je zeggen dat je je op één ding moet richten.

Woord van dank

In de eerste plaats danken wij alle auteurs die de afgelopen 25 jaar aan de rubriek 'Zelfportret' hebben gewerkt en toestemming hebben gegeven om de interviews in dit boek te plaatsen. Zonder hen was dit boek er niet gekomen. Hoofdredacteur Tom Kellerhuis danken wij voor zijn adviezen. Speciale dank ook aan onze stagiairs Camiel Beekers en Eva Selderbeek, die hebben geholpen bij het digitaliseren van de teksten en het actualiseren van de biografieën.

Felix Huygen en Nick Muller

Biografieën

Janine Abbring (Groningen, 1976) is journalist, programmamaker, tekstschrijver en presentator van VPRO *Zomergasten*.

Dries van Agt (Geldrop, 1931) is politicus. Hij was onder meer minister van Justitie en minister-president van Nederland.

Özcan Akyol (Deventer, 1984) is schrijver, columnist en presentator. Hij brak in 2012 door met zijn debuutroman *Eus*.

Jenny Arean (Lisse, 1942) debuteerde in 1960 bij het ABC Cabaret van Wim Kan. Ze treedt afwisselend op als zangeres, danseres en actrice.

Armand (Eindhoven, 1946 – Eindhoven, 2015) was protestzanger. Hij brak nationaal door met het nummer 'Ben ik te min?' en werd een icoon door zijn felrode lange haar en hippielevensstijl.

Hafid Bouazza (Oujda, Marokko, 1970 – Amsterdam, 2021) was een Marokkaans-Nederlandse schrijver, vertaler en dichter. Hij stond bekend om zijn islamkritiek.

Mies Bouwman (Amsterdam, 1929 – Elst, 2018) was de koningin van de Nederlandse televisie. Ze presenteerde programma's als *Open het dorp*, *In de hoofdrol* en *Mies en scène*.

Joop Braakhekke (Apeldoorn, 1941 – Amsterdam, 2016) was restaurateur. Daarnaast presenteerde hij televisieprogramma's en schreef hij een aantal kookboeken.

Claudia de Breij (Utrecht, 1975) is cabaretière, zangeres en theatermaakster.

Martin Bril (Utrecht, 1959 – Amsterdam, 2009) was schrijver en columnist.

Herman Brusselmans (Hamme, België, 1957) is een Vlaams schrijver. Bekende titels van zijn hand zijn *De man die werk vond*, *De terugkeer van Bonanza* en *Mijn haar is lang*.

Bart Chabot (Den Haag, 1954) is dichter, schrijver en performer.

Paulien Cornelisse (Amsterdam, 1976) is theatermaakster en schrijfster. Ze brak door met het boek *Taal is zeg maar echt mijn ding*.

Gerard Cox (Rotterdam, 1940) is zanger, cabaretier, acteur en regisseur. Hij scoorde onder meer een hit met het nummer ''t Is weer voorbij die mooie zomer' en speelde jarenlang in de comedyserie *Toen was geluk heel gewoon*.

Jan Cremer (Enschede, 1940) is schrijver en beeldend kunstenaar. Hij werd bekend met zijn roman *Ik, Jan Cremer*.

Johannes van Dam (Amsterdam, 1946 – Amsterdam, 2013) was culinair journalist.

Midas Dekkers (Haarlem, 1946) is bioloog en schrijver van bestsellers als *De vergankelijkheid*, *De kleine verlossing of de lust van ontlasten* en *De thigmofiel*.

Johan Derksen (Heteren, 1949) is oud-voetballer en was jarenlang hoofdredacteur van *Voetbal International*. Hij wasde vaste voetbalanalist bij het programma *Veronica Inside*.

Louis van Dijk (Amsterdam, 1941 – Laren, 2020) was pianist.

Renate Dorrestein (Amsterdam, 1954 – Aerdenhout, 2018) was schrijfster en journalist. Ze zette zich in voor onderzoek naar de ziekte ME, waar ze zelf ook aan leed, maar overleed uiteindelijk aan slokdarmkanker.

Hans Dorrestijn (Ede, 1940) is cabaretier en vogelaar.

Anna Drijver (Den Haag, 1983) is actrice en model.

Fidan Ekiz (Rozenburg, 1976) is presentatrice, journalist en documentairemaker.

Pim Fortuyn (Velsen, 1948 – Hilversum, 2002) was socioloog, politicus en lijsttrekker van de Lijst Pim Fortuyn. In 2002 werd hij vlak voor de verkiezingen vermoord door Volkert van der Graaf.

Willibrord Frequin (Arnhem, 1941) is programmamaker. Hij presenteerde onder meer *De week van Willibrord* en KRO's *Brandpunt*.

Theo van Gogh (Den Haag, 1957 – Amsterdam, 2004) was filmer, schrijver en columnist – onder meer voor HP/*De Tijd*. Zijn extreme provocaties en uitspraken tegenover fundamentele moslims leidden vaak tot opschudding. Op 2 november 2004 werd hij vermoord door Mohammed B., kort nadat hij samen met Ayaan Hirsi Ali de islamkritische film *Submission* had gemaakt.

Rijk de Gooyer (Utrecht, 1925 – Amsterdam, 2011) was acteur en komiek. Hij vormde jarenlang een duo met Johnny Kraaijkamp sr.

Bart de Graaff (Haarlem, 1967 – Leiden, 2002) was programmamaker en presentator. Hij is de oprichter van omroep BNN. De Graaff leed aan een ernstige nierziekte waaraan hij uiteindelijk overleed.

Arnon Grunberg (Amsterdam, 1971) is schrijver en columnist. Bekende romans van zijn hand zijn *Blauwe maandagen*, *De Asielzoeker* en *Tirza*.

Maarten 't Hart (Maassluis, 1944) is schrijver en gedragsbioloog. Bekende titels van zijn hand zijn *Een vlucht regenwulpen*, *Het woeden der gehele wereld* en *Het psalmenoproer*.

Erik Hazelhoff Roelfzema (Soerabaja, Java, 1917 – Ahualoa, Hawaï, 2007), beter bekend als de Soldaat van Oranje, was een verzetsstrijder, oorlogspiloot en schrijver.

André Hazes (Amsterdam, 1951 – Woerden, 2004) was volkszanger. Hij heeft in zijn leven vele hits gescoord, waarvan 'De vlieger', 'Zij gelooft in mij' en 'Bloed, zweet en tranen' de bekendste zijn.

Albert Heijn (Zaandam, 1927 – Hereford, 2011) was ondernemer, grootaandeelhouder en voorzitter van de raad van bestuur van Ahold. Hij was de kleinzoon van zijn naamgenoot Albert Heijn, die in 1887 de eerste kruidenierswinkel opende in Oostzaan.

Youp van 't Hek (Naarden, 1954) is cabaretier en columnist voor NRC *Handelsblad*. Hij speelde negen keer de Oudejaarsconference, en van zijn columns zijn tientallen veelverkochte bundels verschenen.

Kristien Hemmerechts (Brussel, 1955) is een Vlaamse schrijfster.

Theo Hiddema (Holwerd, 1944) is strafrechtadvocaat en politicus. Hij zat van 2017 tot 2020 in de Tweede Kamer namens Forum voor Democratie (FvD). Thans is hij senator voor die partij.

Ayaan Hirsi Ali (Mogadishu, Somalië, 1969) was VVD-Tweede Kamerlid. In 2007 richtte ze de AHA Foundation op, een internationale organisatie voor vrouwenrechten.

Kim Holland (Gouda, 1969) is een voormalig pornoactrice. Ze werkt als producent voor haar eigen kanaal *Meiden van Holland*.

Theodor Holman (Amsterdam, 1953) is schrijver en columnist. Hij werkt onder meer voor *Het Parool* en *De Groene Amsterdammer*.

Carice van Houten (Leiderdorp, 1976) is actrice. In Nederland werd ze bekend door haar rollen in films als *Minoes*, *Komt een vrouw bij de dokter* en *Zwartboek*. Internationaal brak ze door met haar rol in *Game of Thrones*.

Ivo van Hove (Helst op den Berg, België, 1958) is toneel- en operaregisseur. Van Hove is wereldwijd actief en is momenteel directeur van Internationaal Theater Amsterdam.

Hugo de Jonge (Bruinisse, 1977) is minister voor Volkshuisvesting en Ruimtelijke Ordening namens het CDA.

Antonie Kamerling (Arnhem, 1966 – Zevenhoven, 2010) was zanger en acteur. Hij begon zijn carrière als Peter Kelder in *Goede Tijden, Slechte Tijden* en speelde in de serie *All Stars*. In 2010 beroofde hij zichzelf van het leven.

Mensje van Keulen (Den Haag, 1946) is schrijfster. In 2020 verscheen haar verhalenbundel *Ik moet u echt iets zeggen*.

Hans Klok (Purmerend, 1969) is illusionist.

Gerrie Knetemann (Amsterdam, 1951 – Bergen, 2004), bijgenaamd 'De Kneet', was wielrenner. In 1978 werd hij wereldkampioen wielrennen met een banddikte voorsprong.

Andries Knevel (Naarden, 1952) is theoloog en televisiepresentator. Hij is voormalig directeur van de Evangelische Omroep.

Rudy Kousbroek (Pematang Siantar, Nederlands-Indië, 1929 – Leiden, 2010) was schrijver en essayist. Hij behoorde tot de groep van de Vijftigers.

Sylvia Kristel (Utrecht, 1952 – Amsterdam, 2012) was actrice en beeldend kunstenaar. Ze speelde in meer dan vijftig (internationale) speelfilms, waarvan *Emmanuelle* de bekendste is.

Frank Lammers (Mierlo, 1972) is acteur, recentelijk in de Netflix-serie *Undercover*.

Loes Luca (Rotterdam, 1953) is actrice en zangeres.

Theo Maassen (Oegstgeest, 1966) is cabaretier en acteur.

Linda de Mol (Hilversum, 1964) is televisiepresentatrice, actrice en naamgeefster van het tijdschrift *LINDA*.

Bram Moszkowicz (Maastricht, 1960) is jurist en voormalig strafadvocaat.

Harry Mulisch (Haarlem, 1927 – Amsterdam, 2010) was schrijver. Hij behoorde samen met W.F. Hermans en Gerard Reve tot 'De Grote Drie', de meest invloedrijke naoorlogse literaire schrijvers. *De ontdekking van de hemel* is zijn magnum opus.

Matthijs van Nieuwkerk (Amsterdam, 1960) is journalist en televisiemaker. Zijn journalistieke carrière begon bij *Het Parool*, waar hij in 1996 hoofdredacteur werd. Van 2005 tot 2020 presenteerde hij *De Wereld Draait Door*.

Rob de Nijs (Amsterdam, 1942) is zanger. Tot zijn grootste hits behoren 'Ritme van de regen', 'Banger hart' en 'Malle Babbe'.

Erwin Olaf (Hilversum, 1959) is fotograaf en filmer. Zijn werk wordt internationaal geroemd.

Trijntje Oosterhuis (Amsterdam, 1973) is zangeres. Ze werd beroemd met haar band Total Touch. Trijntje is de zuster van Tjeerd en de dochter van de dichter Huub Oosterhuis.

Ilja Leonard Pfeijffer (Rijswijk, 1968) is dichter, schrijver en columnist – onder meer wekelijks op de website van *HP/De Tijd*. *Grand Hotel Europa* behoort tot zijn bekendste boeken.

Frans Pointl (Amsterdam, 1933 – Amsterdam, 2015) was schrijver. Hij werd vooral bekend door zijn verhalenbundel *De kip die over de soep vloog*.

Joost Prinsen (Vught, 1942) is acteur en schrijver. Hij verwierf onder meer bekendheid met zijn rollen in *De stratemaker op zee show*, *J.J. de Bom, voorheen de Kinderviend* en als presentator van *Met het mes op tafel.*

Jean Pierre Rawie (Den Haag, 1951) is dichter.

Tjitske Reidinga (Leeuwarden, 1972) is actrice. Bij het grote publiek werd ze bekend door haar rol als Claire van Kampen in de tv-serie *Gooische Vrouwen.*

Dries Roelvink (Amsterdam, 1959) is zanger.

Michiel Romeyn (Amsterdam, 1955) is beeldend kunstenaar en acteur. Hij maakte samen met Kees Prins en Herman Koch het absurdistische televisieprogramma *Jiskefet.*

Maarten van Rossem (Zeist, 1943) is historicus, schrijver en voormalig hoogleraar. Thans heeft hij zijn eigen tijdschrift (*Maarten!*) en is hij jurylid bij *De Slimste Mens.*

Heleen van Royen (Amsterdam, 1965) is schrijfster en columniste. Ze debuteerde met het boek *De gelukkige huisvrouw* en is verder bekend van de boeken *Godin van de jacht* en *De ontsnapping.*

Henk Schiffmacher (Harderwijk, 1952) is tatoeëerder, schrijver en schilder.

Norbert Schmelzer (Rotterdam, 1921 – Sank Ingbert, 2008) was KVP-Kamerlid, staatssecretaris en minister. Door zijn toedoen kwam in 1966 het kabinet-Cals ten val.

Katja Schuurman (Utrecht, 1975) is actrice en presentatrice. Ze speelde onder meer in *Goede Tijden, Slechte Tijden, Costa* en *All Stars.*

Jan Siebelink (Velp, 1938) is schrijver en was leraar Frans. Zijn bekendste roman is *Knielen op een bed violen.*

Sylvana Simons (Paramaribo, Suriname, 1971) is voormalig radio- en televisiepresentatrice en is momenteel Tweede Kamerlid en fractievoorzitter van de partij BIJ1 in de Tweede Kamer.

Mart Smeets (Arnhem, 1947) is radio- en televisiemaker en sportjournalist. Hij werkte onder andere als verslaggever voor de NOS, en als presentator van *Studio Sport* en *De Avondetappe.*

Wende Snijders (Beckenham, Engeland, 1978) is zangeres en actrice.

P.F. Thomése (Doetinchem, 1958) is schrijver.

Frans Timmermans (Maastricht, 1961) is politicus. Hij was staatssecretaris van Europese Zaken in het kabinet-Rutte II en sinds 2019 Eurocommissaris en vicevoorzitter van de Europese Commissie.

Aat Veldhoen (Amsterdam, 1934 – Amsterdam, 2018) was beeldend kunstenaar.

Rita Verdonk (Utrecht, 1955) is oud-minister voor Vreemdelingenzaken en Integratie en voormalig Tweede Kamerlid voor de VVD. Later richtte ze haar eigen beweging op: Trots op Nederland.

Paul Verhoeven (Amsterdam, 1938) is regisseur. Hij regisseerde in Nederland onder meer *Turks Fruit, Soldaat van Oranje* en *Zwartboek*. Internationaal maakte hij furore met films als *Basic Instinct, Total Recall* en meest recentelijk *Benedetta* (2021).

Dimitri Verhulst (Aalst, 1972) is schrijver en dichter. In 2006 brak hij door met zijn later verfilmde boek *De helaasheid der dingen*. Andere bekende titels van zijn hand zijn *Godverdomse dagen op een godverdomse bol, Problemski hotel* en – meest recent – *In weerwil van woorden*.

Jessica Villerius (Spijkenisse, 1981) is documentairemaker.

Simon Vinkenoog (Amsterdam, 1928 – Amsterdam, 2009) was schrijver en dichter. Hij maakte deel uit van de literaire stroming de Vijftigers.

Peter R. de Vries (Aalsmeer, 1956 – Amsterdam, 2021) was misdaadverslaggever. Hij werd bekend door zijn televisieprogramma *Peter R. de Vries, misdaadverslaggever* en speelde een grote rol in zaken als de ontvoering van Freddy Heineken en de moord op Nicky Verstappen. Zijn bestseller *De ontvoering van Alfred Heineken* werd in 2015 verfilmd in Hollywood. Op 6 juli 2021 werd hij neergeschoten voor de studio van RTL *Boulevard*, waarna hij negen dagen later overleed.

Inez Weski (Rotterdam, 1955) is advocaat. Ze verdedigt hoofdverdachte Ridouan Taghi in het Marengo-proces.

Henk Westbroek (Utrecht, 1952) is zanger, presentator en oud-politicus bij Leefbaar Utrecht. Samen met Henk Temming vormt hij Het Goede Doel.

Hans Wiegel (Amsterdam, 1941) was politicus. Hij was onder meer partijleider voor de VVD, minister van Binnenlandse Zaken en commissaris van de Koningin in Friesland.

Geert Wilders (Venlo, 1963) is politicus en partijleider van de Partij voor de Vrijheid (PVV).

Sylvia Witteman (Bloemendaal, 1965) is (culinair) columniste voor *de Volkskrant*.

Annejet van der Zijl (Oterleek, 1962) is schrijfster. Bekende boeken van haar hand zijn *Sonny Boy, Bernhard, een verborgen geschiedenis* en *Fortuna's kinderen*.

Joost Zwagerman (Alkmaar, 1963 – Haarlem, 2015) was schrijver van onder meer romans, essays en columns. Bekende romans van zijn hand zijn *De houdgreep, Gimmick!* en *Vals licht*. In 2015 maakte hij een eind aan zijn leven.

Verantwoording

De interviews zijn geschreven door:

Bas Barkman: Gerrie Knetemann.

Michiel van den Berg: Erwin Olaf.

Martin Bons: Paulien Cornelisse, Johannes van Dam, Johan Derksen, Louis van Dijk, Hans Dorrestijn, Theo Hiddema, Ayaan Hirsi Ali, Theodor Holman, Carice van Houten, Antonie Kamerling, Hans Klok, Theo Maassen, Bram Moszkowicz, Ilja Leonard Pfeijffer, Frans Pointl, Michiel Romeyn, Henk Schiffmacher, Sylvana Simons, Mart Smeets, Frans Timmermans, Aat Veldhoen, Rita Verdonk, Simon Vinkenoog en Joost Zwagerman.

Lisa Bouyeure: Özcan Akyol.

Bert Bukman: Joop Braakhekke, Midas Dekkers, Pim Fortuyn, Willibrord Frequin, Rijk de Gooyer, Bart de Graaff, Maarten 't Hart, Albert Heijn, Rob de Nijs, Jean Pierre Rawie, Heleen van Royen, Katja Schuurman en Henk Westbroek.

Mirjam Eeken: Janine Abbring.

Ad Fransen: Harry Mulisch.

Sjoerd Hartholt: Armand, Dimitri Verhulst en Inez Weski.

Tom Kellerhuis: Jan Cremer.

Ernest Marx: Frank Lammers en Tjitske Reidinga.

Nick Muller: Dries van Agt en Mies Bouwman.

Bas Paternotte: Dries Roelvink.

Robbert van Rijswijk: Anna Drijver.

Ricci Scheldwacht: Kim Holland en Sylvia Kristel.

Erik Spaans: Paul Verhoeven.

Henk Steenhuis: Erik Hazelhoff Roelfzema, Andries Knevel, Trijntje Oosterhuis en Norbert Schmelzer.

Tristan Theirlynck: Gerard Cox, Fidan Ekiz en Hugo de Jonge.

Kevin van Vliet: Hafid Bouazza.

Liesbeth Wytzes: Jenny Arean, Martin Bril, André Hazes, Kristien Hemmerechts, Ivo van Hove en Maarten van Rossem.

Renate van der Zee: Claudia de Breij, Herman Brusselmans, Bart Chabot, Renate Dorrestein, Mensje van Keulen, Loes Luca, Linda de Mol, Matthijs van Nieuwkerk, Joost Prinsen, Wende Snijders, Jessica Villerius, Peter R. de Vries, Hans Wiegel, Geert Wilders, Sylvia Witteman en Annejet van der Zijl.

Theo van Gogh, Arnon Grunberg, Youp van 't Hek, Rudy Kousbroek, Jan Siebelink en P.F. Thomése schreven de questionnaire zelf.